dtv
premium

W0057124

TIME

THE WEEKLY NEWSMAGAZINE

Rudolph Charles von Ripper

MAN OF 1938
From the unholy organist, a hymn of hate.
(Foreign News)

Anna Maria Sigmund

Diktator, Dämon, Demagoge

Fragen und Antworten zu Adolf Hitler

Mit 47 s/w-Abbildungen

Deutscher Taschenbuch Verlag

Originalausgabe
März 2006
© 2006 by Anna Maria Sigmund
© 2006 Deutscher Taschenbuch Verlag GmbH & Co. KG,
München
www.dtv.de
Das Werk ist urheberrechtlich geschützt. Sämtliche, auch
auszugsweise Verwertungen bleiben vorbehalten.
Umschlagkonzept: Balk & Brumshagen
Umschlagfotos: © Heinrich Hoffmann-Archiv
Bayerische Staatsbibliothek München
Satz: Greiner & Reichel, Köln
Gesetzt aus der Minion 10,2/12,5˙
Druck und Bindung: Kösel, Krugzell
Gedruckt auf säurefreiem, chlorfrei gebleichtem Papier
Printed in Germany
ISBN-13: 978-3-423-24523-4
ISBN-10: 3-423-24523-9

Inhalt

Vorwort

Das Nachrichtenmagazin ›Der Spiegel‹ erklärte Adolf Hitler zum »Unmenschen des 20. Jahrhunderts«, während ihn die NS-Propaganda als größten historischen Übermenschen verklärt hatte.

Es gibt niemanden, der mehr in eine dämonisierende Sphäre gerückt wurde. Das Dritte Reich wiederum bildet im 20. Jahrhundert einen Fremdkörper, einen monolithischen Block, der sich schroff von den Geschehnissen davor und danach abhebt. 60 Jahre nach dem Ende der braunen Herrschaft beschäftigt uns noch immer das von Adolf Hitler hinterlassene schwere Erbe – das NS-Regime wirft lange Schatten, und seine Nachwirkungen beeinflussen seither alle nachkommenden Generationen. Auf Grund der herrschenden Darstellungen scheint es fast, als ob Wesen von einem anderen Stern auf der Erde landeten, hier zwölf Jahre wüteten, um dann wieder spurlos zu verschwinden. Diese ahistorische Betrachtung macht diese Epoche unverständlich und unbegreiflich. Jede isolierte Betrachtung des Dritten Reichs ist falsch, jedes Herausheben aus der Sphäre des Alltäglichen und Banalen nicht zielführend. Hitlers mörderische Diktatur erschließt sich erst durch die Schilderung der geschichtlichen Voraussetzungen und Zusammenhänge sowie der herrschenden Geistesströmungen. Ebenso wie der »Führer« selbst seine verheerende Wirkung aus ganz gewöhnlichen, alltäglichen Wurzeln entwickelte, sein Aufstieg dem Muster anderer Diktaturen folgte. Adolf Hitlers menschliche Dimensionen wurden stets unterdrückt – zu seinen Lebzeiten wurde gelogen und eine raffinierte, in dieser Art unbekannte Propaganda schuf Phantombilder, die mangels objektiver Quellen noch heute wirken. Im Verein mit hartnäckigen Mythen lassen sie die Verführung normaler Menschen durch den Nationalsozialismus unverständlich erscheinen.

Die Beantwortung und Klärung wichtiger, oft gestellter Fragen zu Hitler und seinem Regime ist die Aufgabe dieses Buches. Sie erfolgt nach dem neuesten Stand der Forschung, auch auf Grund ganz neuen Materials – interessanterweise tauchen noch immer neue Quellen auf. Beleuchtet werden des »Führers« Herkunft, seine Wiener Zeit, seine Flucht vor dem österreichischen Militärdienst, seine Wirkung auf seine Mitmenschen, sein Aufstieg und seine propagandistische Verklärung. Die Frage »Warum hat niemand Hitler umgebracht?« bildet den Abschluss.

Anna Maria Sigmund im Dezember 2005

Wieso begeisterte Hitler so viele Deutsche?
Die Faszination des Bösen

»Faszination, Hypnose … das war mein erster psychologischer Eindruck«, schrieb ein Student, nachdem er 1927 in einem Münchner Palais Hitler sprechen gehört hatte.[1] »Mein Blick wanderte, wanderte … an der Dame des Hauses blieb er haften. Diese[2] hatte ihren Sitz neben Hitler verlassen und sich ihm gegenüber auf einen Klavierhocker gesetzt, von dem aus sie fasziniert seiner Rede folgte und ihm mit gefalteten Händen in die Augen blickte.« Tatsächlich machte sich bei Hitlers Auftritten ein ungewöhnliches Phänomen breit. Viele, die seinen Reden beiwohnten, und viele, die ihn persönlich kennen lernten, spürten die suggestive Kraft seiner demagogischen Worte. Wenige konnten sich ihrer Wirkung entziehen.

Diese von zahlreichen Zeitzeugen dokumentierte Ausstrahlung ist heute schwer zu begreifen. Hitlers auf Tonträgern konservierte Reden mit ihrem unerträglichen Pathos und der kreischenden, sich überschlagenden Stimme des »Führers« hinterlassen einen durchwegs abstoßenden Eindruck.[3] Auch beim Studium der vielen Hitler-Biografien lassen sich kaum Indizien eines sich anbahnenden, ungewöhnlichen Lebenslaufes oder der Entwicklung einer außergewöhnlichen Persönlichkeit entdecken. Tatsächlich führte Hitler vor seinem Eintritt in die Politik eine unscheinbare, ruhige Existenz: als schlechter, renitenter, doch im Ganzen nicht bemerkenswerter Schüler, als verhinderter Kunststudent, als autodidaktischer Maler und als tapferer, aber unauffälliger Soldat, der es nur zum Gefreiten brachte.

Wenig später setzten Metamorphose und Aufstieg ein. Wie ein »politicus ex machina«, eine aus dem Nichts auftauchende Urgewalt erscheint dieser Adolf Hitler, der, im Gegensatz zu Josef Stalin, der Politik schon in frühester Jugend betrieb, erst mit 30 Jahren einer Partei beitrat.

Und dann prägte der unscheinbare Mann aus Österreich, den

weder Geld noch besondere Herkunft noch ein Machtapparat stützten, wie kein anderer nicht nur das 20. Jahrhundert – er veränderte die Landkarte Europas und den Lauf der Weltgeschichte. Seine blutige Spur ist einzigartig. Mühelos fegte er im Zuge seines mit fanatischer Energie betriebenen Aufbaus des NS-Regimes alle Gegner hinweg, lange blieb er in »Blitzkriegen« erfolgreich. Er brach bewusst einen Weltkrieg in bislang unbekannter Größenordnung vom Zaun. Und sein persönlichstes Anliegen – der unerbittliche Rassenkampf bis zur letzten Konsequenz – erreichte ungeahnte Dimensionen. Die in seiner Person vereinte ungeheure Machtfülle, die er bis zum Ende des Tausendjährigen Reichs unangefochten ausübte, stellte alle absoluten Herrscher der Vergangenheit in den Schatten.

Die Versuche der Ergründung jenes Mannes, den man auf Grund seiner Wirkung auf das Publikum am Anfang seiner Karriere spöttisch-bewundernd den »König von München« nannte, setzten bald nach Hitlers plötzlichem Auftauchen in der Politik ein.[4] Sie vollzog sich im Wesentlichen in zwei konträren Lagern: Bei Hitlers glühenden Anhängern und seinen ebenso glühenden Feinden. Die einen erklärten die magnetische Wirkung ihres »Führers« simpel als Geschenk Gottes: »Ein Wunder ist geschehen. Ein unbekannter Soldat aus dem großen Elend des Weltkriegs, ein Held, ist uns gesandt worden.«[5] Die NS-Blätter wurden nicht müde, zu wiederholen: »ER ist uns von der Vorsehung gesandt.«[6] Die anderen suchten den Dämon Hitler mit allen zu Gebot stehenden Mitteln zu entlarven. Schon 1924, als Hitler wegen seines Staatsstreichs vor Gericht stand, befragten Reporter die Bewohner von Leonding. Sie wollten wissen, ob der Putschist bereits als Schüler Anzeichen sittlicher Verkommenheit gezeigt habe. Die ›Münchner Post‹ ortete dann auch eine Freveltat: Der junge Hitler habe eine Hostie eingesteckt und angespuckt! Dies erwies sich später als unwahr.

Es war Hitlers Persönlichkeit, die der DAP, der Vorgängerin der NSDAP, ihren ersten Zulauf gewann. Die übrigen Vertreter der kleinen Partei spielten in diesem außerordentlichen Rekrutierungsprozess der »Frühzeit der Bewegung« keine, das verschwommene, wenig attraktive Programm der DAP [NSDAP] nur eine untergeordnete Rolle. Männer wie Hermann Göring, Rudolf Heß, »Putzi« Hanfstaengl, Martin Bormann und – etwas später – Joseph Goebbels band Hitler zu einer Zeit an sich, als seine Ideen Utopien glichen, ein Engagement für die winzige NSDAP aussichtslos erschien und nur Nachteile brachte. Hitlers Mitstreiter nahmen die sehr ungünstigen Rahmenbedingungen mit Begeisterung hin – ihm selbst blieben sie ihr Leben lang treu ergeben.

Für Hermann Göring, den späteren »Zweiten Mann im NS-Staat«, genügte eine einzige Rede des Exilösterreichers. Der hoch dekorierte, herrschsüchtige und egozentrische »Pour le Mérite«-Träger wurde zu seinem devoten Vasallen. Als Sohn eines hohen Beamten im wilhelminischen Kolonialdienst – sein Vater Dr. Heinrich Göring wirkte als Gouverneur Südwestafrikas und Generalkonsul von Haiti – stammte Göring aus großbürgerlichen Kreisen.[7] Er wuchs in den vom Liebhaber seiner Mutter zur Verfügung gestellten Schlössern Mautendorf und Veldenstein auf und verkehrte in adeligen Kreisen. Die Kadettenanstalten in Karlsruhe und Berlin-Lichterfelde absolvierte er mit Auszeichnung. Im Ersten Weltkrieg begründete Göring seinen Ruhm als namhafter Jagdflieger, der für besondere Tapferkeit den höchsten Orden, den »Pour le Mérite« erhielt. Seine Herkunft und seine Karriere verliehen dem hochintelligenten, schlagfertigen und charmanten Göring, der sich als national denkender Preuße fühlte, ein ausgeprägtes Selbstbewusstsein, das sich in einem herrischen, manchmal jovial-herablassenden Auftreten äußerte. Hitler lernte er im Oktober oder November 1922 bei einem Vortrag im Cafe Neumann in München kennen. »Damals habe ich zum ersten Mal eine wundervolle und tiefe Erklärung des Begriffes Nationalsozialismus erfahren«, meinte er noch 1946.[8] Danach stellte sich Hermann Göring sofort und bedingungslos einem Mann zur Verfügung, der im Ersten Weltkrieg als einfacher Gefreiter gedient hatte. Er scheute sich auch nicht, seine außergewöhnliche Devotion in starke Worte zu kleiden: »Ich verbinde mein Schicksal auf Gedeih und Verderb mit dem Ihren … und nehme auch meinen Kopf nicht aus.«[9]

Selbst als ihn Hitler wegen vermeintlichen Hochverrats am 23. April 1945, knapp vor dem Untergang des Dritten Reichs, aus der NSDAP ausschloss, zum Tode verurteilte und von der SS verhaften ließ, blieb Göring ihm treu ergeben. Auch als Angeklagter vor dem Internationalen Militärgericht in Nürnberg verfocht der einstige Reichsmarschall des Dritten Reichs voll Eloquenz die Ideen seines »Führers«, suchte er seine Mitangeklagten von Eingeständnissen der Schuld abzuhalten, beschimpfte er die vermeintlichen Renegaten unter ihnen.

Der Auslandsdeutsche Rudolf Heß[10], der spätere »Stellvertreter des Führers«, kam aus einer reichen Kaufmannsfamilie – sein Vater war als Repräsentant deutscher Firmen in Ägypten zu großem Wohlstand gekommen.[11] In Alexandrien, wo Rudolf Heß zur Welt kam, lebte man in einer prächtigen Villa am Meer, inmitten eines blühenden Parks. Zahlreiche Dienstboten sorgten für das Wohlleben der Heß'schen Familie. Jährliche Reisen nach Deutschland rundeten ihren feudalen Lebensstil ab. Mit seinem eckigen Gesicht, den buschig-schwarzen Augenbrauen und den tief liegenden Augen war der Einzelgänger Rudolf Heß eine düstere Erscheinung. Auf Hitler traf der Student und Ex-Leutnant, der den verlorenen Ersten Weltkrieg als bittere Schande empfand, Ende 1919 bei einem Sprechabend der DAP, der in einem kleinen Hinterzimmer des Münchner Sterneckerbräu stattfand. Nur wenige Zuhörer hatten sich eingefunden, als Anton Drexler, der Vorsitzende der Partei, einem gewissen Herrn Hitler das Wort erteilte. Wenige Worte des unbekannten Redners genügten, um das Leben des jungen Studenten zu entscheiden – für Rudolf Heß gab es nach diesem Abend keinen Zweifel mehr. Er hatte seinen Messias gefunden, dem er sich bedingungslos unterwarf. Ohne Zögern trat Heß im Januar 1920 als Mitglied Nr. 516 [16] der Partei bei, die sich in NSDAP umbenannt hatte. Für seinen Meister – er nannte ihn »Tribun« – sprang der introvertierte, hypochondrische und menschenscheue junge Mann über seinen Schatten, bestand doch sein erster Auftrag in der Gründung einer NS-Studentengruppe an der Münchner Universität. Mit hündischer Ergebenheit verfolgte Heß die Karriere seines Idols. Voll Bewunderung analysierte er das »Phänomen Hitler«: »Das findet sich nicht so schnell ein zweites Mal, daß EIN Mann in einer Massenversammlung den linkesten Eisendreher ebenso fortreißt wie den Regierungsrat von rechts, daß dieser Mann 1000 Kommunisten, die kamen um die Versammlung zu sprengen, innerhalb von zwei Stunden dazu bringt, am Schluß stehend das Deutschlandlied mitzusingen.«[12] Nach der »Machtergreifung« stieg Heß, den man in Kreisen der NSDAP als weltfremden Sonderling abtat, zum – allerdings bedeutungslosen – »Stellvertreter des Führers« auf. Auch Hitler gab sich keinen Illusionen hin. Einmal meinte er: »Sollte mir etwas passieren, weiß ich nicht, wer mir mehr leid tut: Heß oder die Partei.« Dem sensiblen »Stellvertreter« blieb diese Einstellung nicht verborgen. Als England im September 1939 dem Deutschen Reich den Krieg erklärte und in der Folge alle Friedensavancen des »Führers« abschmetterte, reifte in dem schrulligen Heß ein abenteuerlicher Plan zur Erringung der Gunst Hitlers. Im Mai 1941, während der Aufmarsch der deutschen Wehrmacht gegen die Sowjetunion in vollem Gang war, unternahm er einen tollkühnen Alleinflug nach Schottland, um – wie er später betonte – zwar nicht im Auftrag, jedoch im Sinne des »Führers« über einen Waffenstillstand zwischen England und Deutschland zu verhandeln. Mit dem Vertrag in der Tasche wollte der missachtete »Stellvertreter« den Dank des »Führers« entgegennehmen. Churchill arrangierte Scheinverhandlungen mit Vertretern der englischen »Friedenspartei« und nutzte Heß, um Stalin zu erpressen.[13] Das »perfide Albion« internierte Heß bis zum Ende des Zweiten Weltkriegs, um ihn dann an das Internationale Militärgericht in Nürnberg auszuliefern, wo man den »Stellvertreter des Führers« zu lebenslanger Haft verurteilte. Als – schließlich – einziger Insasse des Gefängnisses von Spandau blieb Heß seinem »Tribun« und dem Nationalsozialismus treu ergeben. Bis zu seinem Selbstmord im Jahre 1987 sprach er dem Internationalen Gerichtshof jede Kompetenz ab. Am »Führer« duldete er in keinem Stadium seines Lebens die leiseste Kritik.

Ernst Hanfstaengl wiederum stammte aus einer reichen Familie internationaler Kunsthändler, die in der Münchner Kunst- und

Kulturszene eine tonangebende Rolle spielte. Die Begegnung mit Hitler im November 1922 änderte – seinem Bericht nach – sein Leben: »›Passen S' auf, jetzt geht's los!‹ flüsterte mein Nebenmann. … Aufrecht, mit gemessenen Schritten, ging Hitler zum Rednerpult. … Knapp sechs Meter … entfernt sitzend, konnte ich jede Nuance seiner Gestik und seines Mienenspiels genau beobachten. Auch das strahlende Blau seiner Augen. … Aus einer leichten Faszination erwachend, blickte ich mich im Saal um und erlebte verwundert die Wandlung, die sich inzwischen vollzogen hatte. Aus der dumpf brodelnden Masse, durch die ich mich noch vor einer Stunde, von unliebsamen Redensarten begleitet, gedrängt hatte, war eine bis ins Innerste ergriffene Gemeinde geworden. Hier saßen atemlos lauschende Menschen, die schon längst vergessen hatten, nach dem Maßkrug zu greifen, und die statt dessen jedes Wort des Redners wie eine Köstlichkeit einsaugten. Nur wenige Meter von mir entfernt, sah ich eine junge Frau, die in atemloser Verzückung die erhobenen Hände gefaltet hielt, und sogar die zur Überwachung der Versammlung beorderten Sicherheitspolizisten starrten bewundernd den Redner an. … Tatsache ist …, daß ich ihm nach Beendigung seiner Rede ebenso begeistert und rückhaltlos Beifall zollte wie die dem Podium zudrängende Menge im Saal.«[14] Hanfstaengl diente dann dem »Führer« als Auslandssprecher und – im privaten Kreis – als Klavierspieler, bis ihn ein übler Scherz des Propagandaministers Goebbels und Görings um sein Leben fürchten ließ.[15]

Er flüchtete ins Ausland, wo er die Rückkehr nach Deutschland abwog. Lange schwankte er zwischen seiner persönlichen Sympathie für Hitler und der Angst vor dem NS-Regime. Schließlich reiste er in die USA und beriet die amerikanische Regierung in Fragen der NS-Führungsschicht.[16]

Der engste, ihm treu ergebene Kreis um Hitler war weder derb noch kam er aus der Gosse, wenige aus der Führungsschicht des Dritten Reichs stammten aus einfachen Kreisen. Trotzdem suchte man häufig die Wirkung des »Führers« auf seine Umgebung mit der Herkunft seiner Vasallen aus niederen sozialen Schichten zu erklären.

Das eklatanteste Gegenbeispiel dafür ist sicher Kaiser Wilhelm II., der am 28. November 1918 »für alle Zukunft auf die Rechte an der Krone Preußens und die damit verbundenen Rechte an der deutschen Kaiserkrone« verzichtete und nach Holland ins Exil ging.[17] Bis zu seinem Tod im Jahr 1941 sollte Schloss Doorn in Holland seine feudale Zufluchtsstätte bleiben, von der aus er die deutsche Politik mit brennendem Interesse verfolgte, die Hoffnung auf eine Restauration der Hohenzollern-Monarchie nicht aufgab und nach Verbündeten suchte. Zuerst setzte er auf eine Militärdiktatur und feierte 1920 den rechtsgerichteten »Kapp-Putsch« mit Champagner.[18] Später wartete er auf ein baldiges Ende der – wie er sich auszudrücken pflegte – »Sau-Republik«, des von »Dieben bevölkerten Raubstaats«, der Weimarer Republik, die den Hohenzollern mit 32 Millionen Mark eine fürstliche Hofhaltung erlaubte.[19] Die Aktivitäten Hitlers und der NSDAP beobachtete Wilhelm II. mit Interesse. 1925 gründete er die DAG [Doorner Arbeitsgemeinschaft]. Sie betrieb Ethnologie und Kulturmorphologie im Sinne der Nazis und predigte »Rassenhygiene« gegen Völkervermischung.[20]

Um diese Zeit stieß Wilhelm II. auf Hitlers ›Mein Kampf‹. Mit Begeisterung las er die ihm gewidmete Passage, in der es hieß: »… er hatte als erster deutscher Kaiser den Führern des Marxismus die Hand zur Versöhnung gereicht, ohne zu ahnen, daß Schurken keine Ehre besitzen. Während sie die kaiserliche Hand noch in der ihren hielten, suchte die andere schon nach dem Dolche. Mit dem Juden gibt es kein Paktieren, sondern nur das harte Entweder-Oder.«[21] Der Exil-Kaiser glaubte danach an eine geistige Verwandtschaft zum »Führer« und ließ seinem schon immer latenten Antisemitismus freien Lauf. Im Einklang mit Hitler behauptete er, dass die Juden seinen Sturz bewirkt hätten und nun Deutschland ebenso zugrunde richteten, wie dies bereits in Russland geschehen sei! Der Zusammenbruch von 1918 sei »von rückwärts, von Juda's Geld« bewirkt, das deutsche Volk von »Juden betrogen und verhetzt worden«. Die Führer »dieses entsetzlichen Volkes hätten der Christenheit mit Vorbedacht furchtbares Unheil angetan«.

In seiner Schrift ›The Jew today‹ begründete Wilhelm II. seine Thesen. Er bot auch Lösungen an, die in ihrer Radikalität Hitler nachahmten: »Mit dem Kampf gegen die Verjudung Deutschlands müsse der Kampf beginnen, um dann gegen das Judentum in der ganzen Welt geführt zu werden.« Hitler wusste die Sympathien aus Doorn zu schätzen und klug zu nutzen. Im Gegenzug sprach er sich auf dem Naziführertag in Bamberg im Februar 1926 entschieden gegen die – auch in NSDAP-Kreisen geforderte – Enteignung der deutschen Fürsten aus.[22] Der Ex-Kaiser registrierte dies mit Befriedigung, sah darin ein Band zwischen Nazis und Hohenzollern und billigte noch im selben Jahr die Teilnahme seines jüngsten Sohnes August Wilhelm am Weimarer Parteitag, später dessen Beitritt zur SA. Hitler profitierte von der Gunst Wilhelms II. und der Hohenzollern, die ihm den Zugang zu konservativ-monarchistischen Kreisen ebnete und dazu beitrug, ihn bei Adel und Bürgertum salonfähig zu machen. »Eine Bewegung, an deren Spitze Prinz August Wilhelm von Preußen marschiert, kann man nicht als national unzuverlässig abtun«, war die Meinung der Kaisertreuen.[23] Avancen des Rathenaubundes wies Wilhelm II. rüde zurück: »Der Rathenaubund soll mich … lecken! Siehe Götz von Berlichingen!«[24]

Hitler, der Demagoge. Propagandarede vom 9. August 1930 anläßlich der Reichstagswahlen.

Im Januar 1929 gratulierte die Hitlerjugend dem Exil-Monarchen im Namen des »Führers« zum 70. Geburtstag. Wenig später erschien Hermann Göring samt adeliger Gattin, um im Auftrag des »Führers« die Hoffnung Wilhelms II. auf eine Rückkehr nach Deutschland zu nähren. »In Doorn hörte man seit Monaten nur noch, dass Hitler den Kaiser auf den Thron zurückbringen will«, notierte ein Zeitzeuge in sein Tagebuch.[25] Im Februar 1932 meldete sich Hitler selbst zu Wort. Vehement und mit großer Überzeugungskraft betonte er: »Die Wiedereinsetzung der Hohenzollern ist mein letztes Ziel.« Zu diesem Zeitpunkt zählte bereits die Mehrzahl der Familie Hohenzollern zu den Bewunderern des »Führers«. Vor allem Hermine, die zweite Gattin Wilhelms II., war eine fanatische Hitler-Anhängerin,[26] nahm an den Parteitagen der NSDAP teil, verkehrte mit der NS-Spitze und warb für die Restauration der Monarchie. Niemand durfte in ihrer Gegenwart Hitler kritisieren. Der ehemalige Kronprinz Friedrich Wilhelm unterstützte 1932 die Wahl Hitlers zum Reichspräsidenten, während sein Vater diesem dankte, dass er »Millionen Menschen dem Marxismus entrissen« habe. Nach Hitlers Machtergreifung zeigte sich der Ex-Kaiser – wie sein Adjutant vermerkte – »begeistert und glücklich«. Wenige Monate später erteilte der »Führer« den Restaurationsbestrebungen der Hohenzollern eine klare und rüde formulierte Abfuhr. Allmählich musste man dann in Doorn zur Kenntnis nehmen, dass die in die Nazis gesetzten Erwartungen »leider ein schwerer Fehler gewesen sind«.[27] An der Verehrung für Hitler änderte sich jedoch nichts. Nach dem Sieg über Frankreich gratulierte Wilhelm II: »Tief ergriffen haben mich die unvergeßlichen Leistungen der Deutschen Wehrmacht ...«[28], während seine Gattin einem Enkel an der Front schrieb: »... der Großpapa ist von einer fabelhaften Frische, nimmt unendlich teil an allem, voll starken Vertrauens in ... die weisen Anordnungen und Pläne des Führers.«[29] Dieser wusste die Verehrung der Hohenzollern nicht zu schätzen. Ein Jahr nach dem Tod Wilhelms II. äußerte er sich abfällig: »Der alte Wilhelm war ein Grandseigneur, Wilhelm II. in seiner ganzen Haltung ein charakterloser Schwächling! Jeder Brief von Bismarck ist mehr wert als das ganze Lebenswerk von diesem Kaiser!«[30]

Nach 1933 bekamen Hitler-Gegner kaum mehr Möglichkeiten, der Öffentlichkeit ihre entlarvenden Beobachtungen zum Phänomen Hitler mitzuteilen. Es sei denn, sie emigrierten ins Ausland. Ein prominentes Beispiel dafür ist der Journalist Konrad Heiden[31], der schon ab 1921 Hitlers Versammlungen besuchte und darüber voll beißender Ironie in der »Frankfurter Allgemeinen Zeitung« schrieb. Mit seinem Pressedienst, der sich kritisch mit Hitler auseinander setzte, galt er als einer der frühesten Hitler-Gegner. Da er noch dazu eine jüdische Mutter hatte, wurde er von den Nazis entsprechend gehasst. Sie merkten ihn für den Tag der Abrechnung vor. 1933 hielt es Heiden für ratsam, ins Ausland zu flüchten, 1936 bürgerte ihn das NS-Regime offiziell aus. Seine viel gelesene zweibändige Hitler-Biografie[32] enthält wertvolle Beobachtungen zur deutschen Politik der zwanziger Jahre aus erster Hand, aber auch demagogische, unwahre, ungenaue oder halbwahre Geschichten über Hitlers Leben. Unter der Überschrift »Ein früh Gescheiterter« heißt es: »Bis zum 25. Lebensjahr lebte er, erst in Wien, dann in München, als meist arbeitsloser und stets arbeitsscheuer Vagabund, entweder in Asylen oder als unterstützter Gast bei zufälligen Freunden … als Mensch mit Privatleben und Beruf war er in normalen Zeiten gescheitert … es soll hier nicht bestritten werden, dass er ein tapferer Soldat war, doch es war eine blinde, gewissermaßen untüchtige Tapferkeit.«[33] Als Reichskanzler, meinte Heiden, hätte Hitler, das »nichtsnutzige Talent«, nur vier Tage pro Woche gearbeitet.

Auf Grund von Heidens Werk, das die Grundlage vieler weiterer Biografien bildete, ging der junge Hitler für immer als eine hoffnungslos gescheiterte Existenz in die Literatur ein. Das »Phänomen« des späteren Aufstiegs Hitlers bleibt rätselhaft, die Kluft zwischen dem arbeitsscheuen Vagabunden und dem charismatischen »Führer« unüberwindbar und unerklärbar. Bei dem faulen Jugendlichen und dem späteren NS-Diktator mit Ambitionen und Durchsetzungsvermögen scheint es sich um zwei vollkommen verschieden veranlagte Persönlichkeiten zu handeln. Erst Jahrzehnte später setzten ernsthafte Recherchen ein. Das Männerasyl in der Wiener Brigittenau, in dem Hitler drei Jahre verbrachte, entpuppte sich als ein Musterwohnheim für alleinstehende Männer.[34] Eine Untersuchung der Finanzlage des jungen Hitler wiederum ergab ausreichende Geldmittel aus Waisenrente und eigenen Einkünften, um ihm eine bescheidene Existenz zu ermöglichen.[35] Sicher ist, dass sein Leben, wie er es als mäßig begabter, freischaffender Maler ohne abgeschlossene Schulbildung in Wien und München führte, für den Sohn eines hohen Finanzbeamten nicht als Karriere bezeichnet werden kann. Sicher ist auch, dass der junge Hitler in den fünf Wiener Jahren und dem einen in München keinen wie immer gearteten Ehrgeiz entwickelte – er war kein Vagabund, sondern ein Durchschnittsbürger.

Eine Charakterstudie Hitlers ganz auf der Basis von dessen angeblicher kleinbürgerlicher Verklemmtheit, Marotten, aber auch ernsthaften psychischen Störungen lieferte Friedelind Wagner, die Tochter Winifreds, der Herrin von Bayreuth. Friedelind emigrierte 1940 in die Schweiz. Ihr 1944 erschienenes Buch ›Heritage of Fire‹[36] gehört zu den ersten, die sich mit Hitlers Privatleben ausführlich beschäftigten. Das Buch ist eine schonungslose Abrechnung mit ihrer Mutter Winifred, der Vertrauten des »Führers«, mit Bayreuth, dem Dritten Reich und Hitler alias »Onkel Wolf«. Ihrer Erinnerung nach aß Hitler täglich zwei Pfund Pralinen. Ihr Vater habe über den seltsamen »Messias« gelacht, den niemand von Bedeutung ernst genommen habe.[37] Sie erinnerte sich auch, wie sie den »Führer« als Kind kennen gelernt hatte: »… er sah recht gewöhnlich aus in seinen kurzen bayrischen Lederhosen, den dicken Wollsocken, … die spitzen Backenknochen schienen die hohlen, fahlen Wangen durchbohren zu wollen, seine blauen Augen glänzten unnatürlich in fanatischer Glut; er hatte einen ausgehungerten Blick.« Friedelind verschweigt den huldigenden Empfang, den ihr Großonkel, der viel gelesene Kulturphilosoph Chamberlain,[38] Hitler in Bayreuth bereitete, ebenso wie seinen enthusiastischen Brief: »Daß Deutschland in der Stunde höchster Not einen Hitler gebiert.« Auch bei den Festspielen fiel Hitler der Wagner-Enkelin unangenehm auf: »Es war das erste Mal, daß ich Hitler im Frack sah. Er trug seinen Zylinder nicht mehr – wie früher – wie ein Schornsteinfeger im Genick, fühlte sich aber sichtlich unbehaglich in seiner neuen Eleganz. Mutter und Familie waren voll des Lobes über sein Aussehen, doch ich bemerkte, daß der Frack schlecht gearbeitet war und daß der eine Aufschlag zwei Fingerbreit höher saß als der andere.«[39] Im Gegensatz dazu höhnte ein Journalist der satirischen Zeitschrift ›Simplicissimus‹ schon 1922, welch großen Wert der NS-Politiker auf eine gepflegte Erscheinung lege: »… [Hitler] mit seinem glatten, brillantinierten Haar, den Scheitel fast in der Mitte, dem korrekten Schnurbart, dem korrekten Schlips – ein Mann, wie von der Stange gekauft.«[40] Und der Hitler-Biograf Konrad Heiden meinte: »Seit Beginn seiner Laufbahn ist er angezogen wie der Herr aus dem Modealbum …«[41]

Friedelinds Hitler-Bild ergänzten weitere Beobachtungen: »… bemerkte ich, daß seine Vorderzähne in Ordnung gebracht waren; seine merkwürdigen kleinen Vorderzähne waren ausgefüllt und sein ganzer Mund glänzte von Gold. Die Fingernägel waren aber noch immer zu weit mit Haut bewachsen, und beim Reden kaute er dauernd daran herum; zuweilen unterbrach er diese Beschäftigung und betrachtete den einen oder anderen kritisch …« Laut den Angaben der Enkelin Richard Wagners behandelte »Onkel Wolf« seine Adjutanten auf das Gemeinste. Mit »puterrotem Gesicht und blutunterlaufenen Augen« warf er ihnen die »hässlichsten österreichischen Beschimpfungen« an den Kopf. »Sein Mund bedeckte sich mit Schaum.«[42] Wie sie sich an ihn überhaupt als häufig kreischenden, sich in Teppiche verbeißenden Hysteriker mit Schaum vor dem Munde erinnerte. Friedelind Wagner betrat mit ihren Schilderungen Neuland. Sie erschienen zu einem Zeitpunkt, als seriöse Untersuchungen zu Hitler fehlten, wurden als bare Münze übernommen und lieferten Stoff für unzählige Boulevard-Geschichten. In manchmal noch übertriebener Form wurden sie bis zum heutigen Tag oft wiederholt. Als die ›Lebensakte‹ von Friedelinds Bruder Wolfgang Wagner 50 Jahre später erschien, hatte sich das von seiner Schwester gezeichnete Hitler-Bild bereits verfestigt. Korrekturen wurden kaum mehr zur Kenntnis genommen. Umsonst hieß es: »… der Onkel [Hitler] küsste meiner Mutter die Hand, vermied jedes unbeherrschte Aufbrausen und entstellte auch keine Teppiche durch Bisse.«[43]

Das Buch der Wagner-Enkelin gehört zu jener Flut von Literatur, die auf hilflose Weise den Diktator als – auch privat – abstoßendes Monster, als Psychopathen mit widerlichem Wesen zu erklären sucht. Eine Absurdität überbot die andere: der fast blödsinnige Hitler als beschäftigungsloser Maler und Tapezierer; Hitler, beinahe ein Analphabet; Hitler unartikuliert und ohne Tischmanieren; Hitler, linkisch im Umgang mit gehobenen Schichten; Hitler als zielloser Bohemien. Die Frage, wie ein derart beschaffener, asozialer Außenseiter Anhänger zu gewinnen und zu begeistern vermochte, blieb dabei ein ungeklärtes Rätsel.

Hitlers Erzrivale Otto Strasser[44] wiederum ist der Erfinder des perversen Sexuallebens des »Führers«.[45] Strasser, ursprünglich SPD-Mitglied, dann Funktionär vom linken Flügel der NSDAP in Norddeutschland, kannte den »Führer« sehr genau. Das Verhältnis der beiden Männer wurde von Anfang an durch unüberwindliche ideologische Gegensätze und Antipathie geprägt. Nachdem sein Sekretär Joseph Goebbels zu Hitler übergelaufen und er im Streit um die kommunistische Ausrichtung der NSDAP unterlegen war, verließ Otto Strasser im Juli 1930 die Partei. Nach 1933 flüchtete er – immer im Visier der Gestapo – durch ganz Europa. Den Kampf gegen Hitler führte er mittels illegaler Gruppen, aber auch mit der Feder. In seinen Memoiren ›Hitler und ich‹ rechnete Strasser mit seinem Gegner auf der intimen Ebene ab.[46] Nuancen- und facettenreich brachte er die Perversitäten des »Führers« zu Papier: »Ich persönlich habe drei Frauen gekannt, die im Leben dieses Asketen mit der perversen Phantasie eine Rolle gespielt haben«, schreibt Strasser. »Ich habe die vertraulichen Mitteilungen … gesammelt. Ich war über alles im Bilde … man bestätigte mir Punkt für Punkt, was die Phantasie eines gesunden Mannes kaum für wahr halten kann.«[47] Sein Resümee über den Rivalen lautete: »Nachdem ich so durch Zufälle den Schleier ein wenig gelüftet habe, der das intime Leben Adolfs verdeckt, weiß, daß er zur Liebe unfähig ist, und die unsauberen Mittel kenne, die ihm widernatürliche Genüsse verschaffen – Hitler steht abseits vom Leben, abseits von den Frauen, abseits der Liebe.«[48]

Auch Strassers Erinnerungen erregten höchste Aufmerksamkeit, wurden gerne geglaubt und als Tatsachen genommen. Sie erweiterten das bereits bestehende Hitlerbild vom faulen, verkommenen Vagabunden zum perversen Sonderling. Zum Verständnis des phänomenalen Erfolgs Hitlers trugen sie genauso wenig bei wie der Personenkult um den »Führer«, der noch bis April 1945 in voller Blüte stand. Erst allmählich kristallisierte sich heraus, dass Hitler auf dem »Berghof«, seinem Landsitz bei Berchtesgaden, keine Sexgelage gegeben hatte. Vielmehr verlief sein Leben dort vollkommen unspektakulär, sehr langweilig und in betont konservativ-bürgerlichen Bahnen. Anzügliche Witze waren in Hitlers Anwesenheit verboten. Den Höhepunkt des Tages stellte eine Kinovorführung im eigenen Heimkino dar!

Nach dem Ende des Dritten Reichs wollte man Objektives über jenen Mann wissen, der ein ganzes Volk in die Katastrophe geführt hatte. Die spärlichen Informationen befriedigten diese Nachfrage nicht. Zu den bereits vorhandenen Memoiren gesellte sich lange nur Klatsch aus der Gerüchteküche der braunen Diktatur – ein Zeichen für die Effizienz der NS-Zensur, die das Nachrichtenwesen streng kontrolliert hatte.

So bringt der nüchterne General Edmund Glaises von Horstenau in seinen Erinnerungen[49] zu Papier, was er von Hitlers Dolmetscher Paul Schmidt hörte: »Thema 1. Sexualleben Hitlers. Nach Schmidts Kenntnis … eine leicht homosexuelle Rolle. Schließt die Nachricht, nach der er Exhibitionist gewesen sei, als nicht unmöglich aus. Ließ sich über Lissabon … aus Amerika pornographische Geheimzeitschriften ordinärsten Inhalts kommen. Daher nach Meinung Schmidts Verhältnis zu Eva Braun, die ein ganz ekelhaftes, unbedeutendes Frauenzimmer war, durchaus sexuell.«

Nach Kriegsende stellte der Sozialdemokrat Franz Jetzinger als Erster ausführliche Recherchen zu Hitlers Kindheit und Jugend an und förderte dabei wichtiges Quellenmaterial zu Tage.[50] Auf der Suche nach einer Erklärung des späteren steilen Aufstiegs des »Führers« durchforstete er dessen frühes Leben, interviewte er Nachbarn und Bekannte der Familie Hitler, Lehrer und einstige Schulkameraden Adolfs. »Er wollte Krieg spielen, immer nur Krieg spielen«, erzählte ein Mitschüler.[51] Ein weiterer Mitschüler aus Hitlers Leondinger Zeit hatte sich bereits 1939 verbittert geäußert: »Als Bub hat er uns gejagt und jetzt tut er es wieder.«[52] Eine penible Auswertung seiner Schulzeugnisse ergab, dass Hitler ein sehr schlechter Schüler gewesen war, der mehrmals Klassen wiederholte und Schulen wechselte. Auffallend sind einige »Nicht genügend« in Mathematik, aber auch in »Deutscher Sprache«, die Hitler später so eloquent einsetzte. Selbst in seinem Lieblingsfach »Geschichte« brachte er es höchstens auf »Genügend«, meistens jedoch auf »Nicht genügend«. Im Gegensatz dazu behauptete er dreist in ›Mein Kampf‹: »Am weitaus besten waren meine Leistungen in Geographie und noch mehr in Weltgeschichte, … in denen ich der Klasse vorschoß!« Nachdem Hitler 1904 in der 3. Klasse in Französisch versagte, richtete er an den oberösterreichischen Landesschulrat ein Ansuchen um Ablegung einer Nachprüfung.[53] Der Direktor der Staats-Oberrealschule in Linz befürwortete das Gesuch mit der Bemerkung, dass derselbe Besserung gelobt habe. Hitler sei zwar »gut begabt und in mehreren Fächern tüchtig, im Französischen habe er nicht den erforderlichen Fleiß gezeigt«.

Interessant ist auch, welches Urteil Dr. Huemer, Hitlers Klassenvorstand an der Linzer Realschule, 1923 im eigenen und im Namen mehrerer Kollegen fällte. Obwohl der Lehrer seinen einstigen, schwierigen Schüler damals bereits restlos bewunderte, bemühte er sich um Objektivität: »Er war entschieden begabt, wenn auch einseitig, hatte sich aber wenig in der Gewalt. Zum mindesten galt er für widerborstig, eigenmächtig, rechthaberisch und jähzornig, und es fiel ihm schwer, sich in den Rahmen der Schule zu fügen. Er war auch nicht fleißig. Hitler war ein flotter Zeichner … seine Arbeitslust pflegte sich immer rasch zu verflüchtigen. Belehrungen seiner Lehrer wurden nicht selten mit schlecht verhülltem Widerwillen entgegengenommen, wohl aber verlangte er von seinen Mitschülern unbedingte Unterordnung, gefiel sich in der Führerrolle …«[54] Dr. Huemer verfasste die – vermutlich gemilderte und entschärfte, aber noch immer wenig günstige – Expertise zu einem Zeitpunkt, als Hitler in Erwartung seines Prozesses wegen Hochverrats im Gefängnis saß – sein Rechtsanwalt [Dr. Roder] hatte das Gutachten in der Hoffnung auf positive Auskünfte über die Charaktereigenschaften zur Entlastung seines Mandanten in Auftrag gegeben. Sicher scheint, dass der Pädagoge seinem prominenten Schüler auf keinen Fall schaden wollte, denn er fügte einen mildernden Nachsatz an: »Doch wie die Erfahrung immer wieder lehrt, beweist die Schule nicht viel fürs Leben, und während die Musterknaben gar oft spurlos darin untertauchen, entwickeln sich die ›Schulrangen‹ erst, sobald sie nötige Ellbogenfreiheit erlangt haben.« Hitlers Selbstdarstellung in ›Mein Kampf‹ differiert von den nüchternen Tatsachen beträchtlich. Dort heißt es in vollkommener Verdrehung der Wahrheit: »Ich war ein kleiner Rädelsführer, der in der Schule leicht und gut lernte …«[55] 1937 besuchte Dr. Huemer den nunmehrigen »Führer« in Berlin. Nach einem persönlichen Gespräch mit seinem einstigen Schüler kehrte er als überschwänglich begeisterter Hitler-Fan heim.

Im Gegensatz zu seinen übrigen ernsthaften Recherchen steht Jetzingers Versuch der Ergründung von Hitlers Erbanlagen, in denen er »vier typische Eigenschaften der Juden« geradezu auffällig vertreten sieht: Intelligenz, überzeugende Redegabe, Herrschsucht bis zum Exzess und sadistischen Hass.[56] Er stellt in den Raum, dass Hitler Vierteljude sei: »Sollte sich dies als Gewißheit herausstellen, hätte man einen Schlüssel zum Rätsel Hitler.«[57]

Für des »Führers« Wiener Zeit hat Jetzinger als Erster die Erinnerungen von Hitlers »Jugendfreund« August Kubizek, der mit Adolf Hitler im Frühjahr 1908 nach Wien zog und vier Monate mit ihm verbrachte, kritisch untersucht.[58] In den knapp vor Kubizeks Tod im Jahre 1956 geführten Interviews kamen aufschlussreiche Details zutage, wurden viele Irrtümer aufgedeckt. Wie fragwürdig die Erzählungen des Hitler-Freundes – der einzigen bedeutenden Quelle zu Hitlers Wiener Zeit – tatsächlich sind, stellte sich erst später heraus. Sie waren im Auftrag und unter den wachsamen Augen der NSDAP entstanden. Nach erhaltenen Notizen der Mitarbeiter des Hauptarchivs der NSDAP aus dem Jahre 1938 bestand eine Übereinkunft, dass »Kubizek seine Erinnerungen an den Führer« niederschreiben werde.[59] Man konferierte mit ihm ausführlich über den Inhalt seiner Erinnerungen und notierte: »… dieser Bericht wird wohl eines der bedeutendsten Stücke des Zentralarchivs.« Das Urteil über Kubizeks sorgfältig gelenkte Niederschrift stand für die NSDAP auch fest: »… die für uns alle unbegreifliche Größe des Führers war schon in seiner Jugend [vorhanden].«

Hitlers eigene Schilderung der »Wiener Leidenszeit« entstand 1924 aus politischem Kalkül, dem Bestreben, die Arbeiterschaft für sich zu gewinnen. Die Saga vom armen Jugendlichen, der sich ohne jegliche Unterstützung in der Großstadt durchs Leben schlug, ist genauso falsch wie die vom Schüler Hitler, der »leicht und gut lernte«.

Ernst zu nehmende Hinweise auf Hitlers Charakter und jene Anlagen, die ihm alsbald seinen Aufstieg ermöglichten, finden sich demnach weder in Kubizeks für die NSDAP geschriebenen Memoiren noch in den verlogenen Selbstbetrachtungen von ›Mein Kampf‹, die der Nationalsozialist Hitler in einer für ihn kritischen Zeit zur Förderung seiner Karriere ersann. Sie finden sich jedoch in den wenigen schriftlichen Zeugnissen, Briefen, Postkarten und amtlichen Schreiben von 1907 bis 1914, die Hitler entweder selbst verfasste oder die ihn betreffen.[60] Höchst aufschlussreich ist zum Beispiel der Brief von Magdalena Hanisch, jener Linzer Hausbesitzerin, bei der die Hitlers zur Miete wohnten.[61] Darin schildert Magdalena Hanisch ihre Gespräche mit dem jungen Hitler, in denen es um die Vermittlung eines Termins bei einem bekannten Professor an der Akademie der Bildenden Künste [Direktor Professor Alfred Roller] geht.

Auffällig ist, wie der 19-Jährige listig die Wahrheit zu verdrehen weiß. Sein Versagen bei der Aufnahmeprüfung an der Akademie der Bildenden Künste in Wien münzt der »Kunststudent« in »keine Aufnahme mehr gefunden« um – so, als ob man ihn wegen Überfüllung abgewiesen hätte. Er präsentiert sich – den begeisterten Angaben der Frau Hanisch zufolge – als »ernster, strebsamer junger Mensch, reif, gesetzter über sein Alter [hinaus], nett und solid«. Geschickt lobt er Professor Roller, den Johanna Motloch, eine Freundin der Vermieterin, persönlich kennt. Dieser besitze »Weltruf« und »er verehre ihn in seinen Werken«. Die Art, wie er die Hausbesitzerin zu seiner glühenden Fürsprecherin macht, folgt genau dem Muster, mit dem er später als Politiker viele Frauen zum Einsatz für die NSDAP bewog. Schon der 19-jährige Hitler verstand die Kunst der Menschenführung – auch Magdalena Hanisch verfiel seinem Charme. »Als ich ihn fragte, ob es ihm vielleicht nützlich sein könnte …, wenn er eine Empfehlung … bekäme, da leuchteten dem jungen Menschen die Augen; er wurde dunkelrot und sagte, das würde er als das größte Glück seines Lebens betrachten, wenn er mit DIESEM Mann bekannt werden könnte … Gern wäre ich dem jungen Menschen behilflich; er hat eben Niemand, der ein Wort für ihn einlegt oder ihm mit Rat und Tat beisteht; er kam ganz fremd und allein nach Wien, musste allein, ohne Anleitung, überall hingehen …«, heißt es in dem Schreiben, mit dem sie sich an ihre Freundin wandte. Die darin enthaltenen pathetisch-hysterischen Ausdrücke scheinen für den nichtigen Anlass stark übertrieben. So bittet sie nicht weniger als dreimal »recht herzlich« für ihren Schützling. Ihre übertriebenen Lobpreisungen erinnern an die späteren Hitler-Verehrerinnen. Genau so enthusiastisch würden später die Damen der ersten Münchner Gesellschaft für den aufstrebenden Politiker werben!

Als am 8. Februar 1908 von Professor Roller eine positive Antwort eintraf, enttäuschte Hitler seine Gönnerin nicht. Er agierte wie ein gelernter Schauspieler. »Du hättest den Jungen sehen sollen«, schrieb diese begeistert ihrer Freundin: »Langsam, Wort für Wort, als ob er den Brief auswendig lernen wollte, wie mit Andacht, ein glückliches Lächeln im Gesicht, so las er den Brief still für sich. Mit innigem Dank legte er ihn dann wieder vor mich hin …«

Aussagekräftig sind auch jene wenigen Briefe und Karten, die Hitler seinem Freund August Kubizek schrieb. Meist nur an der schlechten Orthografie gemessen, enthüllen sie einen ambitionierten, sprachbegabten Jugendlichen mit vielfältigen künstlerischen Interessen. Es ist kein Schwachsinniger oder Unartikulierter oder Gedankenarmer, der, ganz im Stil seiner späteren, schwülstigen Reden, seinem Freund schreibt: [Über das K. u. K. Hof-Operntheater in Wien] »Ist außen mächtige Majestät, welche dem Baue den Ernst eines Denkmales der Kunst aufdrückt, so empfindet man im Inneren eher Bewunderung als Würde. Nur wenn die mächtigen Tonwellen durch den Raum fluten und das Säuseln des Windes dem furchtbaren Rauschen der Tonwogen weichen, dann fühlt man Erhabenheit, vergißt man das Gold und den Sammt mit dem das Innere überladen ist.«[62] Führt die Korrespondenz mit Kubizek auf persönliches Gebiet, so kennzeichnet sie ein betont warmherziger und witziger Ton. Hitler hofierte »Gustl« und dessen Familie, solange sie ihm nützlich erschienen, um sie dann von einem Tag auf den anderen abrupt fallen zu lassen. Genauso würde der Politiker Hitler agieren.

Ein langes eigenhändiges Schreiben Hitlers vom Januar 1914 ist das erste, erhalten gebliebene Beispiel für seine rhetorische, argumentative Begabung, eine Kunst, die er später zur Perfektion entwickeln würde. Hitler lebte damals bereits in München, glaubte dem »Mief« der Habsburgermonarchie entronnen und der Militärpflicht entgangen zu sein. Der Stellungsbefehl der Linzer Militärbehörden überrumpelte ihn. Sein langes, nach Punkten gegliedertes Rechtfertigungsschreiben, in dem er alle rhetorischen Register zieht, ist ein kunstvolles Elaborat. Vom Thema abschweifend, bezeichnet er sich selbst als arbeitsamen und gesetzestreuen Bürger, »unbescholten vor dem Gesetz und rein vor meinem Gewissen«. Pathetisch verweist er auf seine triste Jugend, er »habe das schöne Wort Jugend nicht kennengelernt«. Er schmeichelt den Beamten und macht gleichzeitig auf Verfahrensfehler aufmerksam: »Stellungsvorladungen werden, wie man mir am Konsulat mitteilte, sonst entweder persönlich oder durch die Konsularbehörde zugestellt …« Selbstbewusst legt er die Strafe für seine Stellungsflucht fest: »… dafür dürfte wohl eine bescheidene Geldstrafe Sühne genügend bieten, und ich werde mich nicht weigern eine solche willig zu leisten.« Hitlers Schreiben – laut gelesen, meint man, ihn sprechen zu hören – ähnelt, was Konzept und Aufbau anbelangt, in verblüffender Weise seinen späteren Reden. Es ist der Beweis dafür, dass er bereits 1914 die Voraussetzungen für sein politisches Handwerk entwickelt hatte und bei Bedarf auch einzusetzen verstand.[63] Das Schreiben verfehlte seine Wirkung nicht. Hitler brauchte weder die für das Delikt der Verletzung der Wehrpflicht vorgesehene hohe Geldstrafe zu entrichten, noch die vorgeschriebene Frist einzuhalten, noch am angegebenen Ort zu erscheinen.[64]

Viele Zeitgenossen haben verwundert auf den scharfen Kontrast zwischen dem privaten Hitler und dem donnernden Demosthenes hingewiesen. Dieser Bruch in Hitlers Persönlichkeit sollte erst nach dem Ersten Weltkrieg zum Ausdruck kommen.

Zwischen 1914 und 1918 diente Hitler als Freiwilliger im 2. Bayerischen Infanterieregiment Nr. 16. Nach dem Ende des Ersten Weltkriegs rüstete der Gefreite Hitler nicht ab. Er verblieb im Verband der deutschen Reichswehr und wurde am 5. Juni 1919 zu einem Schulungskurs für Wehrmachtangehörige abkommandiert, in dem verschiedene Referenten Themen zur deutschen Geschichte, zu Politik, Wirtschaft und Sozialismus vortrugen. Der rechts-radikale Dipl. Ing. Gottfried Feder sprach über seine Theorie zur »Brechung der Zinsknechtschaft«. Die anschließende Diskussion ist der dokumentierte Zeitpunkt, zu dem Hitler erstmals in der Öffentlichkeit sprach: »... einer der Teilnehmer glaubte, für die Juden eine Lanze brechen zu müssen, und begann sie in längeren Ausführungen zu verteidigen. Dies reizte mich zu einer Entgegnung.«[65]

Im Rahmen der Schulungskurse hielt auch der Münchner Universitätsprofessor Alexander von Müller Vorlesungen über »Die politische Geschichte des Krieges«. Nach dem Ende seines Vortrags beim Verlassen des sich leerenden Saals stieß er auf eine kleine Gruppe, die ihm den Weg verstellte. Sie schien fest gebannt um einen Mann, der mit einer seltsam gutturalen Stimme unaufhaltsam und mit wachsender Leidenschaft auf sie einsprach. Professor Müller hatte – wie er später angab – das sonderbare Gefühl, als ob ihre Erregung sein Werk wäre. Er sah ein bleiches, mageres Gesicht unter einer hereinhängenden Haarsträhne, mit kurz geschnittenem Schnurrbart und auffällig großen, hellblauen, fanatisch kalt aufglänzenden Augen.[66] Der Mann hieß Adolf Hitler.

Professor Müller machte seinen Schulkameraden, den Generalstabs-Offizier und Vorgesetzten Hitlers, Karl Mayr, auf das rhetorische Naturtalent aufmerksam.[67] Wenige Tage später wurde Hitler von Mayr dem Aufklärungskommando zugeteilt, das die

Soldaten vor ihrer Entlassung aus dem Wehrdienst über die Gefahren des Bolschewismus informieren sollte. Hitler erwies sich als durchschlagender Erfolg. »Keine Aufgabe konnte mich glücklicher machen als diese«, schrieb er in ›Mein Kampf‹.[68] »Ich durfte auch von Erfolg sprechen: viele … Kameraden habe ich im Verlauf meiner Vorträge wieder zu ihrem Volk und Vaterland zurückgeführt.« Generalstabs-Offizier Mayr war begeistert: »Besonders Herr Hitler ist, ich darf wohl sagen, ein geborener Volksredner.«[69]

Hitlers großes »Durchbruchserlebnis«[70] fand jedoch erst im darauf folgenden Jahr statt. Es kann – wie Hitler selbst vermerkte – exakt auf den 24. Februar 1920 datiert werden. Damals hielt er seine erste Rede auf einer Massenveranstaltung. Der Erfolg war durchschlagend, die Zuhörer tobten vor Begeisterung. Sie waren überwältigt. Niemand jedoch war so überwältigt wie der verblüffte Redner, dem sich eine ihm selbst verborgene Begabung nun ganz enthüllte. Mit einem Male rückte er ins Zentrum des Geschehens, besaß er das Instrumentarium zur Erreichung eines großen Publikums. Er konnte seine jahrelang aufgestauten Ansichten über Politik nicht nur mitteilen, sondern erntete dafür noch Applaus. Vorbei war die Zeit, in der er sein gesammeltes Wissen mehr oder weniger willigen Privatpersonen aufdrängen musste – seinen wenigen Bekannten, den Bewohnern des Wiener Männerheims oder der Familie des Schneidermeisters Popp, seinem Münchner Quartiergeber. Man nahm ihn ernst und niemand tat ihn mehr als »Spinner« ab. Hitler nutzte die einmalige Chance. Unter dem berauschenden Eindruck seines ersten Erfolges entwickelte er – anfangs laienhaft – seine Technik, die aus einer wirkungsvollen Symbiose von Rhetorik und Gestik bestand. Als Propagandasprecher der DAP, der er im September 1919 beigetreten war, sprach er, manchmal mehrmals am Tag, vor immer größerem Publikum. Er setzte sich mit voller Kraft ein und perfektionierte sein Rüstzeug. Ganz anders als die eintönigen Berufspolitiker, gab er alles und bot ein Schauspiel, das seine Gegner fürchteten. Bald war jeder Blick aus den stechend blauen Augen genau kalkuliert, wurde der österreichische Akzent bewusst kultiviert. Ein zusätzliches Plus war die Wirkung seiner heiser-gutturalen Stimme, die ihm eine hypnotische Ausstrahlungskraft verlieh. Mit diesem Rüstzeug startete Hitler seine politische Laufbahn. Er redete, redete und redete. Im Gegensatz dazu sollte Hitlers Diktatorkollege Stalin überhaupt nur ein einziges Mal als Redner in der Öffentlichkeit auftreten – beim Überfall Deutschlands auf die Sowjetunion wandte er sich an seine »Brüder und Schwestern«.

Es war eine in der Geschichte einzigartige Karriere, denn die mit eiserner Energie kultivierte außergewöhnliche rhetorische Begabung war Hitlers einziges politisches Startkapital. Sie war auch die Leiter, auf der er schließlich Sprosse um Sprosse emporsteigen sollte. Und gestützt auf seine jahrelange, eigenbrötlerische Beschäftigung mit Politik, verfügte er über eine auf dem Rassen- und Machtprinzip fußende, antibürgerliche und antisemitische fertig ausgefeilte Weltanschauung, an der sich nichts mehr änderte und von der er nicht mehr abwich – Hitler wusste genau, was er wollte. Seine Redegewalt befähigte ihn, die Menschen seiner Weltanschauung dienstbar zu machen.

Es war Ernst Hanfstaengl, der als einer der Ersten die Wirkung der Rhetorik Hitlers beschrieb:[71] »Wer Hitler als Redner nur aus den Veranstaltungen der späteren Jahre kennt – als den schon zur Maßlosigkeit entarteten tobenden Demagogen und Diktator am Mikrophon –, hat keine Vorstellung von dem registerreichen und volltönenden Instrument seiner natürlichen, nicht künstlich verstärkten Stimme in den ersten Jahren seines politischen Debüts. Da hatte sein Bariton noch Schmelz und Resonanz, da standen ihm noch Kehltöne zur Verfügung, die einem unter die Haut gingen, da waren seine Stimmbänder noch unverbraucht und befähigten ihn zu Nuancierungen von einzigartiger Wirkung. Von den zahlreichen redebegabten Politikern, die ich im Verlauf meines Lebens gehört habe – drei meisterhafte Virtuosen dieser Art waren beispielsweise Theodore Roosevelt, der blinde Senator Gore von Oklahoma und Woodrow Wilson, der Mann ›mit der Silberzunge‹ – erreichte keiner die Wirkung, die Hitler zu unserem und seinem Verhängnis in Vollendung zu Gebote stand.«

Anfang 1925, kurz nach seiner Entlassung aus der Landsberger Haft, verfügte Hitler bereits über große Routine und Selbstsicherheit im Umgang mit seinem Publikum. »Kam ein opponierender Zwischenruf, so hob er leicht die Hände, als fange er einen Ball auf, und legte dann mit einem listigen Lächeln die Arme übereinander. Die Antwort waren zwei, drei Sätze, ohne Gehässigkeit geäußert, doch voll Witz und Humor und – schon wieder hatte Hitler die Lacher auf seiner Seite. Manchmal erinnerte seine Rhetorik geradezu an die Technik der großen Meistergeiger, die ihren Bogen selten voll ausstreichen und so einen Ton gerade noch wie die Andeutung eines Gedankens ahnen lassen.«[72]

Albert Speer, Hitlers Architekt und später erfolgreicher Rüstungsminister, stieß erst 1931, zwei Jahre vor der nationalsozialistischen »Machtergreifung«, zu Hitler, erlebte diesen also noch in seiner Eigenschaft als Oppositionspolitiker, der sich Kritik stellen musste. Speer selbst stammte aus einer großbürgerlichen, reichen und gebildeten Architektendynastie, die sich voll Stolz zu den führenden Familien der Gesellschaft von Mannheim zählte. »Sicher gab es nicht mehr … als zwanzig … Haushaltungen dieser Stadt, die sich einen ähnlichen Aufwand leisteten. Zahlreiches Dienstpersonal diente dazu, der Repräsentation zu genügen … die Mädchen trugen weiße Häubchen, schwarze Kleider … der Diener eine violette Livree mit vergoldeten Knöpfen; am prächtigsten war der Fahrer«, erinnerte sich Speer an seine Kindheit im feudalen Elternhaus.[73] Erzogen wurde der Spross aus der Mannheimer High Society von einer französischen Gouvernante, später ging er in eine vornehme Privatschule. Wie sein Vater und Großvater studierte auch Albert Speer Architektur. Als junger Assistent der Technischen Hochschule Berlin-Charlottenburg wohnte der konservative Architekt auf Drängen seiner Studenten Mitte 1931 einer Rede Hitlers bei. Sie sollte sein Leben verändern.

In seinen Erinnerungen schilderte er die Begegnung: »Hitler erschien von seinen zahlreichen Anhängern stürmisch begrüßt. Schon diese Begeisterung machte auf mich großen Eindruck. Aber auch sein Auftreten überraschte mich. Von den Plakaten und den Karikaturen kannte ich ihn in Uniformhemd mit Schulterriemen, aber Hakenkreuzbinde am Arm und einer wilden Mähne in der Stirn.«[74] In derartiger Adjustierung präsentierte sich Hitler, der sich wie ein Chamäleon seiner jeweiligen Umgebung anpassen konnte, allerdings nur seinen einfacheren Anhängern. Vor Studenten trat er anders auf. »Hier aber trat er«, wie Speer bemerkte, »in gut sitzendem blauem Anzug auf, auffallend demonstrierte er

Hitler spricht zu den Berliner Studenten.

bürgerliche Korrektheit, alles unterstrich den Eindruck vernünftiger Bescheidenheit … die minutenlangen Ovationen trachtete er, fast abwehrend, zu beenden. Wie er dann, mit leiser Stimme, zögernd und etwas schüchtern, nicht etwa eine Rede, sondern eine Art geschichtlichen Vortrags begann, hatte für mich etwas Gewinnendes; … wie es schien, legte er freimütig und offen seine Sorgen um die Zukunft dar. Seine Ironie war durch einen selbstbewußten Humor gemildert, sein süddeutscher Charme heimelte mich an … Hitlers anfängliche Schüchternheit war bald verschwunden; zuweilen steigerte er nun seine Tonlage, sprach eindringlicher und mit suggestiver Überzeugungskraft. Dieser Eindruck war weitaus tiefer als die Rede selbst, von der ich nicht viel in Erinnerung behielt … Hitler schien am Ende nicht mehr zu sprechen, um zu überzeugen; vielmehr schien er davon überzeugt, das auszudrücken, was das zur Masse gewordene Publikum von ihm erwartete: als handle es sich um die selbstverständlichste Sache der Welt, Studenten und einen Teil des Lehrkörpers der zwei größten Hochschulen Deutschlands willig an der Leine zu führen …« Dieser Mann widersprach in allem dem von Speer mit intellektueller Ironie erwarteten hysterischen Demagogen, dem brüllenden Fanatiker in brauner Uniform. Ihn beeindruckte, dass sich der NS-Redner der anschließenden kritischen politischen Diskussion mit akademischem Publikum gestellt hatte und daraus mühelos als überlegener Sieger hervorgegangen war. Speer blieb aufgewühlt zurück, fuhr mit seinem Auto lange durch die Nacht, hielt in einem Kiefernwald, um bei einer Wanderung seine Gedanken zu ordnen.

Hier, so schien es ihm, gab es Hoffnung in der von Parteienzank geschüttelten Weimarer Republik, hier gab es neue Ideale, ein neues Verständnis, neue Aufgaben. Die Gefahr des Kommunismus, der sich unaufhaltsam der Macht zu nähern schien, war zu bannen, und am Ende konnte es statt trostloser Arbeitslosigkeit einen wirtschaftlichen Aufschwung geben. Das von Hitler nur am Rande gestreifte »Judenproblem« schien Speer nicht gravierend zu sein. Im Januar 1931 trat Albert Speer der NSDAP bei. Er erhielt die Mitgliedsnummer 474 481. Seine Motive fasste er zusammen: »Ich empfand mich weniger als Mitglied einer politischen Partei: ich wählte nicht die NSDAP, sondern trat zu Hitler, dessen Erscheinung mich in der ersten Begegnung suggestiv berührt und seither nicht mehr freigegeben hatte. Seine überredende Kraft, die eigentümliche Magie seiner keineswegs angenehmen Stimme, die verführerische Einfachheit, mit der er die Kompliziertheit unserer Probleme anging – das alles verwirrte und bannte mich. Er hatte mich ergriffen, bevor ich begriffen hatte.«[75]

Um diese Zeit reihte die amerikanische Illustrierte ›Vanity Fair‹ Hitler unter die besten Redner der damaligen Zeit ein.[76]

Hitler selbst war bereits fest davon überzeugt, ein rednerisches Naturtalent zu sein. Rhetorikunterricht zu nehmen kam ihm nicht in den Sinn. Die Tatsache, dass sogar bedeutende Staatsmänner ihre Stimme pflegten und professionellen Rat eingeholt hatten, schien ihm nicht nur schwächlich, sondern auch lächerlich. Der Raubbau an Hitlers ungeschulten Stimmbändern rächte sich bald. »Der Führer spricht«, schreibt der SA-Führer Berchtold, »hart und kantig fallen seine Worte.«[77] Er verschwieg dabei, dass Hitler schweißgebadet sein Äußerstes gab, immer heiserer wurde, seine Adern anschwollen und sich sein Gesicht dunkelrot färbte. Der beigezogene Facharzt für Hals-, Nasen- und Ohrenkrankheiten[78] konstatierte bei dem Patienten, dessen Stimme immer häufiger krächzend versagte, eine gefährliche Strapazierung der Stimmbänder und riet zu Ruhe und Schonung. Als Helfer in der Not empfahl er den bekannten »Stimmbildner« und Opernsänger Paul Devrient [eigentlich Paul Stieber]. In einer politisch turbulenten Zeit – die Präsidentschaftswahlen in Deutschland mit Hitler als

Der gelehrige Sprach- und Schauspielschüler Hitler.

Kandidaten standen ebenso vor der Tür wie die Reichstagswahlen – wurde Devrient dem »Führer« mit den Worten: »Hier ist der Schauspiellehrer!«, vorgestellt. Dieser trat dann seinen Dienst bei Hitler an, der den vermeintlich unnützen Scharlatan gegen seine Überzeugung unter das Begleitpersonal seiner Propagandaflüge reihen ließ. Am 8. April 1932 hatte sich Paul Devrient auf dem Berliner Flughafen Tempelhof eingefunden. Er wartete auf seinen Schüler Hitler, den er zwischen und nach den Auftritten unterrichten sollte.[79] Die erste Unterrichtsstunde begann mit einer »Spielprobe«, in der Hitler nach anfänglichem Widerwillen das ihm aus seiner Jugend bekannte Volksstück ›Der Wildschütz vom Höllental‹ deklamierte.[80] Danach erklärte der Sprachpädagoge, dass er ihm Sprechtechnik auf der Basis des bekannten Wiener Stimmpädagogen Hintersteiner zu erteilen gedenke. Geübt wurde jeden Abend, bis der Schüler, ermutigt durch eine Reihe erfolgreicher – und schmerzfreier – Reden, den Unterricht als »pure Schulmeisterei und Theoretisiererei« abbrach. Devrient warnte vergebens: »Bleibt eine Stimme ungeschult, wird der Redner immer wieder gegen physiologische Gesetze verstoßen. Die seltenen Erfolge ziehen immer häufiger Versager und schließlich den Stimmruin nach sich!«[81] Als an einem Abend die Tontechnik infolge Stromausfalls versagte, musste eine Veranstaltung frühzeitig beendet werden – Hitlers Stimme erreichte das Publikum der hinteren Reihen nicht. Er rief Devrient, der ihn triumphierend belehrte: »Geschulte Redner beherrschten schon im Altertum Riesenarenen – klar verständlich bis in die letzten Winkel: ohne Mikrofone, nur mit ihren menschlichen Organen.«[82] »Ich will unabhängig werden, muß es werden, unabhängig von den Zufällen der Technik«, erklärte Hitler daraufhin. »Wie lange brauchen Sie?« Von da an unterzog er sich ohne Murren allen Übungen, lernte Atem- und Entspannungstechniken und Bühnenschauspiel. Jeder Auftritt wird »bühnengerecht« geprobt und danach genau analysiert. Anfang November 1932 beendete Devrient den erfolgreichen Unterricht. Hitlers Auftritte seien, wie er meinte, »echtes Theater in seiner elementarsten Form, dargeboten von einem begabten Schauspieler, in dessen Kopf allerdings politische Pläne rumoren«.[83] »Für mich gibt es kein Rednerproblem mehr!«, sagte Hitler zu seinem Lehrer. »Und das verdanke ich der Schauspielkunst … verdanke ich Ihnen … während ich früher manchmal Halsbeschwerden hatte und Mißverhältnisse zwischen dem Sinn meiner Worte und der Wirkung auf die Zuhörer spürte, fühle ich jetzt davon nichts mehr! Mir gelingt es, ohne störende Einflüsse überzeugend zum Ausdruck zu bringen, was ich denke und fühle.« Er nahm Devrient beiseite, blickte ihm in die Augen und drückte ihm beide Hände. Dem gerührten Operntenor versagte die Stimme. Später sollte ihn – und zwar bis zu seinem Tod – das Trauma plagen, durch seinen Unterricht Hitlers Herrschaft ermöglicht zu haben.

Als »Führer und Reichskanzler« reagierte Hitler ab 1934 auf seine – oft sehr redegewandten, selbstsicheren und gebildeten – Gesprächspartner in überlegener Weise. Den Berichten seines Pressechefs Otto Dietrich nach besaß der »Führer« nicht nur eine große Suggestiv-Kraft, sondern auch eine fast lähmende Ausstrahlung. »Er hatte die Fähigkeit, sich der Beeinflussung durch andere systematisch zu entziehen. Ich habe Personen [hohe Militärs] gesehen, die wiederholt mit dem festen Entschluß zu ihm gingen, ihm in bestimmten Angelegenheiten mit ganz bestimmten Argumenten zu entgegnen. Wenn Hitler, der nur ihre ersten Sätze anhörte, dann das Problem eine Stunde lang mit allen Mitteln der Beredsamkeit durchknetete und es von seinem eigenen Gedankengebäude aus bestrahlte, dann waren sie am Ende wie in einer Art geistiger Narkose außerstande, ihren eigenen Standpunkt noch vorzutragen – selbst wenn sie Gelegenheit dazu gehabt hätten. Wer diese Art von Hitler kannte und glaubte, gegen sie gefeit zu sein, wer es trotz seines Redeflusses wagte, ihm mit einer anderen Meinung entgegenzutreten, dem ließ der tobende Ausbruch seines Zorns das Wort im Munde und das Blut in den Adern erstarren …«[84]

Ausländische Beobachter standen dem Schauspiel, das die Auftritte des »Führers« boten, oft fassungslos gegenüber. Manche von ihnen haben dies in ihren Erinnerungen zum Ausdruck gebracht. So schilderte der französische Botschafter André François-Poncet[85] mit Verwunderung die NS-Feier zum 1. Mai 1933:

»Hitler besteigt die Tribüne. Die Scheinwerfer verlöschen, mit Ausnahme jener, die den Führer in strahlende Helle tauchen, so daß er wie in einem Märchennachen über dem Gewoge zu seinen Füßen zu stehen scheint. Es herrscht Stille wie in einer Kirche. Hitler spricht. Ich habe ihn noch nie öffentlich, unter freiem Himmel gesehen. Ich wende den Blick nicht von ihm. In der Hand hält er ein Päckchen kleiner Blätter, wie ein Kartenspiel, darauf hat er Stichwörter notiert; flink gleiten die Karten durch seine Finger. … das Auffallende an der Rede ist nicht der Inhalt, der trotz allem unklar bleibt, es ist die Wirkung, die vom Redner selbst ausgeht, seine warme Stimme, die manchmal rau, dann wieder schneidend und wild klingt, die Leidenschaft, die ihn fortreißt, der Atem, der ihn belebt, der seine Nasenflügel beben lässt. Ich denke an das Wort jenes Griechen: wenn man Demosthenes wirklich erleben wolle, müsse man ›das Tier selbst‹ gesehen haben. Es ist die Wirkung, die von ihm auf die Zuhörer ausgeht, eine Wirkung, die weit mehr körperlich als geistig ist, gesteigert durch die Umgebung, die theatralische Ausstattung, den Gegensatz von Licht und Schatten, die ganze romantische Aufmachung, die Fahnen und Uniformen, das Blitzen der Helme und Bajonette und den Rausch, der von dem zwingenden Rhythmus der Musik ausgeht. Unter der lauschenden Menge sind zweifellos viele von Mißtrauen und Hass gegen diesen Menschen erfüllt; aber auch sie sind erschüttert

und mitgerissen wie der Schiffer durch das Zauberlied der Lore-
ley.«

Denis de Rougemont war 1935 für ein Jahr als Lektor an die
Universität von Frankfurt am Main gerufen worden. Als bedeu-
tendstes Ereignis seines Aufenthalts
empfand er den Auftritt Adolf Hitlers am 11. März 1936, kurz nach
dem Einmarsch Deutschlands in das
entmilitarisierte Rheinland. Hitlers
Rede war mit Akribie und Raffines-
se vorbereitet worden. Schon Anfang März 1936 kündigten riesige,
rote Plakate auf allen Litfaßsäulen
die Veranstaltung in der Frankfurter Festhalle an. Am Vorabend der
Großveranstaltung setzte ein ungeheurer Zustrom in die Stadt ein. Sonderzug um Sonderzug traf ein, lud
hunderttausend Menschen ab. Un-
entwegt karrten Busse Zuhörer heran, ein Pilgerstrom füllte die Straßen. Gewaltige, dumpfe, manchmal
von Querpfeiferfanfaren unterbro-
chene Trommelwirbel der SS durch-

*Hitler begrüßt am 22. Oktober
1937 den Herzog und die
Herzogin von Windsor auf
dem Obersalzberg.*

dröhnten die ganze Nacht vom 10. auf den 11. März. Bereits am
Morgen des 11. März kampierten Zuhörer bei den Hallen – es galt
Plätze für die Abendveranstaltung zu ergattern. Das Gedränge
nahm beängstigende Formen an. »Ich bin mit dem Vorhaben gekommen, auch der Menge zuzuhören«, schreibt de Rougemont.
»Ich stehe inmitten von Arbeitern, jungen Milizionären des Ar-
beitsdienstes: sie sagen fast nichts … ein paar Frauen werden ohn-
mächtig, man trägt sie fort, und das schafft ein wenig Platz zum
Atmen. Sieben Uhr. Niemand wird ungeduldig, niemand scherzt
… Seit bald vier mal sechzig Minuten stehe ich hier von der Menge durchgewalkt. Ob es sich lohnt? …«[86]

Es lohnte sich. Auf Grund der miterlebten NS-Feier entwickelte de Rougemont später die Theorie vom sakralen Charakter der nationalsozialistischen Herrschaft. »Aber da geht ein Murmeln durch die wogende Menschenmenge, Trompeten sind von draußen zu hören. Die Bogenlampen unten in der Halle verlöschen, während an der Hallendecke Lichtpfeile angehen, die sich auf eine Tür im ersten Rang richten. Ein aufleuchtender Scheinwerfer lässt einen kleinen, braun gekleideten Mann auf der Schwelle erscheinen, mit bloßem Haupt und ekstatischem Lächeln. 40 000 Menschen, 40 000 Arme haben sich in einer einzigen Bewegung erhoben. Der Mann schreitet sehr langsam vorwärts, grüßt unter einem betäubenden Donnern rhythmischer Heil-Rufe mit langsamer, bischöflicher Geste. Schritt für Schritt schreitet er voran und nimmt die Huldigung entlang des schmalen Verbindungsganges entgegen, der zur Tribüne führt. Es dauert sechs Minuten, das ist sehr lang … Sie stehen aufrecht, unbeweglich und im Takt brüllend, während sie mit den Augen auf diesen leuchtenden Punkt starren, auf dieses Gesicht mit dem ekstatischen Lächeln, und ihnen im Dunkel die Tränen über die Gesichter rinnen … ich empfinde jetzt das, was man einen ›heiligen‹ Schrecken nennt.«[87]

Auch Winston Churchill, Hitlers späterer großer Gegenspieler, blieb nicht unbeeindruckt:»Jene, die Herrn Hitler persönlich getroffen haben, sei es bei offiziellen oder sozialen Anlässen, fanden einen äußerst kompetenten, kühlen, gut informierten Politiker mit angenehmem Wesen und entwaffnendem Lächeln. Wenige blieben von seiner magnetischen Anziehungskraft unberührt«, schrieb er 1935. »Dieser Eindruck ist nicht der Glanz der Macht. Vielmehr übte er diese Ausstrahlung auf seine Gefährten zu jedem Zeitpunkt seines Kampfes aus, sogar als sich sein Glück auf dem Tiefstand befand.« Winston Churchill nahm Adolf Hitler in sein 1935 geschriebenes und 1937 veröffentlichtes Buch unter die »großen Zeitgenossen« auf, obwohl er meinte, dass es für eine abschließende Wertung seiner Persönlichkeit noch zu früh sei – das Lebenswerk des »Führers« wäre offensichtlich noch unvollendet.[88]

Nachdem das ›Time-Magazine‹ Hitler bereits 1931 und 1933 auf das Titelblatt gesetzt hatte,[89] wählte ihn die Zeitschrift 1938 zum »Man of the Year« [Mann des Jahres].[90] In dem begleitenden Leitartikel heißt es: »Das größte Ereignis von 1938 fand am 29. September statt, als sich vier Staatsmänner im ›Führerhaus‹ in München trafen, um die Landkarte Europas neu zu zeichnen … die alles dominierende Gestalt in München war der Gastgeber Adolf Hitler. Herr Hitler, Führer der Deutschen, Oberbefehlshaber der deutschen Armee, der Flotte und Luftwaffe, Kanzler des Deutschen Reichs erntete an diesem Tag die Früchte seiner waghalsigen, rücksichtslosen Außenpolitik, die er fünfeinhalb Jahre lang verfolgte. Er hatte den Friedensvertrag von Versailles in Stücke gerissen, er hatte Deutschland bis an die Zähne bewaffnet – oder zumindest so weit als er konnte. Er stahl Österreich vor den Augen einer entsetzten und augenscheinlich machtlosen Welt … 1938 wurde Hitler die größte Bedrohung für die demokratische, freiheitsliebende Welt.« Der Artikel endet mit prophetischen Worten: »Für jene, die das Ende des Jahres erlebt haben, scheint es mehr

Hitler – Der Mann des Jahres 1938. Time-Cover vom 2.1.1939

als wahrscheinlich, daß der ›Mann des Jahres 1938‹ aus 1939 ein Jahr machen wird, an das man sich erinnert.«

Nicht wenige ausländische Politiker und Staatsmänner, die Audienz bei Hitler suchten, kehrten zurück, um den »Führer«, Propheten gleich, in ihrer Heimat zu preisen. Der abschätzig »Pilgerfahrten zu Hitler« genannte Reigen der Prominenten setzte bereits 1934 ein. So besuchte Jean Goy, der Präsident der französischen Frontkämpfervereinigung, gefolgt von einer Abordnung des britischen Frontkämpferbundes, den »Führer«. Im Februar 1936 reiste der englische Lordsiegelbewahrer Lord Londonderry samt Familie zu einem privaten Besuch nach Deutschland.[91] Am 4. Februar empfing ihn Hitler zu einer zweistündigen Audienz.

Der Lord fand den »Führer« entgegenkommend und angenehm, aber nicht ganz selbstsicher, verlegen und linkisch: »… so, als wüßte er nicht, wie man ein Gespräch führt … Ich mußte sogar die Initiative ergreifen und ihn zum Platznehmen auffordern – eine Aufforderung, der er dankbar folgte.«[92] Tatsächlich hatte Hitler gegenüber dem englischen Aristokraten keinen Minderwertigkeitskomplex. Er wandte nur – oft erprobte – vertrauensbildende Tricks an, um die Sympathie seines Gesprächspartners zu gewinnen. Londonderry kehrte als NS-Enthusiast nach England zurück, bereit, bei jeder Gelegenheit Hitlers Loblied zu singen und seine Politik zu verteidigen. Lord Londonderry war bei weitem nicht der einzige Vertreter der britischen Aristokratie, die dem NS-Diktator ihre Aufwartung machte. Zu Hitler bekannten sich unter anderen der Duke of Buccleuch, der Marquess of Lothian, Viscount Rothermere, der Duke of Westminster, der Duke of Bedford, Baron Mount Temple, Baron Redesdale sowie der Earl of Glasgow.[93] Im Juli 1936 huldigte der berühmte Transatlantik-Flieger Charles Lindbergh dem deutschen Diktator.[94] Das NS-Regime blieb nicht untätig. Man warb um ausländische Sympathien und suchte die Fremden vom positiven Geist des Dritten Reichs, dem Aufschwung, der »deutschen Renaissance durch Hitler« zu überzeugen. Ihren Höhepunkt erreichten die Bestrebungen während der Olympischen Spiele [1.–16. August 1936]. Vor den Ausländern sollte »Deutschland wie ein offenes Buch« liegen – Judenhetze, kriegerische Töne, alles Anrüchige verschwand aus den Zeitungen. Der jüdische Zeitzeuge Victor Klemperer notierte sich damals: »In englisch geschriebenen Artikeln werden ›Unsere Gäste‹ immer wieder darauf hingewiesen, wie friedlich und freudig es bei uns zugehe … Und alles haben wir in Hülle und Fülle. Aber der Schlächter hier [in Dresden] und der Gemüsehändler klagen über Warennot und Teuerung, weil alles nach Berlin gesandt werden müsse.«[95] Hitlers Reden trieften vor Friedensliebe. Am 4. September 1936 machte Lloyd George dem Diktator seine Aufwartung. Hitler ging seinem Besucher mit ausgestreckten Händen entgegen. »Ich freue mich besonders«, schmeichelte er, »in meinem Haus den Mann begrüßen zu können, der uns in Deutschland immer als der eigentliche Sieger des [Ersten] Weltkrieges erschienen ist.« Mit einer Handbewegung wehrte der ehemalige englische Premierminister ab. »Und ich schätze mich glücklich, demjenigen gegenüberzutreten, der nach der Niederlage das gesamte deutsche Volk wieder hinter sich gebracht und zum Aufstieg geführt hat.« Nach seinem Besuch auf dem Obersalzberg gab der ehemalige britische Premierminister dem ›Daily Express‹ ein enthusiastisches Interview. Er ließ sich auch zu der Bemerkung hinreißen: »Jawohl, Heil Hitler, das sage ich auch, denn er ist ein wirklich großer Mann!«[96] Im Herbst 1937 überzeugte sich der abgedankte englische König Edward VIII. und nunmehrige Herzog von Windsor persönlich von den Segnungen des Nationalsozialismus. Hitler nahm ihn sehr ein, die dunkle Seite des Dritten Reichs blieb ihm verborgen.

Die Hitler-Euphorie vieler Engländer und Franzosen, die sich »vor Begeisterung über den ›Führer‹ kaum zu fassen wussten«, machte Paul Schmidt, den regimekritischen Chefdolmetscher des Deutschen Auswärtigen Amtes verlegen. »Was sollte ich z. B. jenen französischen Adeligen sagen, die in höchsten Tönen von Adolf Hitler und seiner braunen Gefolgschaft schwärmten oder was sollte ich jenen Engländern antworten, die sich einen Hitler wünschten, um ihre Arbeiter in England in Ordnung zu halten?«[97]

Der »Führer« wusste, was er seinen Bewunderern schuldig war. So ließ er ausgewählte Mitglieder des am Nürnberger Reichstag des Jahres 1937 vollzählig erschienenen Diplomatischen Corps im offenen Wagen – nur wenige Meter hinter seinem Mercedes – an seiner Triumphfahrt durch das beflaggte Nürnberg teilnehmen. Ein Zeitzeuge berichtete: »Der Eindruck der Hitler in ekstatischer Begeisterung zujubelnden Menschenmassen war überwältigend. Mir fiel … auf, mit welchem Gesichtsausdruck einer fast biblischen Hingabe die Menschen Hitler wie verzückt und verzaubert ansahen. Es war wie ein Massentaumel, der Tausende und Abertausende den ganzen langen Weg über beim Anblick Hitlers erfasste. Wie im Delirium streckten die Menschen ihm die Arme entgegen und begrüßten ihn mit lauten Schreien und Heilrufen. Eine Stunde lang immer im Brennpunkt dieses frenetischen Jubels entlangzufahren, war geradezu eine physische Anstrengung … irgendwie wurde auch die geistige Widerstandskraft gelähmt – man hatte fast das Gefühl, als müsse man an sich halten, um nicht auch in den Jubel einzustimmen.«[98]

Im Kontrast zu den hochrangigen Befürwortern Hitlers, die enthusiastische Briefe an die ›Times‹ schrieben, im Oberhaus für »Appeasement« [Beschwichtigung] warben und eine deutsch-englische Freundschaft förderten, stand jenes Lager, das NS-Deutschland als Bedrohung ansah. Sir Robert Gilbert Vansittart[99] widerstand allen Avancen Hitlers und Ribbentrops, seines damaligen Botschafters in Großbritannien.[100] Als sich Vansittart auf einem Gartenfest, das die Ribbentrops anlässlich der Olympischen Spiele gaben, als eifriger und entspannter Tänzer zeigte, glaubte man darin ein Anzeichen seiner Sinnesänderung zu sehen und arrangierte ein Treffen mit dem »Führer«. Hitler gab sich leutselig, Ribbentrop persönlich fungierte als Dolmetscher. Doch die Atmosphäre blieb eisig, die Konversation schleppend.[101] Vansittart nützte die Gelegenheit zu beißender Kritik an »Führer« und Reich. Die Anti-Hitler-Haltung des britischen Unterstaatssekretärs war derart ausgeprägt, dass sie als »Vansittarismus« in die Geschichte einging.[102]

Auch Politgrößen wie der spanische »Generalissimus« Francisco Franco oder der russische Außenminister Wjatscheslaw Molotow erwiesen sich Hitlers Charisma und Rhetorik gegenüber völlig immun. So reiste der »Führer« im Oktober 1940 vergeblich an die französisch-spanische Grenze, um Franco unter Einsatz seiner geballten Redekünste zum Kriegseintritt zu bewegen. Im November 1940 überfiel Hitler den – zwecks Beitritts zum Dreimächtepakt – in Berlin weilenden russischen Außenminister mit einem Redeschwall, schwadronierte von der »gigantischen Weltkonkursmasse, die es nun zu verteilen gäbe«. Während er prahlte, dass das britische Empire dem Ende nahe sei, zwang ein Bombenangriff der britischen Royal Air Force die Gesprächspartner in den Luftschutzkeller. Dort stellte der Russe seine berühmte Frage: »Wenn das so ist [die Überlegenheit der deutschen Luftmacht], warum sind wir dann in diesem Bunker, und wem gehören diese Bomben, die da draußen fallen?«[103] Dann diktierte Molotow ungerührt seine Bedingungen.

In einem Interview schildert Freda Meissner-Blau, eine Galionsfigur der Grünen-Bewegung in Österreich, wie sie Hitlers Einmarsch am 12. März 1938 in Linz erlebte: »Alle Schulen waren geschlossen. Eine erwartungsvolle Stimmung lag über der Stadt. Meine Schwester und ich schlichen uns aus dem Haus und folgten dem Sog der dichten Menschenmassen, die in der Landstraße Richtung Hauptplatz strömten.« Bald wurden die Mädchen getrennt. Die 11-jährige Freda schloss sich dann allein der »von einem jubelnden Glücksgefühl beseelten Menge« an, in der immer wieder Sprechchöre aufbrausten: »Wir wollen unseren Führer sehen!« Das im Elternhaus von jeder Politik ferngehaltene Mädchen wusste nichts von einem »Führer«. Doch überwältigt von der allgemeinen Stimmung stimmte Freda, bevor sie wusste, wie ihr geschah, in die begeisterten Schreie ein. Vor Hitlers Quartier, dem Hotel Weinzinger, drängte sie sich während des stundenlangen Wartens allmählich nach vorn. Plötzlich ging die Flügeltür des Balkons auf. Es wurde ganz still. Das Mädchen erwartete einen Helden in der Art Siegfrieds zu sehen. Doch es war nur ein mittelgroßer Mann im Ledermantel, mit roter Nase, dessen Augen unruhig hin und her gingen, und der sofort die Hand zum deutschen Gruß erhob. Enttäuscht wandte sich die 11-jährige ab. Der Ausflug in die Politik der Erwachsenen hatte sechs Stunden gedauert. Zu Hause erwartete Freda eine Ohrfeige der erzürnten Mutter.[104] Tatsächlich gibt es ein Beispiel dafür, dass sich Hitlers Ausstrahlung selbst politischen, der deutschen Sprache völlig unkundigen Gegnern mitteilte. Der 18-jährige englische Student aus Oxford und überzeugte Kommunist John Maynard-Smith[105] begleitete im Frühjahr 1939 seinen Onkel, der als britischer Militärattaché in Berlin akkreditiert war, in eine Sitzung des Reichsrats. »Die Stimmung hatte einen ganz eigenartigen, nie zuvor erlebten Charakter«, erinnerte sich Maynard-Smith noch im hohen Alter. »Riesige Fackeln verbreiteten eine weihevolle Atmosphäre. Dann sprach Hitler mit melodiöser Stimme. Ganz langsam, väterlich belehrend, bis er sich allmählich zum mächtigen Crescendo steigerte.

Ich verstand kein Wort, war aber derart ergriffen, daß es mir schwerfiel, die Hand nicht zum Hitler-Gruß zu erheben.«[106]

Kurt von Schuschnigg, der von 1938 bis 1945 in einem KZ internierte Bundeskanzler des autoritären österreichischen Ständestaates, kann nicht als Freund Hitlers und des Nationalsozialismus bezeichnet werden.[107] 1936 [Juliabkommen 1936] hatte Schuschnigg unter großen Zugeständnissen die Anerkennung der Souveränität Österreichs durch NS-Deutschland erreicht. Im Februar 1938 zitierte ihn Hitler zu sich auf den Obersalzberg, um ihm seine Bedingungen zu diktieren. Die Umstände dieser Unterredung, die in dem »Berchtesgadener Abkommen« endeten, das den Anfang vom Ende Österreichs einleitete, gestalteten sich für den österreichischen Bundeskanzler höchst demütigend. Der in Begleitung seiner Generäle martialisch auftretende Hitler ließ ihn stundenlang warten, untersagte dem Kettenraucher das Anzünden von Zigaretten und überschüttete seinen Landsmann mit einem Trommelfeuer von historischen Belehrungen und monologisierenden Beschimpfungen: »Ich sage Ihnen, ich werde die ganze sogenannte österreichische Frage lösen, und zwar so oder so! …« Schuschnigg, der in Österreich gegenüber der verbotenen sozialdemokratischen Bewegung als kurzsichtiger und unbeugsamer Diktator auftrat, nahm alles hin und versagte als Politiker kläglich. Seine zaghaften Einwände schrie Hitler nieder: »Herr Schuschnigg, verhandelt wird nicht, ich ändere keinen Beistrich. Sie haben entweder zu unterschreiben oder alles Weitere ist zwecklos …« Schuschnigg unterschrieb. Erschüttert verließ er Hitlers Feriendomizil. In seinen Memoiren – die Notizen dazu entstanden bereits im KZ – schrieb er seinen Eindruck vom »Führer« nieder: »Hitler ist ein Phänomen. Unsinnig, solches zu leugnen. Völlig zwecklos, und hier fehlt der Versuch einer Analyse. Weder Fleiß noch Wille – Mut und Tatkraft – Kapazität und Ingenium sollen angezweifelt werden. Hitler hat magische Gewalt auf Menschen; er zieht sie entweder mit magnetischer Gewalt an sich und lässt sie nicht mehr los aus dem Banne, oder er stößt sie vom ersten Moment ebenso heftig ab, so daß sich ein Abgrund auftut, der nie mehr Brücken tragen kann …«

Hitlers eigenartige Faszination auf viele Frauen ist bekannt. Auf den NS-Frauentagen war er ein viel begehrter und bewunderter Redner. Anschließende politische Diskussionen gab es keine. Dies lehnte der Diktator auf Grund seiner Vorstellung von der idealen »deutschen Frau und Mutter« strikt ab: »… neunundneunzig Prozent aller Beratungsgegenstände sind Männerdinge, die Sie nicht beurteilen können! Die Frauen wollten aufbegehren, konnten mir aber nicht mit der gleichen Waffe begegnen, als ich ihnen vorhielt: Sie werden doch nicht behaupten, daß Sie die Männer so gut kennen, als ich die Frauen kenne!«[108] Die weiblichen NS-Mitglieder beugten sich dem »Führer«-Wunsch. Und die Frauen seiner Umgebung verlegten sich aufs Zuhören. Sie durften Hitler NS-konforme Stichwörter liefern, sich zu Kunst und Kultur äußern oder sich im belanglosen »Small Talk« ergehen. Überschritten sie diese eng gesteckten Grenzen nicht, gab sich der »Führer« durchaus höflich, liebenswürdig und charmant: »Je galanter man einer Frau gegenüber ist, desto mehr wird man die Frau davon zurückhalten, Dinge zu versuchen, die ihr nicht liegen.«[109] Er gestattete den Damen seiner Gesellschaft Kritik an seiner Garderobe, sie durften ihm medizinische Ratschläge geben und Diäten empfehlen. Gerdy Troost, die von Hitler sehr geschätzte Innenarchitektin des »Berghofes«, schnitt ihm einmal seine Krawatte, die sie als geschmacklos empfand, unter dem Gelächter der Anwesenden mit einer Schere ab.[110] Hitler protestierte nicht, derartige kleine Freiheiten räumte er seinen weiblichen Bekannten aus der »Frühzeit der Bewegung« gerne ein.

Nach dem Fall von Stalingrad und den Misserfolgen der deutschen Wehrmacht an allen Fronten, zeigte sich Hitler nicht mehr gern in der Öffentlichkeit. Seine Adlaten, die um die Wirkung seiner Reden auf die Volksgenossen wussten, bedauerten dies. Am 10. Juni 1943, kurz nach der Landung der Alliierten Truppen auf dem italienischen Festland und der bedingungslosen Kapitulation Italiens, wandte sich der »Führer« jedoch mit einer Brandrede gegen die italienischen Verräter sowie mit Durchhalteparolen an sein Volk.[111] Tags darauf schrieb Martin Bormann, der mächtige Leiter der Parteikanzlei der NSDAP und Sekretär Hitlers, begeistert an seine Frau: »Die Führerrede hat mir so gut getan. All die Unsicherheit der letzten Tage und die Bangigkeit ›Was wird nun?‹ ist wie weggeblasen. Und so wie mir geht's allen, die den Führer gehört haben. Noch nie habe ich die Macht seiner Stimme auf die Menschen so stark empfunden, wie dies mal. Es ist ein Riesenunterschied, ob er spricht oder ob sein Aufruf von irgend einem anderen verlesen wird. Es wirkt nicht nur, was er sagt, sondern der Klang seiner Stimme, der Ton, wie er es sagt! Auf die anderen, die ihn noch seltener hören wie ich, wirkt alles natürlich noch weit stärker ...«[112]

Victor Klemperer, der vom NS-Regime entlassene jüdische Professor für Romanistik, wohnte 1943 in Dresden. Er war mit einer »Arierin« verheiratet, lebte daher in »privilegierter Ehe« und entging mit viel Glück der Deportation in eines der vielen KZ. Er gehörte zu der kleinen jüdischen Dresdener Gemeinde, die 1943 – unzähligen Schikanen ausgesetzt und zum Tragen des gelben Judensterns verpflichtet – noch immer existierte. Klemperer hat seinen schrecklichen Alltag und den seiner Leidensgenossen einem geheimen Tagebuch anvertraut. Im Dezember 1943 wurden ihre Hoffnungen auf das nahe Ende des Hitler-Regimes von einem Freund zerstört. Klemperer schreibt: »... sagte mir [ein Mann namens Stühler] vorgestern fast wortwörtlich: ›Der Krieg dauert noch sehr lange. Die militärischen Reserven der Nazis mögen erschöpft sein, die propagandistischen sind es noch lange nicht. Ich habe Hitler schon 1922 in München reden hören, er tut eine ungeheure Wirkung. Wenn hier in Dresden 90 Prozent gegen ihn wären und er käme heute her und spräche hier, dann wären morgen die ganzen 90 Prozent wieder in seiner Hand!«[112]

Nach dem misslungenen Mordversuch vom 20. Juli 1944 herrschte Unklarheit darüber, ob Hitler noch lebte oder – wie die Verschwörer verbreiteten – doch bei der Explosion der Bombe im Führerhauptquartier umgekommen sei. In dieser Situation griff Hitler zum Telefon. Die Wirkung seiner Stimme gab den Ausschlag. Die Telefonistinnen weinten vor Rührung, als sie »ihren Führer« erkannten – sie verbanden ihn zur Erteilung entscheidender Befehle auch weiter.

Wieso hat niemand Hitlers Machtergreifung verhindert?

»Es ist soweit«, schrieb Joseph Goebbels am 31. Januar 1933, einen Tag nach der Machtergreifung der Nazis, triumphierend in sein Tagebuch. »Wir sitzen in der Wilhelmstraße [Amtssitz der Reichskanzlei]. Hitler ist Reichskanzler. Wie im Märchen! Gestern mittag Kaiserhof:[1] wir warten alle. Endlich kommt er. Ergebnis: Er Reichskanzler, Frick Reichs-Kontakt[2] mit Hitler seit 1920. Förderte als Leiter der Politischen Polizei Münchens die NSDAP. Verbindungsmann Hitlers zum Münchener Polizeipräsidium. [Frick wurde 1946 vom Internationalen Militärgerichtshof in Nürnberg zum Tode verurteilt und hingerichtet.] Göring preuß. Innen. Der Alte [Reichspräsident Paul von Hindenburg][3] hat nachgegeben. Er war zum Schluß ganz gerührt. So ist's recht. Jetzt müssen wir ihn ganz gewinnen. Uns allen stehen die Tränen in den Augen. Wir drücken Hitler die Hand. Er hat's verdient. Großer Jubel. Unten randaliert das Volk. Gleich an die Arbeit. Reichstag wird aufgelöst. In 4 Wochen Neuwahl …«[4]

Mit seiner Ernennung zum deutschen Reichskanzler befand sich der 43-jährige Adolf Hitler am – vorläufigen – Ziel seiner Wünsche und am Ende einer zehnjährigen Kampagne. Die Strategie dazu hatte er bereits 1923/24 im Gefängnis von Landsberg entworfen, wo er nach seinem missglückten Putsch unter sehr angenehmen Bedingungen einsaß. Gerne würde er sich später an diese Zeit erinnern: »Von ihrem Standpunkt haben die Regierenden [der Weimarer Republik] falsch getan, daß sie mich [in Landsberg] festgesetzt haben; sie hätten richtiger getan, mich immer sprechen und wieder sprechen und nicht zur Ruhe kommen zu lassen.«[5] So jedoch hatte sich der Häftling Hitler 1923/24 physisch und psychisch prächtig erholt, seine Situation überdacht und den Entschluss gefasst: Die junge Weimarer Republik muss mit ihren eigenen Waffen geschlagen, der Staat auf legalem Weg ausgehöhlt werden! Alle Mittel der Demokratie sind anzuwenden, um an die Macht zu

47

kommen!«... ohne die Haftzeit wäre ›Mein Kampf‹ nicht entstanden«, erklärte Hitler später »und ich darf sagen, in dieser Zeit bin ich ... im dauernden Nachdenken erst zu voller Klarheit gelangt. Letztlich kommt auch aus dieser Zeit jenes Maß an Selbstvertrauen, Optimismus und Glauben, das schlechterdings sich durch nichts mehr erschüttern läßt. Und dann habe ich damals – was viele meiner Anhänger nicht verstanden – die Überzeugung gewonnen: Mit Gewalt geht es nicht mehr. Der Staat ist schon zu sehr gefestigt, er besitzt die Waffen!«[6] Der Demagoge aus Österreich[7] entwarf 1924 auch einen ungefähren Zeitplan: »Wir werden zwei Jahre brauchen, bis die Partei wieder einigermaßen konsolidiert ist, und dann kann es fünf, acht, zehn Jahre dauern, bis wir es im Reich geschafft haben!«[8]

Reichskanzler Adolf Hitler

Ihre Pläne zum Sturz der »Weimarer Republik« und der Errichtung einer NS-Diktatur haben die Nazis keineswegs geheim gehalten. So schrieb Dr. Joseph Goebbels, der damalige Propagandaleiter der NSDAP: »Wir gehen in den Reichstag hinein, um uns im Waffenarsenal der Demokratie mit deren eigenen Waffen zu versorgen. Wir werden Reichstagsabgeordnete, um die Weimarer Gesinnung ... lahmzulegen. Wenn die Demokratie so dumm ist, uns für diesen Bärendienst Freifahrkarten und Diäten zu geben, so ist das ihre eigene Sache ... Wir kommen als Feinde! Wie der Wolf in die Schafherde einbricht, so kommen wir ...«[9] Auch Hitler betonte immer wieder: »Einmal an der Regierung, wird dieser Staat und seine demokratische Verfassung rücksichtslos ausgerottet!«

1933 war er an der Macht![10]

Vorausgegangen war ein politischer Kampf, in dem die NSDAP oftmals zu unterliegen drohte – jahrelang kamen die antisemiti-

48

schen Rechtsradikalen nicht über den Status einer Splitterpartei hinaus. 1930, mehr als zehn Jahre nach der Parteigründung (DAP) saßen nur zwölf nationalsozialistische Abgeordnete im deutschen Reichstag, nur 0,8 Millionen Wähler bekannten sich zu Hitler.[11]

Als die internationale Weltwirtschaftskrise Deutschland erfasste, änderte sich alles. Nach dem Börsenkrach in New York, dem »Schwarzen Freitag« (24. Oktober 1929), explodierten die Arbeitslosenzahlen. Zählte man im Dezember 1929 1,76 Millionen Menschen ohne Arbeit, waren es Ende 1931 bereits 4,4. Im Winter 1931/32 gab es über sechs Millionen Arbeitslose und unvorstellbare Not. Die in drei Wellen verlaufende Krise ließ die Konjunktur, die sich gerade zaghaft erholt hatte, tief absacken. Erwartete Steuereinnahmen blieben aus, das Staatsdefizit kletterte auf ungeheure 7 Milliarden Reichsmark. Ein panikartiger Sturm auf sämtliche deutsche Geldinstitute setzte ein und führte zur vorübergehenden Schließung aller Banken, Sparkassen und Börsen. Den Beamten wurde das Gehalt fast bis zum Existenzminimum gekürzt. Die Masse der Erwerbslosen erhielt kurze Zeit Arbeitslosenversicherung, dann Fürsorgegeld und dann nichts mehr. Die Unterstützung für eine Familie betrug 3,20 RM pro Woche, während für eine bescheidene Mietwohnung im Durchschnitt 10 RM im Monat aufzubringen waren.[12] Viele starben an Hunger. Die junge »Weimarer Republik« war den enormen Problemen nicht gewachsen. Uneinigkeit über die Erschließung neuer Geldquellen führten zum Rücktritt der bis dahin stabilen Regierung.[13] Mahnende Stimmen wurden laut: »Wenn diese Regierung fällt, was kommt?« Tatsächlich war die nächste Regierung[14] bereits eine autoritäres Minderheitskabinett, eine Präsidialregierung, die sich nur mit Notverordnungen des betagten Reichspräsidenten[15] »zur Behebung wirtschaftlicher und finanzieller Notstände« halten konnte.

Am 14. September 1930 gab es Neuwahlen. Hitler, der nicht einmal die deutsche Staatsbürgerschaft besaß, richtete ein fanatisches »Manifest an das deutsche Volk«. In dem Flugblatt heißt es: »Die Parole für den 14. September kann nur lauten: Schlagt die politischen Bankrotteure unserer alten Parteien! Vernichtet die Zersetzer unserer nationalen Einheit! ... Volksgenosse schließe dich an der marschierenden braunen Front des erwachenden Deutschlands! Dein NEIN dem heutigen System gegenüber heißt: Liste 9! Schlagt sie am 14. September zusammen, die Interessenten am Volksbetrug.«[16]

Der triumphale Erfolg der NSDAP übertraf selbst ihre eigenen, kühnen Erwartungen. Anstelle der bisherigen zwölf Sitze im Reichstag besaß man nun 107 – gerechnet hatte man mit 40 bis 50! Über 6 Millionen Wähler, die Masse der Jungwähler, bisherige Nichtwähler, Kleinbürger und Bauern waren Hitlers Parolen gefolgt.[17] Auch die KPD, die zweite radikale Partei, gewann mit ihrem extremen Programm Stimmen dazu: »Wir Kommunisten werden zwischen Sowjetdeutschland und der Union der Sozialistischen Sowjetrepubliken ein festes Bündnis schließen ... wir werden die proletarische Nationalisierung der Banken durchführen ... den großen Hausbesitz entschädigungslos enteignen, die Arbeiter und arme Bevölkerung der Städte in die Häuser der Reichen einquartieren ... wir werden die Herrschaft der Großgrundbesitzer brechen, werden ihren Grund und Boden entschädigungslos enteignen ...«[18]

Die bürgerlichen Parteien erlitten massive Verluste.

Am Tag nach der Wahl schrieb die ›Frankfurter Zeitung‹: »Erbitterungswahlen also, in denen eine aus vielen Quellen gespeiste Stimmung, durch wilde Verhetzung aufgewühlt, sich in radikalen Stimmzetteln entlud ... Protest ... gegen die Methoden des Regierens ... der letztvergangenen Jahre. Protest gegen die wirtschaftliche Not, die furchtbar ist ... und die viele in die Stimmung treibt: die Partei, für die sie bisher gestimmt hatten, habe ihnen nicht geholfen, also versuche man es nun mit einer anderen Tonart. Hitler verspricht ja Macht, Glanz und Wohlstand ...«[19] Tatsächlich hatten viele Deutsche damals bereits den Glauben an ein funktionierendes parlamentarisches System verloren.

Im Ausland wirkte das Wahlergebnis alarmierend. Der deutsche Aktienindex fiel auf ein Drittel, die Börsenkurse deutscher Unternehmen stürzten ab, und die Zwangsverkäufe von Bauernhöfen verdoppelten sich. Ausländische Kredite wurden gekündigt – die zweite Welle der Wirtschaftskrise überrollte Deutschland. Die nunmehrige Regierung Brüning erließ einschneidende Notverordnungen: Erhöhung der Arbeitslosenversicherung, neuerliche Gehalts- und Pensionskürzungen, Ledigensteuer. Der Reichskanzler verteidigte seine unpopulären Sparmaßnahmen: »… weil ich der Ansicht bin, daß die … Bilanz der deutschen Wirtschaft trotz aller Bitterkeit wieder hergestellt werden muß.«[20] Neben der größten Weltwirtschaftskrise aller Zeiten bildeten die Reparationszahlungen, die Deutschland noch immer für den verlorenen Ersten Weltkrieg leisten musste, ein Problem. Das größte Problem war jedoch die unüberwindlichen Gegensätze, die Unfähigkeit zum Konsens der insgesamt 50 Parteien der »Weimarer Republik«.[21] Die allgemeine Krise begünstigte den Zustrom zu den radikalen Parteien. Vor allem die zu hoffnungsloser Arbeitslosigkeit verdammten Jugendlichen sahen ihr Heil bei NSDAP oder KPD, den extremen Rechts- und Linksparteien, die mit ihrem Terror die Straßen beherrschten. Unruhen und Gewaltakte, politische und kriminelle Mordtaten prägten das Tagesgeschehen. Wilde, von den Radikalen geschürte Streiks zerrütteten die darnieder liegende Wirtschaft.

Die NSDAP war nicht an der Regierung beteiligt, obwohl sie fast ein Viertel des Reichstags stellte. Die Frage des Jahres 1931 lautete daher: »Wann kommt Hitler?«[22] Dieser wurde am 10. Oktober 1931 erstmals vom greisen Reichspräsidenten Hindenburg empfangen und als »äußerst abstoßend« empfunden.

Das Jahr 1932 begann für die NSDAP sehr viel versprechend. Gelang es doch Hitler, im Rahmen einer Vortragstour weite Kreise der deutschen Finanzwelt für sich zu gewinnen.[23] Am 26. Januar 1932 hielt der »Führer« vor 700–800 Industriellen des Düsseldorfer Industrie-Clubs eine zweieinhalbstündige Rede – nach Meinung von Experten eine der besten seines Lebens –, die bei Deutschlands führenden Wirtschaftsbossen einen tiefen Eindruck hinterließ.[24] Auch in anderen Städten begeisterte er die Großindustriellen. »Sprach er mit demselben Erfolg vor den Krefelder Seidenindustriellen in Godesberg, später vor dem National-Club in Hamburg. Überall das gleiche Bild … der Einbruch in die Wirtschaft war gelungen …«, schrieb der Pressechef der NSDAP in seinen Erinnerungen.[25]

Eine großzügige Förderung setzte ein. So zahlte der Industrielle Emil Kirdorf,[26] Chef des Rheinisch-Westfälischen Kohlesyndikats, insgesamt an die 700 000 RM [zusammen mit Fritz Thyssen der namhafteste Spender der NSDAP], spendeten die Wirtschaftsbosse Thyssen und Flick, gab Sir Henry Detering, der Herr des Shell-Konzerns, und ließ der Medienzar Alfred Hugenberg[27] gar ein Fünftel seiner Einnahmen der NSDAP zukommen. In der Hoffnung, dass Hitler eine Wirtschaftskrise löse, in der jeder dritte Erwerbstätige arbeitslos war, finanzierte man die NSDAP.

1932 lief die Amtszeit des greisen Staatspräsidenten aus. Hindenburg, nunmehr 85-jährig, krank, von Schwächeanfällen geplagt, manchmal bereits verwirrt, vertraute ganz auf seine konservativen, deutschnationalen Ratgeber. Zu diesen zählten sein Sohn Oskar, General Kurt von Schleicher, Franz von Papen, aber auch sein ostpreußischer Gutsnachbar, der Kammerherr Oldenburg-Januschau. Nur mit Schwierigkeiten konnte er – im Hinblick auf die »Gefahr Hitler« – zur neuerlichen Kandidatur bewogen werden. Der im Februar 1932 einsetzende Wahlkampf fand in hochexplosiver Atmosphäre statt. Mit einem dramatischen Wahlaufruf appellierte die SPD an die Wähler: »Das deutsche Volk steht am 13. März vor der Frage, ob Hindenburg bleiben oder durch Hitler ersetzt werden soll … Hitler statt Hindenburg, das bedeutet: … Vernichtung aller staatsbürgerlichen Freiheiten, der Presse … Jetzt geht es um alles! Sieg des Faschismus ist namenlose Schande, unabsehbares Unheil!«[28] Zwei Wahlgänge waren notwendig. Dann errang der greise Generalfeldmarschall beim zweiten Durchgang 53 % der Stimmen. Sein großer Herausforderer Adolf Hitler war erst fünf Tage vor der Wahl eingebürgert worden – als Regierungsrat von Braunschweig.[29] Der neue deutsche Staatsbürger errang schließlich 36,8 % der abgegebenen Stimmen.[30]

Im April des Jahres erlitt Hitlers Partei einen temporären Rückschlag, als der damalige Reichskanzler Brüning zur Eindämmung des Terrors die auf 400 000 Mann angewachsene SA (Sturmabteilung der NSDAP) der Nazis mittels Notverordnung verbot.[31]

Bereits im Juni 1932 (16.6.1932) erreichte Hitler jedoch die neuerliche Zulassung seiner Privatarmee,[32] die sofort wieder grölend und marodierend durch die Straßen zog: »Wenn der Sturmsoldat ins Feuer zieht, dann hat er frohen Mut, und wenn das Judenblut vom Messer spritzt, dann geht's noch mal so gut.« Der Schlussrefrain lautete: »Blut muß fließen knüppelhageldick, wir pfeifen auf die Freiheit der Judenrepublik.« Im Juli und August 1932 kamen über 300 Menschen durch politischen Terror um, 1200 wurden verletzt.

In radikalisierter politischer Atmosphäre gab es 1932 außer den zwei Urnengängen für das Amt des Reichspräsidenten zwei Reichstagswahlen (31.7.1932 und 6.11.1932) sowie einige Landtagswahlen. Die Stimmberechtigten kamen ihren nicht ungefährlichen staatsbürgerlichen Pflichten trotz Not und Terror gewissenhaft nach – die Wahlbeteiligung betrug stets über 80 %. Die Deutschen erlebten 1932 drei Regierungen, sahen, wie zwei davon scheiterten (das zweite Kabinett Heinrich Brüning und das Kabinett Franz von Papen) und sich der Sturz der dritten (Kabinett Kurt von Schleicher) anbahnte.[33]

Vor allem jedoch erlebten sie den beispiellosen Erfolg der NSDAP. Die gewalttätigen Reichstagswahlen vom 31. Juli 1932 – allein am Wahltag gab es neun Tote und fünf Verletzte – brachten den Nationalsozialisten dank ihrer massiven Propaganda einen weiteren, enormen Stimmengewinn. Mit 13,75 Millionen Wählern, 37,3 % der Wählerstimmen und 230 Mandaten wurden sie zur stärksten Fraktion im Reichstag. Die NSDAP hatte das beste Ergebnis ihrer Geschichte erzielt, die Machtübernahme schien zum Greifen nah.

Verhandlungen über eine Beteiligung der Nationalsozialisten scheiterten jedoch an der starren Forderung Hitlers nach dem Kanzleramt – sich auf dem einflusslosen Posten des Vizekanzlers zu verschleißen, wies er heftig zurück.[34] Reichspräsident Hindenburg wiederum sträubte sich gegen den »unsympathischen Fanatiker Hitler«. Er könne dies »vor Gott, seinem Gewissen und dem Vaterlande« nicht verantworten. Die Gespräche Hindenburg – Hitler (am 13.8.1932) endeten in eisiger Atmosphäre. Danach gab die Präsidialkanzlei bekannt, dass Hitler »nicht nur die Führung der Regierung, sondern die Übertragung der gesamten Staatsgewalt« gefordert hatte. Die NSDAP jedoch betrieb schärfste Opposition, die im Zuge eines raffinierten Manövers im Reichstag zum Sturz der Regierung von Papen (dem »Kabinett der Barone«)[35] führte.

Im Herbst 1932 wendete sich das Blatt zu Ungunsten der Nazis. Die über Hitlers starrsinnige Haltung verärgerte Industrie steckte ihre finanzielle Unterstützung zurück. Die Wirtschaftskrise flaute ab, und die Attraktivität der NSDAP schwand. Es schien, dass Hitler seine einmalige Chance vertan hatte!

Als das Wahlvolk am 6. November 1932[36] erneut zu den Urnen gerufen wurde, sah es für die NSDAP schlecht aus. Der von der NS-Führung befürchtete Rückschlag trat tatsächlich ein, allerdings in einem Ausmaß, der ihre Basis zutiefst erschütterte – über 2 Millionen wandten sich von den Nationalsozialisten ab.[37] Neuerliche Verhandlungen zwischen Hindenburg und Hitler (21.–24.11.1932) endeten ergebnislos, da der Parteivorsitzende der NSDAP auf seiner Strategie von »alles oder nichts« beharrte. In dieser für viele Parteigenossen enttäuschenden Situation drohte sich die NSDAP im Dezember 1932 aufzuspalten.[38] Nur durch größten persönlichen Einsatz und der Androhung von Selbstmord gelang es Hitler, die Partei in der Hand zu behalten: »Wenn die Partei einmal zerbricht, dann mache ich in drei Minuten mit der Pistole Schluß!«

Ende 1932 herrschte denn auch im braunen Lager tiefer Pessimismus. Enttäuscht sprach der Berliner Gauleiter Joseph Goebbels von seiner Partei als »Koloß auf tönernen Füßen«. Düster notierte er in sein Tagebuch: »Das Jahr 1932 war eine einzige Pechsträhne … die Vergangenheit war schwer und die Zukunft ist dunkel … alle Aussichten und Hoffnungen vollends entschwunden …«[39] Die Finanzen der NSDAP waren zerrüttet. Laut Goebbels gab es nur »Ebbe, Schulden und Verpflichtungen«. Der Anfang vom Ende der NSDAP schien nahe und viele Demokraten waren optimistisch. »Der gewaltige nationalsozialistische Angriff auf den Staat ist abgeschlagen!« triumphierte die ›Frankfurter Zeitung‹[40] Auch viele andere Tageszeitungen verbreiteten eine positive Stimmung. Die saisonbedingte winterliche Arbeitslosigkeit war mit 6 Millionen Beschäftigungslosen zwar noch immer erschreckend hoch, doch sie erreichte nicht mehr ganz das Ausmaß des Vorjahres. Das Budgetdefizit verringerte sich, die Industrieproduktion nahm zu. »Die härteste Notzeit ist überwunden«, erklärte der Reichspräsident in einer Ansprache.

Die NSDAP jedoch befand sich allem Anschein nach im freien Fall, als der Reichskanzler a. D. Franz von Papen am 16. Dezember 1932 im höchst einflussreichen Berliner Herrenklub eine Rede hielt. Sie sollte den Lauf der Weltgeschichte ändern. Von Papen trat nämlich vehement für Verhandlungen mit der geschwächten NSDAP ein. Für eine Partei, die seinem Kabinett im Reichstag die vernichtendste Niederlage in der Geschichte der Weimar Republik bereitet, die ihn selbst zum Rücktritt gezwungen hatte.[41] Für Hitler, der ihn kurz davor einen »Bluthund« genannt hatte.[42] Das Motiv für diese überraschende Wendung war Rache. Rache an von Papens Amtsnachfolger und Ex-Freund Kurt von Schleicher. Der überraschte Leiter des Herrenklubs (Kurt Freiherr von Schröder) vermittelte daraufhin in seinem Haus in Köln ein Treffen zwischen von Papen und Hitler. Diese geheime Unterredung fand am 4. Januar 1933 statt. Schröder berichtete davon: »Hitler, von Papen und ich begaben uns in mein Studierzimmer, wo wir uns während einer zwei Stunden langen Besprechung einschlossen … die Aussprache fand nur zwischen Hitler und Papen statt. Papen erzählte Hitler, dass es ihm als bestes schien … die Konservativen … mit den Nazis zusammenzutun und eine Regierung zu gründen. Er schlug vor, daß diese neue Regierung, wenn möglich von Hitler und von Papen in gleichberechtigter Weise geleitet werden sollte.«[43]

Hitler ging darauf überhaupt nicht ein, sondern diktierte schroff seine Bedingungen. Schröder berichtet: »Hitler hielt eine lange Rede, in welcher er sagte, daß, wenn er zum Kanzler gemacht würde, es für ihn notwendig sein würde, an der Spitze der Regierung zu stehen, aber daß die Anhänger Papens in seine [Hitlers] Regierung als Minister eintreten könnten, wenn sie willens wären, mit ihm seinen Richtlinien entsprechend vorzugehen …« Der Vorsitzende der NSDAP forderte die Entfernung aller Kommunisten,

Sozialdemokraten und Juden aus führenden Stellungen und die Wiederherstellung der Ordnung im öffentlichen Leben. Von Papen, der selbst eine befristete Diktatur zur Lösung der Probleme wünschte, reagierte zufrieden, und man erzielte ein prinzipielles Übereinkommen. Das Treffen Hitler – von Papen am 4. Januar 1933 gilt als die eigentliche »Geburtsstunde des Dritten Reichs«.[44] Der Inhalt der Gespräche blieb nicht geheim und der ›Völkische Beobachter‹ log dreist: »Hitler hat nicht die Absicht, sich mit Vertretern einer Politik zusammenzutun, die er als fachlich falsch erkannt hat.«[45] Bald kommentierte der amtierende Reichskanzler General Kurt von Schleicher verbittert die Rolle von Papens: »Was heißt böse? In der Politik bekämpft man sich eben manchmal … aber mit Herrn von Papen liegt die Sache doch anders … er hat gesagt: Bitte, Herr Hitler steigen Sie doch in den Sattel … er [von Papen] hat unser System verraten und das nehme ich ihm übel.«[46]

Das Parteienspektrum vor und nach den letzten freien Reichstagswahlen am 5. März 1933.

Am 9. Januar 1933 sprach von Papen mit Hindenburg, der ihn »persönlich und streng vertraulich« mit der Fortführung seiner Mission betraute. Die NSDAP spürte Aufwind. Goebbels nutzte sein Propaganda-Talent und stilisierte die bevorstehende, vollkommen uninteressante Wahl in dem Zwergstaat Lippe zum Testfall: »Wir werden alle Kraft auf dieses kleine Land konzentrieren, um einen Prestigeerfolg herbeizuführen«. Tatsächlich errang die NSDAP mit 40 % der abgegebenen Stimmen[47] einen Sieg, den man großartig als »Das Wunder von Lippe« feierte. Hitler jedoch verlegte sein Hauptquartier in das Berliner Hotel

»Kaiserhof«, gegenüber der Reichskanzlei. Für alle sichtbar, saß er bereits »ante portas«.

In den folgenden Verhandlungen, die im Hause des Sekthändlers Joachim von Ribbentrop in Berlin-Dahlem stattfanden, bewies der »Führer« überragende Taktik, Verhandlungsgeschick und psychologisches Gespür. Am 17. Januar gelang es ihm, den Vorsitzenden der DNVP, den Industriellen Alfred Hugenberg, als potenziellen Koalitionspartner zu gewinnen. Am 22. Januar überzeugte sein intensiver, keinen Widerspruch duldender Redeschwall den Sohn des Staatspräsidenten, Oskar von Hindenburg – er nannte ihn Vertrauten gegenüber ein »seltenes Abbild von Doofheit«[48] –, von der Notwendigkeit einer Regierung Hitler.

Reichspräsident Generalfeldmarschall Hindenburg sträubte sich weiterhin. Neben Hitlers Radikalität störte ihn auch dessen bescheidene militärische Laufbahn im Ersten Weltkrieg. Noch am 27. Januar 1933 meinte er entsetzt: »Meine Herren! Sie werden mir doch nicht zutrauen, daß ich diesen österreichischen Gefreiten zum Reichskanzler berufe!«[49]

Einflussreiche Persönlichkeiten überreichten dem Präsidenten eine Petition zugunsten Hitlers. Selbst Hindenburgs Freund und Gutsnachbar ließ seine Überredungskünste spielen: Hitler könne die Landwirtschaft retten, und mit Hilfe der Reichswehr werde man »mit den Nazis schon fertig«. Auch Hitler zog alle Register seines diplomatischen Könnens. So sandte er seinen Adlatus Hermann Göring, den Träger des hohen »Pour le Mérite«-Ordens, zu dem für militärische Auszeichnungen empfänglichen Generalfeldmarschall. Göring musste versichern, dass dem »Führer« die Weimarer Verfassung heilig sein werde.

Schließlich nannte der noch immer zögernde Hindenburg die Bedingungen für seine Zustimmung: Franz von Papen als Vizekanzler und acht konservative Minister[50] als Damm gegen Hitlers Machtgelüste. Der greise Reichspräsident freute sich, mit welcher Bescheidenheit und Nachgiebigkeit Hitler seine Forderungen erfüllte. Ihn beeindruckte, dass sich Hitler mit nur drei Nationalsozialisten[51] – diese allerdings in raffiniert gewählten Schlüsselpositionen – zufrieden gab. Gern erfüllte er Hitlers Bitte nach Auflösung des Reichstags und der Ausschreibung von Neuwahlen. Versicherte ihm doch der Vorsitzende der NSDAP, dass danach ruhigere Zeiten anbrechen würden. Für sehr lange, meinte Hitler ganz wahrheitsgetreu, wären dies die letzten Wahlen! Am 28. Januar nahm Hindenburg den Rücktritt des amtierenden Reichskanzlers General von Schleicher an. Dabei meinte er: »Lieber Schleicher, ob das, was ich jetzt tue, richtig ist, weiß ich nicht, werde es aber bald wissen, wenn ich oben [tot, im Himmel] bin.«

Illusionen und psychologische Fehler ergänzten einander – ein Jahr vor seinem Tod tappte der 86-jährige Hindenburg in Hitlers Falle, beging er den größten Irrtum seiner politischen Laufbahn. Eine große Rolle spielte auch die Furcht vor dem Kommunismus, vor Zuständen wie in Russland unter dem Diktator Stalin, der einen blutigen Kampf gegen Klassenfeinde und Konterrevolutionäre aller Art führte, dem Millionen zum Opfer fielen. Die seit 1929 durchgeführte Enteignung und Zwangskollektivierung der bäuerlichen »Kulaken« (Mittel- und Großbauern), aber auch der »Halb- und Unterkulaken« (selbstständige Bauern) war 1932 in vollem Gange. Mehr als 14 Millionen Bauern waren enteignet worden. In der Ukraine diente die forcierte Kollektivierung dazu, das Unabhängigkeitsstreben der Bevölkerung zu brechen. Viele flüchteten vor der Deportation in die Städte. Bürgerkrieg, Anarchie und Produktionsausfall führten zu einer Hungersnot gigantischen Ausmaßes. Allein im Winter 1932/33 starben mindestens 8 Millionen Menschen.[52]

Zu dieser Zeit rang man in Berlin um die Kabinettsumbildung. Den allerletzten Anstoß dazu sollte ein absurdes Gerücht geben, das Hitler dem Reichspräsidenten persönlich zutrug: Der amtierende Reichskanzler (von Schleicher) werde seine Entmachtung nicht kampflos hinnehmen. Die Potsdamer Garnison mobilisiere und marschiere bereits gegen Berlin, um von Papen, Hitler und Hindenburg festzunehmen.[53]

Am Abend des 29. Januar 1933 war man sich einig. Das von Papen so genannte »Kabinett der Einrahmung« – Hitler sprach von einer »Nationalen Regierung« – stand fest. Mit hervorragendem politischem Instinkt hatte sich Hitler ideale Posten für die Machtübernahme der Nationalsozialisten gesichert. Von Papen hingegen erklärte Kritikern gegenüber selbstbewusst: »Sie irren, WIR haben IHN engagiert. Ich habe das Vertrauen Hindenburgs. In zwei Monaten haben wir Hitler in die Ecke gedrückt, daß er quietscht.«[54]

Tatsächlich glaubten sowohl der Hauptinitiator des Planes, Franz von Papen, als auch der Generalstab der Reichswehr, Hugenberg und die Deutschnationalen, und schließlich auch der greise Reichspräsident, dass es ganz leicht sein werde, die NSDAP in Schach zu halten. War Hitler nicht durch die Niederlage seiner Partei im November 1932 desillusioniert und geschwächt? Man glaubte ein diplomatisches Meisterstück vollbracht zu haben, dachte an das deutsche Sprichwort »Die Suppe wird nicht so heiß gegessen, wie sie gekocht wird« und zitierte selbstbewusst: »Diese Zigarre muß man rauchen!«[55] Alle würden sehen, wie man die NSDAP an die Kandare nehmen und zähmen werde. Ihr Scheitern sei vorprogrammiert! Auch könne Reichskanzler Hitler – wie Hindenburg als Reichspräsident und Oberbefehlshaber der Reichswehr annahm – jederzeit leicht entlassen werden.

Was von der vermeintlichen »Zähmung« zu halten war, stand allerdings bereits seit 1931 fest. Damals hatte nämlich ein NS-Überläufer dem Polizeipräsidenten von Frankfurt (am 25.11.1931) die geheimen Pläne der Nazis für den Fall der Machtergreifung zugespielt. In dem so genannten »Boxheimer Dokument« heißt es unverblümt: »SA … übernimmt die Staatsgewalt und die Funktion der Ministerien … rücksichtsloses Durchgreifen der SA. Nichtbefolgung der Befehle wird grundsätzlich mit dem Tod bestraft … alle von der Führung der SA erlassenen Notverordnungen haben durch Anschlag Gesetzeswirkung … ihre Verletzung kann mit dem Tod bestraft werden …«

Gegen den Schöpfer des »Boxheimer Dokuments« Dr. Werner Best[56] lief dann ein Hochverratsprozess und der Reichskanzler persönlich gab eine Rundfunkerklärung ab: »Für jeden, der in Verzweiflung solchen Zielen nachjagt, muß ein schreckliches Erwachen folgen.«[57] Entgegen dieser Aussage ist der Prozess, nachdem Hitler beschwichtigend das Dokument als »private Ausarbeitung von Parteigenossen« abtat, im Oktober 1932 eingestellt worden.

Einen kleinen Vorgeschmack auf die kommenden Ereignisse erhielten alle Beteiligten dann am Abend des 30. Januar 1933, als die SA die Ernennung ihres »Führers« zum Reichskanzler feierte. Der NSDAP-Beauftragte für Propaganda, Joseph Goebbels, inszenierte einen eindrucksvollen Fackelzug. Stramm marschierten Verbände der SA und SS – nach Angaben von Goebbels eine Million, tatsächlich ca. 15 000 Teilnehmer – unter den Fenstern der Reichskanzlei vorbei. Der Jubel der Parteigenossen brandete zu Hitler empor. Der Aufruf der KPD zum Generalstreik verhallte ungehört. Ausländische Beobachter zeigten sich besorgt. Hellsichtiger als die deutschen Politiker sahen sie die Gefahr der zu allem entschlossenen braunen NS-Privatmilizen. Auf die Warnung des französischen Botschafters antwortete von Papen leichthin: »Ach was, wenn sie sich die Hörner abgelaufen haben, wird alles gut gehen!«[58]

In den ersten Februar-Tagen verschickte die NSDAP dann als Zeichen ihres Triumphes handsignierte Postkarten des »Führers« an höhere Parteifunktionäre. Sie trugen die Aufschrift: »Reichskanzler Adolf Hitler.« Der 43-jährige Hitler jedoch nahm, wie er später selbst erzählte, wehmütig von seinem Leben als Demagoge Abschied. »Der Schluß meines schönen Lebens war der Einzug in die Reichskanzlei. Hatte ich bisher zu neun Zehnteln zum Volk gesprochen, so mußte ich jetzt zu neun Zehnteln zu vornehmen Leuten sprechen. Das war eine Umstellung …«[59]
Er wähnte sich auch am Beginn einer neuen Ära der Weltgeschichte. »Will man bei der [alten] Zeitrechnung bleiben?«[60] Zu seinem Mitstreiter und nunmehrigen Minister meinte er: »Göring, es wird der schwerste Kampf, den wir je gehabt haben!«[61] Denn eine Tatsache blieb bestehen: Nicht die deutsche Wählerschaft hatte Hitler an die Macht gebracht, sondern eine schwere Krise des parlamentarischen Systems, an das niemand mehr glauben wollte. Erst eine Koalition von NSDAP und DNVP unter Zu-

stimmung des Staatspräsidenten ermöglichte die Machtergreifung der Nazis. Wenig später folgte mit atemberaubender Geschwindigkeit und exakter Präzision ein lange vorbereiteter NS-Schlag dem anderen.[62] Ganz nach Hitlers Wunsch wurde am 1. Februar

Unmittelbar nach der »Machtergreifung« wurden von den Nationalsozialisten die ersten Konzentrationslager errichtet. Gefangene im KZ Dachau, 1933.

1933 der Reichstag aufgelöst und Neuwahlen ausgeschrieben. Die NSDAP stürzte sich sofort in den Wahlkampf und führte ihn bis zum Urnengang am 5. März 1933 mit ungeheurer Brutalität.

Man gedachte, an der soeben errungenen Macht »mit allen Mitteln« festzuhalten.

Bereits am 4. Februar 1933 wurde – mit Genehmigung des Reichspräsidenten – die erste Notverordnung verhängt. Sie stützte sich auf den Artikel 48 der Weimarer Verfassung und war als Instrument zur Rettung der Republik aus Zwangslagen gedacht und bereits von Hitlers Vorgänger[63] im Übermaß missbraucht worden. Sie erlaubte dem NS-Innenminister – unter dem Vorwand der öffentlichen Sicherheit – die Einschränkung der Versammlungs- und Pressefreiheit. NS-Minister Frick beschlagnahmte Zeitungen, zensierte die Presse. Jeder, der eine verbotene Versammlung besuchte oder eine den neuen Machthabern unangenehme Druckschrift herausgab – egal ob Zeitung oder Plakat, ob Flugschrift oder Inserat –, musste mit Verhaftung rechnen. Auch die SPD-Zeitung ›Vorwärts‹ erschien am 4. Februar 1933 zum letzten Mal.

Den Polizeiapparat funktionierten die – kommissarisch eingesetzten – NS-Minister Frick und Göring blitzschnell zum Macht- und Terrorinstrument um. »Ganz legal« machte Göring SA- und SS-Mitglieder zu Hilfspolizisten und ermunterte sie zu gewalttätigem Vorgehen. Eine Parteiuniform und eine weiße Armbinde genügten für den Einsatz von Gummiknüppeln und Pistolen. Die »Hilfspolizisten« konnten nach Belieben verhaften, Regimegegner ungeniert auf offener Straße misshandeln und zusammenschlagen. Im Radio häuften sich die Mitteilungen von »auf der Flucht erschossenen« Verbrechern.

Parallel zu ihren politischen Zielen verloren die Nationalsozialisten ihre lange geplante Abrechnung mit NS-kritischen Künstlern, Intellektuellen und Juden nicht aus den Augen. Für diese brachen schwere Zeiten an. Ohne Anweisung oder Koordinierung der Parteileitung kam es unmittelbar nach der NS-Machtergreifung zu vielen »Spontanaktionen« radikaler Nazis. SA-Trupps verwüsteten Privathäuser, drangsalierten die Bewohner und erpressten Geld. SA-Männer drangen in Gerichtssäle ein, jagten jüdische Anwälte und Richter auf die Straße und verprügelten sie. Zahlreiche Personen wurden verschleppt und später erschossen aufgefunden. Der Schriftsteller Heinrich Mann musste auf Druck der NSDAP die Präsidentschaft der Sektion für Dichtkunst an der Preußischen Akademie der Künste niederlegen. Im September ging er in die Emigration. Thomas Mann kehrte von einer Lesereise nicht mehr nach Deutschland zurück. Er wurde am 3. Dezember 1936 ausgebürgert. Bertolt Brecht und Helene Weigel flohen nach Prag. Der aus den USA heimkehrende Physiker Albert Einstein reiste – man hatte ihn als Direktor des Kaiser-Wilhelm-Instituts für Physik während seiner Abwesenheit gekündigt – nicht nach Deutschland. Er blieb in Belgien, trat aus der Preußischen Akademie der Wissenschaften aus und emigrierte in die USA. Das

Deutsche Theater in Berlin kündigte seinem jüdischen Leiter, dem berühmten Regisseur Max Reinhardt. Die Deutsche Studentenschaft organisierte »spontane« Bücherverbrennungen oppositioneller und jüdischer Autoren.[64] Kurz danach »säuberten« zahlreiche Universitäten ihre Bibliotheken.

Am 10. Februar 1933 hielt Reichskanzler Hitler seine erste große öffentliche Rede. Da die Nazis den Wert des neuen Mediums sehr früh erkannten und nutzten, wurde sie im Rundfunk übertragen. Viele Deutsche lauschten Hitlers rhetorischem Meisterstück an den »Volksempfängern«.[65] Es endete mit einem flammenden Appell: »Deutsches Volk! Gib uns vier Jahre Zeit, dann richte und urteile über uns. Deutsches Volk, gib uns vier Jahre, und ich schwöre dir: So wie wir und so wie ich in dieses Amt eintrat, so will ich davon gehen. Ich tat es nicht um Gehalt und nicht um Lohn, ich tat es um deiner selbst willen.« Tatsächlich hat Hitler, wie seine Steuerakte zeigt,[66] sein Einkommen als Reichskanzler karitativen NS-Zwecken gespendet. Das Versprechen, »davon zu gehen«, stand nach Ablauf der vier Jahre allerdings nicht mehr zur Debatte – 1937 gab es in Deutschland schon längst kein freies Wahlrecht mehr.

Ende Februar 1933 erreichten Plünderung, Diebstahl, Freiheitsentzug, Körperverletzung, Totschlag und Mord ein erschreckendes Ausmaß. Tausende wurden von den neuen Polizisten in rasch eingerichtete »wilde Konzentrationslager« der SA eingeliefert und gefoltert.[67] In Dachau, Sachsenhausen und Osthofen entstanden die ersten regulären KZ für »Staatsfeinde«.

Hitler selbst diente der Sache auf höherem Niveau. Am 20. Februar lud er führende Wirtschaftsvertreter zu einem Geheimtreffen in das Palais des Reichspräsidenten. Exklusiv für seine 25 illustren Gäste präsentierte er sein politisches Programm. Vor allem die Industriellen Gustav Krupp von Bohlen und Halbach und Albert Vögler sowie der Präsident der Reichsbank spendeten frenetischen Beifall. In den nächsten Tagen unterstützte die Industrie den Wahlkampf der NSDAP mit drei Millionen Reichsmark.

Am 27. Februar 1933 bekam die NSDAP vollkommen unerwartete Schützenhilfe. Am Abend meldeten Passanten, dass aus dem Dach des Reichstagsgebäudes Flammen schlugen. Der großflächige Brand sollte den gesamten Mittelteil des Gebäudes zerstören. Unbekannte Attentäter – man vermutete die NSDAP selbst als Auftraggeber – hatten in den Kellerräumen an mehreren Stellen Feuer gelegt. Die sehr rasch alarmierte Polizei konnte den Brandstifter an Ort und Stelle festnehmen und seine Identität feststellen. Der 24-jährige Marinus van der Lubbe war Holländer, hatte der kommunistischen Jugendorganisation angehört, aber mit der Partei gebrochen. Im Februar 1933 war er mit dem Entschluss nach Berlin gereist, die Arbeiterklasse gegen Hitler und die Nationalsozialisten aufzurütteln. Zu diesem Zweck legte van der Lubbe am 25. Februar in drei verschiedenen Berliner Gebäuden Feuer. Die Versuche misslangen jedoch. Zwei Tage später hatte er mit der Brandstiftung im Reichstag Erfolg.[68]

Entgegen den sich hartnäckig und jahrzehntelang haltenden Gerüchten wurden die Nationalsozialisten, ebenso wie die Kommunisten, von dem Ereignis überrascht. Als ein Parteigenosse den NS-Gauleiter von Berlin mit der Nachricht: »Der Reichstag brennt!« aufweckte, meinte Goebbels kühl: »Soll das ein Witz sein?«[69] Bereits in den ersten Verhören stellte sich heraus, dass es sich bei van der Lubbe um einen verwirrten Einzeltäter handelte. Trotzdem behaupteten die Nazis, dass man nur wenige Minuten vor dem Auflodern der Flammen kommunistische Abgeordnete im Reichstagsgebäude gesehen habe. »Das ist der Beginn des Kommunistenputsches«, verkündete Göring. Und Hitler tobte: »Das ist ein gottgegebenes Zeichen … wenn dieser Brand, wie ich glaube, das Werk der Kommunisten ist, dann müssen wir diese Mörderpest vernichten.«[70]

Auf jeden Fall nutzte man die Gelegenheit zu einem Schlag gegen die von Moskau aus gesteuerten deutschen Kommunisten und verhaftete noch in der Nacht der Brandstiftung eine Reihe von Parteifunktionären. Am 28. Februar genehmigte der greise Reichspräsident dann die Notverordnung »Zum Schutz von Volk und Staat«, mit der ein Grundrecht der Weimarer Verfassung, die Garantie auf persönliche Freiheit, aufgehoben wurde. Jedermann konnte nun ohne richterlichen Haftbefehl verhaftet und – ohne Gerichtsurteil – unbegrenzt in »Schutzhaft« genommen werden.

Diese zweite Notverordnung zerstörte praktisch die Grundlagen des Rechtsstaates: auf legale Weise und durch Pervertierung jener Instrumente, die zur Rettung des Gemeinwesens gedacht waren – ganz wie Hitler dies 1923/24 vorausgesagt hatte.

Unter den nach dem 27. Februar 1933 Verhafteten befanden sich nicht nur Kommunisten, sondern auch Sozialdemokraten, Gewerkschafter, NSDAP-Kritiker und Juden. Bis April 1933 wurden allein in Preußen über 25 000 Menschen in die berüchtigte »Schutzhaft« genommen.

Am 5. März 1933 fanden die Wahlen zum Reichstag statt. Minister Göring scheute sich nicht, die Polizei öffentlich aufzurufen, jede Neutralität aufzugeben und zur Unterstützung der NSDAP getrost »von der Schußwaffe Gebrauch zu machen«.[71] Doch das Ergebnis der Wahlen enttäuschte die NSDAP – Hitler hatte mit einem triumphalen Sieg, einer großen, absoluten Mehrheit gerechnet. Die vier Wochen lang terrorisierte Bevölkerung gab der NSDAP jedoch nur 43,9 % der abgegebenen Stimmen.[72] Mit auffälliger Beharrlichkeit waren die Wähler den verfolgten Oppositionsparteien treu geblieben. Trotz aller Repressalien – die führenden Kommunisten waren bereits inhaftiert – konnten die Parteien ihre Stellung halten: über die Hälfte der erwachsenen Bevölkerung stimmte nicht für Hitler und die Nazis.

Mit einem Zuwachs von 6 Millionen Stimmen war die NSDAP zwar stärkste Partei geworden, die absolute Mehrheit besaß sie jedoch nicht. Dazu waren die Stimmen der DNVP notwendig. Hitler nahm dies mit Gelassenheit hin. Als entschiedener Feind jedes Parlaments hatte er ohnehin die – oft angekündigte – Absicht, ohne den Reichstag zu regieren. Mit seiner auf den Urnengang folgenden Bündnispolitik wollte er nur den Beweis erbringen, dass er – im Gegensatz zu seinen Vorgängern – zu einer Mehrheitsbildung im Reichstag fähig sei.

Die NSDAP feierte daher ihren relativen Sieg als totalen.

Als erstes Zeichen des neuen Regimes erklärte der erstaunlich willfährige Reichspräsident das Hakenkreuzbanner der NSDAP zum nationalen Hoheitszeichen.[73] Damit wurden Maßnahmen, wie die des Oberbürgermeisters von Leipzig, illegal – Dr. Goerdeler hatte das Hissen der Hakenkreuzfahne auf dem Rathaus persönlich verhindert.

Die maßgeblichen politischen Köpfe der Republik wiegte Hitler noch eine Zeit lang in Sicherheit. Dazu bediente er sich der »Komödie von Potsdam«, die anlässlich der Eröffnung des neuen Reichstags von den Nazis in raffinierter Weise aufgeführt wurde. Anlass dazu bot die Tatsache, dass das für die Zeremonien vorgesehene Gebäude ein Raub der Flammen geworden war. Lange diskutierte man über verschiedene Ausweichmöglichkeiten. Schließlich schlug Hitler – vielleicht auch Goebbels – die Potsdamer Garnisonskirche vor. Nirgendwo anders als an diesem geschichtsträchtigen Ort, der Begräbnisstätte König Friedrichs des Großen, dem preußischen Nationalheiligtum, sollten die Feierlichkeiten stattfinden. Danach entwarf das von seiner Bestellung zum NS-Minister für Volksaufklärung und Propaganda (13.3.1933) über alle Maßen angespornte Medientalent Goebbels ein Historienspektakel voll Symbolik und Theatralik. War schon der Ort des Staatsakts genial gewählt, so entpuppte sich die Inszenierung als Geniestreich zur Irreführung kritischer NS-Gegner.

Goebbels suchte die kühne und unglaubwürdige Botschaft zu vermitteln, dass die NS-Bewegung eine direkte Fortsetzung der ruhmreichen Geschichte Preußens sei. Der »Führer« hätte nur mit dem »Geist von Weimar« gebrochen, jener Republik, mit der sich nichts als Erniedrigung und Elend und Chaos verband, um direkt an Deutschlands glorreiche Vergangenheit anzuschließen. Bei seinen Vorbereitungen überließ Goebbels nichts dem Zufall. Als Termin wählte er den 21. März, den Jahrestag, an dem Otto von Bismarck 1871 erstmals den Reichstag einberufen hatte.

Der ›Völkische Beobachter‹, das offizielle Blatt der NSDAP, assistierte in vorbildlicher Weise und gab die skurrilen NS-Gedanken an seine Leser weiter[74]: »Deutschland schafft den Marxismus, die Unterschiede, ab, die nichts als Überreste aus dem Mittelalter darstellen. Es knüpft an die Tradition an, die seine Größe gesichert hat und für die zwei Millionen Deutsche gestorben sind.« Worte wie diese hörten der greise Staatspräsident und sein konservativer Kreis, die sich als Hüter der preußischen Tradition Deutschlands fühlten, mit Freuden. Sie spielten bei der anschließenden Komödie gerne mit, denn als sich die Abgeordneten des Dritten Reichs in der Potsdamer Garnisonskirche versammelten, geschah alles, um die Erinnerung an Deutschlands vergangene Glorie und das Herrschergeschlecht der Hohenzollern wach zu rufen.

In der Nacht vom 20. zum 21. März hatte es geregnet, der Morgen sah einen sonnigen Tag, mit blauem Himmel, der nahende Frühling kündigte sich an. Alle Häuser waren beflaggt, riesige Hakenkreuzbanner wechselten mit den schwarz-weiß-roten Fahnen des Kaiserreichs. Die Glocken läuteten während der Anfahrt der Braunhemden. Die Zahl der Geladenen beschränkte sich auf hohe Beamte, Parteiwürdenträger und ihre Angehörigen. Die mittlere Tribüne reservierte man für die kaiserliche Familie, die vollzählig erschienen war. Symbolhaft leer stand der Thronsessel Kaiser Wilhelms II.[75] Dahinter versammelten sich die Angehörigen des abgedankten Hohenzollern-Kaisers: Kronprinz Wilhelm, der älteste Sohn,[76] in der Uniform eines Standartenführers der SS. Neben ihm seine schöne Gattin Cäcilie, seine fünf Brüder, seine Söhne. Eine weitere Tribüne blieb dem ordengeschmückten, vollzählig erschienenen Diplomatischen Korps vorbehalten. Das Kirchenschiff hatte man für die Mitglieder des Reichstags reserviert.

Hitler eröffnet am 21.3.1933 den Reichstag in der Garnisonskirche von Potsdam.

Aufmerksame Beobachter bemerkten das Fehlen der kommunistischen Abgeordneten, die zu diesem Zeitpunkt bereits im Gefängnis saßen. Auch die Sozialdemokraten waren nicht erschienen – sie boykottierten die Veranstaltung aus Protest.

Die erstaunten Festgäste erlebten dann ein Zeremoniell im Stil einer Theatervorstellung, mit dem alten Staatspräsidenten als williger Marionette. Ein Augenzeuge berichtete: »Die Kirchentore gehen auf. Die Anwesenden erheben sich, als der greise Reichspräsi-

Der Tag von Potsdam. Hitler begrüßt Staatspräsident Hindenburg.

dent Generalfeldmarschall Hindenburg erscheint. Er trägt seine militärische Uniform, das Band des Schwarzen Adler-Ordens und die preußische Pickelhaube. Eindrucksvoll seine hohe Gestalt, seine Ruhe, seine Würde. Er schreitet langsam, auf seinen Stock gestützt. Vor der kaiserlichen Tribüne macht er halt, verneigt sich und grüßt mit seinem Marschallstab den leeren Stuhl des Exilmonarchen sowie die versammelten kaiserlichen Hoheiten.

An seiner Seite geht Hitler wie ein befangener Neuling, den ein mächtiger Beschützer in eine Gesellschaft einführt, in der er fremd ist. Wer möchte annehmen, daß dieser bleiche Mann mit den gewöhnlichen Gesichtszügen, der einen schlecht sitzenden Anzug trägt und so ehrerbietig und bescheiden aussieht, die stärkere Persönlichkeit ist, der Mächtigere, der die Oberhand gewinnt?«[77]

Auf jeden Fall entsteht der – von Goebbels gewünschte – Eindruck, dass eine loyale Zusammenarbeit die Generationen verbindet und dass der neue Reichskanzler nichts anderes wünscht, als dem Rat des alten Präsidenten zu folgen, dessen Rede er gebannt lauscht. »Möge der alte Geist dieser Ruhmesstätte auch das heutige Geschlecht beseelen, … und uns in nationaler Selbstbesinnung … zusammenführen zum Segen eines sich geeinten, freien, stolzen Deutschland!« Hitler erwiderte wortreich, wobei er die frühere Generation von unverdienten Vorwürfen rein zu waschen sucht: Weder der Kaiser noch die Regierung, noch das Volk hätten den Krieg (Erster Weltkrieg) gewollt. In zündenden Worten feiert er Generalfeldmarschall Hindenburg, den berühmten »Sieger von Tannenberg«,[78] und er dankt ihm im Namen der deutschen Jugend. An die wegen einer Naziregierung besorgten Vertreter des Auslands richtete er eine feierliche Erklärung: Er werde zwar mit Autorität, jedoch als aufrichtiger Freund des Friedens regieren.

Anschließend reichten sich der Generalfeldmarschall und Hitler – wie es die Inszenierung von Goebbels vorsah – vor der Versammlung, die sich erhoben hatte, die Hände. Am Schluss der Veranstaltung hatten viele der Anwesenden den Eindruck gewonnen, dass das Dritte Reich den verbannten Kaiser, sobald es die Umstände gestatteten, aus dem niederländischen Exil zurückrufen werde. Die anschließende Militärparade mit Reichswehr, der braunen SA, der schwarzen SS und der Formation des »Stahlhelms« verstärkte diesen Eindruck. Schien es doch, als würde sie Kronprinz Wilhelm abnehmen. Am Abend bewegte sich ein Fackelzug durch die Straßen Berlins, eine Galavorstellung in der Staatsoper beschloss die Festlichkeiten.

Der Staatsakt in Potsdam war jedoch nur ein Vorspiel, das den Boden bereitete für den zwei Tage später stattfindenden Hauptakt: die Übertragung der unbeschränkten Vollmachten durch den Reichstag auf den »Führer«.[79] Diese alles entscheidende, welthistorische Sitzung fand bereits am 23. März statt. Wiederum nutzten die Nazis die Gunst der Stunde. Ungehindert nahmen sie den provisorischen Sitz des Reichstags in der Krolloper in Beschlag, um ihn mit NS-Dekor zu versehen. Den Hintergrund des Saales schlugen sie mit rotem Tuch aus, über dem Podium des Präsidiums und dem Rednerpult brachten sie ein riesiges Hakenkreuz an. Scharen von SA- und SS-Leuten mit bedrohlichem Gehabe füllten die Gänge. Ebenso aggressiv und martialisch traten die uniformierten nationalsozialistischen Abgeordneten auf, obwohl das Tragen von Uniformen im Reichstag verboten war. Neben ihnen wirkten die Abgeordneten der übrigen Parteien ärmlich und verschüchtert. Kommunistische Mandatare erhielten keinen Zutritt, da ihnen SA-Männer den Saaleingang versperrten. Diese völlig ungesetzlichen Vorgänge hielten jedoch den geschäftsführenden Ausschuss nicht von der Wahl Hermann Görings ab. Der NS-Minister wurde einstimmig – jedoch ohne die Stimmen der SPD – zum Vorsitzenden des Reichstags gewählt. Anschließend verlas Hitler mit ernster Stimme seine lange Programmrede. Er erinnerte an den Reichstagsbrand und tobte gegen die Kommunisten. Den hoffnungsfrohen Monarchisten erteilte er eine Absage: Die Rückkehr zur Monarchie stehe nicht zur Debatte. Er versprach die Beseitigung der Arbeitslosigkeit. Als Anhänger des Friedens wünschte er mit England, Frankreich, dem Heiligen Stuhl, ja selbst mit der Sowjetunion in Frieden zu leben. Nachdem die Nationalsozialisten den Gesetzesentwurf über die erweiterten Vollmachten des »Führers« eingebracht hatten, wurde die Sitzung, wie geplant, kurz unterbrochen. Die Abgeordneten sollten vor der Abstimmung durch von der Straße zu hörende Sprechchöre des braunen Mobs eingeschüchtert werden: »Wir wollen die unbeschränkten Vollmachten, wenn nicht, gibt's Scherben!«

Nach der Wiederaufnahme der Sitzung ergriff der sozialdemokratische Abgeordnete Otto Wels das Wort. Seine in ruhigem Ton gehaltene mutige Rede klang wie eine Rechtfertigung. Die Sozialdemokraten, so führte er beinahe entschuldigend aus, würden es vorziehen, den Grundsätzen der Freiheit und Gleichheit, den Menschenrechten treu zu bleiben. Trotz Verfolgung lasse man sich die Ehre nicht rauben. Man denke nicht daran, sich der Gewalt zu beugen. Und er kündigte zögernd an, dass seine Partei nicht für die unbeschränkten Vollmachten stimmen werde. Anschließend ergriff Hitler, der sich während der Rede des Abgeordneten Wels mit steinerner Miene Notizen gemacht hatte, abermals das Wort. Mit heftiger Leidenschaft, bebend vor Zorn und mit beißenden Worten stürzte er sich auf den kultivierten Gegner. »Verwechselt uns nicht mit der bürgerlichen Gesellschaft!«, brüllte er in den Saal. »Deutschlands Stern ist im Aufgehen, der eurige muß verbleichen! Eure Stunde hat geschlagen!« Nach ihm sprach im Namen der Deutschen Zentrumspartei Prälat Ludwig Kaas, der jede Konfrontation mit den Nationalsozialisten vermied. Seine Partei werde dem Gegner die Hand reichen.

Hitler hatte das Spiel gewonnen. Der Reichstag genehmigte die unbeschränkten Vollmachten mit Zwei-Drittel-Mehrheit – mit 441 gegen 94 Stimmen. Nur die Sozialdemokraten hatten gewagt, dagegen zu stimmen. Die Ermächtigungsgesetze machten den »Führer« für die Dauer von vier Jahren zum unbeschränkten Herrscher über Deutschland. Ganz nach seinem Belieben kann er nun Gesetze erlassen und aufheben. Der Weg für Deutschland unter dem Nationalsozialismus ist frei. Hitlers Verordnungen bedürfen weder der Zustimmung des Reichstags noch der Unterschrift des Reichspräsidenten.

Der ›Völkische Beobachter‹ triumphierte: »Es ist ein historischer Tag! Das parlamentarische System kapituliert vor dem neuen Deutschland. Während vier Jahren wird Hitler alles tun können, was er für nötig befindet: negativ – die Ausrottung aller verderblichen Kräfte des Marxismus. Positiv – die Errichtung einer neuen Volksgemeinschaft. Das große Unternehmen nimmt seinen Anfang! Der Tag des Dritten Reichs ist gekommen!«[80]

Mit dem »Ermächtigungsgesetz« hätten die Nationalsozialisten ihre Opponenten leicht mit legalen Mitteln in Zaum halten können. Doch Hitler schränkte den Terror nicht ein. Er glaubte, dass man Andersdenkende nicht überzeugen, sondern unterdrücken und ausrotten müsse. Gewaltsame Aktionen, meinte er, hielten die »NS-Bewegung in Gang«, ließen die Massen nicht zur Besinnung kommen und gaben ihnen keine Gelegenheit, sich zur Opposition zu sammeln. Zwischen 1933 und 1945 saßen über drei Millionen

Deutsche – für kurz oder lang – aus politischen Gründen in KZ oder Zuchthaus.

Am 31. März 1933 wurde das Gesetz zur »Gleichschaltung der Länder mit dem Reich« erlassen, nach dem alle Stadt- und Gemeinderäte aufzulösen waren. An alle deutschen Bundesstaaten erging die Aufforderung, ihre Regierungen nach dem Beispiel des Reiches ohne Rücksicht auf die Verfassung »gleichzuschalten« (anzupassen). Der nächste NS-Schlag erfolgte bereits einen Tag danach mit einem Boykottaufruf gegen jüdische Geschäfte, Ärzte und Rechtsanwälte. SA-Horden überzogen das Land mit einer Welle von Gewalt gegen jüdische Einrichtungen.

Wenig später erfolgte die juristische Rechtfertigung. Am 7. April 1933 verhängte die Reichsregierung mit dem harmlos klingenden »Gesetz zur Wiederherstellung des Berufsbeamtentums« ein Berufsverbot, das sich, ohne diese explizit zu erwähnen, gegen Juden richtete. Staatspräsident Hindenburg reagierte mit Entsetzen. Erfuhr der 86-Jährige doch die negativen Auswirkungen der Hitler-Regierung nicht – wie er angenommen hatte –, »wenn ich oben bin«, sondern noch zu Lebzeiten. Der greise Reichsfeldmarschall intervenierte und erreichte, dass man Juden, die im Ersten Weltkrieg gekämpft hatten, von dem Berufsverbot ausnahm.

Doch noch existierten die Parteien. Nur die Kommunisten (KPD), deren letzte Kundgebung am 23. Februar stattfand, hatte man faktisch aus dem politischen Leben ausgeschlossen. Am 3. März spürte man Ernst Thälmann, den vor dem Terror untergetauchten Vorsitzenden der KPD, in seinem Versteck auf und verhaftete ihn. Am 31. März 1933 wurden die 81 Mandate der Kommunisten formell storniert, nachdem den Abgeordneten schon davor der Zutritt zu allen Sitzungen verwehrt worden war. Interessant ist, dass die Kommunistische Partei Deutschlands – im Gegensatz zu den anderen Parteien – nie offiziell verboten wurde. Ebenso interessant ist, wie zahm die militante KPD auf ihre Auflösung reagierte. Noch im Juli 1932 war sie in blutige Zusammenstöße mit der NSDAP, bei denen es 18 Tote gab, verwickelt gewesen. Jahrelang hatte die KPD im Rahmen der Kommunistischen Internationale den Klassenkampf gegen NSDAP (Faschisten) und

SPD (Sozialfaschisten) gepredigt. Als jedoch der »Faschismus« die Macht ergriff, wurde nichts Ernsthaftes unternommen! Der gemeinsam mit der SPD organisierte Aufruf zum Generalstreik am 30. Januar 1933 blieb ebenso unbeachtet wie der vom 25. Februar 1933. Die KPD löste sich auf, während der Komintern[81] nur eine lahme Erklärung abgab: Die Errichtung einer faschistischen Diktatur müsse dazu dienen, die Massen von allen demokratischen Illusionen zu befreien und Deutschland für die proletarische Revolution vorzubereiten. Die Sowjetunion jedoch verlängerte am 5. Mai 1933 ihren seit 1926 bestehenden Friedens- und Freundschaftsvertrag mit dem Deutschen Reich.[82] Hitlers von der ›Prawda‹ nur kurz erwähnte Machtergreifung, schien Stalin kein Grund zur Besorgnis. Mehrfach betonte er, dass »der Faschismus an sich kein Grund zum Streiten« sei.[83]

Nach der jahrelang ersehnten Abrechnung mit der KPD wandte sich Hitler der konservativen BVP (Bayerische Volkspartei, Vorläuferin der CSU) zu, die verzweifelt versuchte, sich den geänderten Umständen anzupassen. Willig hatte man am 25. März 1933 im Reichstag für das Ermächtigungsgesetz gestimmt, das Hitler die Vollmacht gab, auch die BVP zu vernichten. Hitler honorierte dies nicht, er kannte keine Gnade. Die Funktionäre der Partei wurden verhaftet und misshandelt. Die BVP selbst wurde bereits am 10. April 1933 aufgelöst.

Nach KPD und BVP entledigte sich Hitler der Sozialdemokraten, die er der Mitwirkung am Reichstagsbrand bezichtigte. Diese absurde Anschuldigung hielt nicht lange, diente jedoch als Vorwand, um über die Führer der SPD »Schutzhaft« zu verhängen und sie für eine unbefristete Dauer in Konzentrationslagern zu inhaftieren. Eine weitere, perfekt inszenierte Attacke sollte wesentlich erfolgreicher sein, einen Keil zwischen die SPD und die mächtigen Gewerkschaften treiben und schließlich beide vernichten.

Schon am 1. Mai 1933 wurde der neue Plan des rührigen Propagandaministers in die Tat umgesetzt. Anstelle der herkömmlichen sozialistischen 1.-Mai-Feier rief man zum »Fest der Arbeit«. Man hatte diesen Tag, wie es die Arbeiterschaft seit langem forderte, zum Feiertag erklärt und machte damit den Gewerkschaften ihre

Gefolgsleute abspenstig. Die von Goebbels in Rekordzeit perfekt geplante Riesenversammlung fand auf dem Tempelhofer Feld statt. Die neuartige Festarchitektur lieferte ein begabter, junger Architekt, der damals erstmals seine große Fähigkeit zur »Inszenierung der Massen« bewies.[84] Albert Speer, bald der Lieblingsarchitekt Hitlers, stellte das Rednerpult in das Zentrum seiner streng axial ausgerichteten Bühne. Hinterfangen wurde die Tribüne von großformatigen, senkrechten Fahnen, die einen Rahmen bildeten. Speers Anlage sollte die Zuschauer in das Geschehen einbinden, sie aber auch einschüchtern.

Gesetz gegen die Neubildung von Parteien.
Vom 14. Juli 1933.

Die Reichsregierung hat das folgende Gesetz beschlossen, das hiermit verkündet wird:

§ 1

In Deutschland besteht als einzige politische Partei die Nationalsozialistische Deutsche Arbeiterpartei.

§ 2

Wer es unternimmt, den organisatorischen Zusammenhalt einer anderen politischen Partei aufrechtzuerhalten oder eine neue politische Partei zu bilden, wird, sofern nicht die Tat nach anderen Vorschriften mit einer höheren Strafe bedroht ist, mit Zuchthaus bis zu drei Jahren oder mit Gefängnis von sechs Monaten bis zu drei Jahren bestraft.

Berlin, den 14. Juli 1933.

Der Reichskanzler
Adolf Hitler

Der Reichsminister des Innern
Frick

Der Reichsminister der Justiz
Dr. Gürtner

Gesetz gegen die Neubildung von Parteien vom 14. Juli 1933.

Mit vollendeter Höflichkeit hatte die NSDAP die Belegschaften der Fabriken und Werkstätten, der Büros und Geschäfte um Teilnahme am Aufmarsch gebeten. Diese erschienen, ganz wie gewünscht, nach Berufsgruppen geordnet, die Chefs an der Spitze. Mit besonderem Nachdruck waren die Mitglieder und Vorstände der überwiegend sozialistischen »Freien Gewerkschaften« eingeladen worden. Man ließ durchblicken, dass man sich für diese versöhnliche Geste des guten Willens erkenntlich zeigen würde. Handle es sich doch nicht um Politik, sondern um die Solidarität der Arbeiterschaft, die Einheit aller durch die Arbeit Verbundenen. Obendrein würde der 1. Mai als Feiertag bezahlt werden und als Belohnung käme eine Sondervergütung für Fahrt und Verpflegung dazu. Die ahnungslosen Gewerkschaftsführer schluckten den Köder und erließen Aufrufe zur Teilnahme. Am Abend des 1. Mai zogen dann dichte, wohl geordnete und Schilder tragende Kolonnen unter dem Klang von Musikkapellen zum Versammlungsort. Ein Bild wie beim

Einzug der Zünfte in Richard Wagners Oper ›Die Meistersinger‹.
Diszipliniert nahmen sie auf dem Festgelände die von SA- und SS-
Ordnern zugewiesenen Plätze ein. Delegationen mit NS-Ehren-
gästen aus Danzig, Österreich und dem Saarland trafen ein und
wurden begrüßt. Die Vertreter des Diplomatischen Korps waren
als Ehrengäste der Regierung dazu ausersehen, Zeugen dieser
friedlichen Machtdemonstration des Dritten Reichs zu werden
und ins Ausland zu berichten. Unter der Redetribüne brandete
der Beifall von einer Million Menschen auf, als Hitler Punkt 20
Uhr im gleißenden Scheinwerferlicht erschien. Aufrecht stehend
nahm der »Führer« die lang anhaltenden Ovationen entgegen.
Wie die Regie Goebbels vorgesehen hatte, erloschen zu Beginn seiner Rede alle Lichter. Nur ein einziger Scheinwerferkegel richtete
sich auf Hitler, der unter anderem erklärte: »Der Arbeitsdienst ist
von nun an verpflichtend. Jeder Deutsche muß durch diese gesun-
de Schule körperlicher Arbeit gehen! Große öffentliche Arbeiten
werden die Arbeitslosigkeit bannen: man wird Wohnungen bau-
en, ein ausgedehntes Straßennetz und Kanäle schaffen, Gebäude
aller Art errichten. Auf Jahre hinaus wird es Arbeit geben, für viele Milliarden und für viele hunderttausend Hände. Der Zinsfuß
wird gesenkt. Die Wirtschaft wird in Zukunft nicht mehr von Ge-
sellschaften geleitet, sondern nach dem Autoritätsprinzip geführt.
Das neue Deutschland wird keine sozialen Konflikte mehr kennen. Es wird eine einzige Familie bilden …« Am Schluss der Rede
brandete Jubel auf. Die nächtliche Kundgebung schloss mit einem
prächtigen Feuerwerk.

Die Diplomaten berichteten ihren Regierungen voll Begeisterung, dass im jungen Dritten Reich Versöhnung, Einigkeit und
Aufbruchsstimmung herrsche.

Tags darauf, am 2. Mai 1933 ab 10 Uhr, besetzten Polizei und SA
alle Gebäude des ADGB (Allgemeiner Deutscher Gewerkschafts-
bund), seine Lokale, Volkshäuser und Zeitungsredaktionen. 58
führende Funktionäre wurden in ihren Wohnungen verhaftet, ihre
Archive beschlagnahmt, ihre Bankkonten gesperrt. Geleitet wurden die Überfälle vom »Aktionskomitee zum Schutz der deutschen Arbeit«, an dessen Spitze der wegen seiner Trunk- und Spiel-

sucht wohl bekannte NS-Parteigenosse Robert Ley stand.[85] Dieser
brüstete sich öffentlich: »Das Band zwischen den Sozialdemokraten und den Gewerkschaften ist zerrissen! Wir werden den Arbeiter von den letzten Fesseln des Marxismus befreien!« Tatsächlich
ist die Riesenorganisation der Gewerkschaft, die mehr als vier
Millionen Mitglieder zählte und über ein Vermögen von 184 Millionen Reichsmark verfügte, unter dem Terror der neuen Regierung zusammengebrochen.

Auch hier war großer Widerstand ausgeblieben. Bis zu ihrer
Vernichtung setzten die Gewerkschaften auf Kooperation. »Wir
wollen uns aus der Politik heraushalten und akzeptieren jegliches
Regime, gleich welcher Art«, erklärte Theodor Leipart, der Erste
Vorsitzende der Freien Gewerkschaften, bevor ihn Hitler verhaften ließ. Ihrer Führer beraubt, demoralisiert durch gröbste Angriffe, verstört durch NS-Agenten in den eigenen Reihen, fügten sich
die Gewerkschaftsmitglieder. Sie wichen einer überlegenen, bestens organisierten, aggressiven Macht.

Wenig später wurden die Sozialdemokraten im Reichstag mit
Redeverbot belegt. Man nahm der SPD, die am 5. März 1933 immerhin noch 18,3 % aller Stimmen erhalten hatte, das Versamm-
lungs- und Propagandarecht und verdammte sie damit zu einem
Schattendasein. Die SPD wurde am 22. Juni 1933 verboten, ihr gesamtes Vermögen beschlagnahmt und die Parteimitglieder mit
Berufsverbot belegt. Viele hohe Funktionäre flüchteten nach Prag.

Auch die Deutschnationale Volkspartei (DNVP), jene mit Hitler verbündete Partei, die der NSDAP zu einer dünnen Mehrheit
im Reichstag verholfen hatte, entging dem allgemeinen Kahl-
schlag nicht. Nach vehementen Angriffen der Nationalsozialisten
trat Alfred Hugenberg, der Führer der DNVP, von seinem Amt zurück, die Partei löste sich am 26. Juni 1933 auf. Hugenberg selbst,
der als großzügiger Mäzen die NSDAP mit Millionen RM unterstützt hatte und im Kabinett Hitlers das Ministerium für Wirtschaft, Landwirtschaft und Ernährung geleitet hatte, durfte sein
Mandat gnadenhalber behalten – als Gast der NSDAP. Sein Wirt-
schaftsimperium – Nachrichtendienste, Zeitungen, vor allem
jedoch die Filmproduktionsgesellschaft UFA, wurde zerschlagen

und dem Propagandaministerium des Dr. Joseph Goebbels unterstellt.

Am 5. Juli 1933 lösten sich dann auch die Deutsche Volkspartei (DVP) und das Zentrum (Deutsche Zentrumspartei) von selbst auf. »Man hätte nie einen so kläglichen Zusammenbruch für möglich gehalten!«, höhnte Hitler am 9. Juli auf einer öffentlichen Versammlung in Dortmund.[86] Wenige Tage nach Auflösung der katholischen Zentrumspartei gelang Hitler sein erster großer internationaler Erfolg: der Abschluss eines Konkordats zwischen dem Vatikan und dem Deutschen Reich.

In der vagen Hoffnung, im Dritten Reich wenigstens ein Minimum an religiösem Leben zu retten, hatten katholische und protestantische Bischöfe seit dem 30. Januar 1933 nach einem »Modus vivendi« gesucht und das neue Regime nicht verurteilt. Im Gegenteil. So tadelte die Fuldaer Bischofskonferenz Ende März 1933 zwar einige »religiös-sittliche Irrtümer«, sprach der Regierung Hitlers ansonsten aber das Vertrauen aus. Es bestehe kein Widerspruch zwischen dem Nationalsozialismus und dem Katholizismus. Der evangelische Theologe Martin Niemöller, der später zu den Führern des kirchlichen Widerstands zählte, sprach auf einem Erntedankfest im Herbst 1933 von dem »erwachenden deutschen Volk«. »Beruf und Stand, Rasse und Volkstum« seien Forderungen, denen man sich nicht entziehen könne.

Das NS-Regime wiederum suchte im ersten Jahr seines Bestehens eine offene Konfrontation mit den Kirchen zu vermeiden und verschob den Kampf um die Herrschaft einer neuen Weltanschauung auf später. Noch 1941 meinte Hitler: »Ich halte deshalb nicht für richtig, sich jetzt in einen Kampf mit der Kirche zu stürzen. Am besten, man läßt das Christentum langsam verklingen … die Kirche muß jetzt schon mehr und mehr Konzessionen machen …«[87]

Im Juli 1933 war die NSDAP die einzige Partei Deutschlands. Sie sollte es auch bleiben, denn bereits am 14. Juli 1933 erließ die Regierung ein Gesetz, das die Neubildung jeglicher Parteien untersagte und die Einziehung der Parteivermögen regelte. Innerhalb von sechs Monaten hatte Hitlers Regime die deutsche Parteienlandschaft zerstört und Deutschland mit einem dichten Netz von

KZ überzogen. Nach Berichten der Prager Exilleitung der SPD waren im August 1933 in 65 Lagern mehr als 45 000 Häftlinge interniert.

Am 14. November 1933 hielt der nunmehrige Vizekanzler von Papen – er sollte kurz darauf in die Diplomatie abgeschoben werden – im Namen der Mitglieder der neuen Reichsregierung eine huldigende Ansprache an Hitler. Darin heißt es: »In neun Monaten ist es dem Genie Ihrer Führung und den Idealen, die Sie neu vor uns aufrichteten, gelungen, aus einem innerlich zerrissenen und hoffnungslosen Volk ein in Hoffnung und Glauben an seine Zukunft geeintes Reich zu schaffen.«[88]

Am 31. Dezember 1933 übten die Nationalsozialisten die völlige Kontrolle über Deutschland aus.[89] Hitler selbst hat später noch oft die Machtergreifung der Nazis erwähnt. Einmal meinte er: »… das Jahr 1933 ist nichts anderes als die Erneuerung eines tausendjährigen Zustandes.«[90] Er empfand die Vorgänge des Jahres 1933 auch als Triumph im Kampf gegen Stalin und den Bolschewismus: »Stalin steht da als der Mann, welcher der bolschewistischen Idee zum Sieg zu verhelfen gedachte … Wären wir nicht 33 zur Macht gekommen, dann wäre das über Europa hingebraust wie ein Hunnensturm …«[91] Ein anderes Mal meinte Hitler: »Hätte Deutschland nicht das Glück gehabt, daß ich 1933 zur Macht kam und daß ich von Stund an keinen Schritt unterließ, zur Aufrüstung zu kommen, und wenn ich mich … nicht zum Schlag gegen Rußland entschlossen hätte: alle europäischen Länder wären weggefegt worden …«[92] Immer wieder bezeichnete er die Machtergreifung der Nationalsozialisten als »ein Wunder in der 12. Stunde«.[93]

War der Jubel um Hitler nicht überwältigend?
Hoffmanns NS-Erzählungen. Ein Bild lügt mehr als
1000 Worte – Die Propagandawelt von Hitlers Leibfotografen

»Tausende Bilder habe ich von dem Führer gemacht und ich glaube, daß mir Millionen Deutsche dafür dankbar sind, daß ich ihnen
Hitler zeigte …«, brüstete sich der »NS-Reichsbildberichterstatter« Heinrich Hoffmann, dessen Fotoreportagen den Mythos um
Adolf Hitler in raffinierter Weise förderten.[1] Die NSDAP hat dies
gewürdigt. Ein huldigender Artikel des NS-Parteiorgans »Der Völkische Beobachter« gipfelte denn auch in der Feststellung: »Vom
propagandistischen Standpunkt aus gesehen, ist das bis jetzt vor
uns liegende Lebenswerk Heinrich Hoffmanns für die Bewegung
fast unschätzbar.«

Als Schöpfer des »visuellen Hitler-Kults«, vor allem jedoch als
Bildchronist des Dritten Reichs, ist Hoffmann in die Geschichte
eingegangen.[2] Tatsächlich stellte der Hofberichterstatter mit dem
millionenschweren Presseimperium, der auf Grund seiner engen
Beziehungen zu Hitler eine unantastbare Monopolstellung in-
nehatte, kein einziges seiner beeindruckenden Bilder ohne den
Gedanken an Propaganda für Hitler, Staat und Partei her.

Das Dritte Reich existiert nicht mehr, doch in gespenstischer Weise entfalten Hoffmanns NS-Bilder auch heute, lange nach dem
Tod ihres Schöpfers, ihre Wirkung.[3] Keine Hitler-Biografie, die
aus Mangel an anderem Material ohne – nunmehr als historisch
objektive Dokumente deklarierte – Aufnahmen des »Reichsbildberichterstatters« auskommt, kein Bildband zu Hitler und dem
Dritten Reich, der nicht intensiv mit seinen Werken illustriert ist.
Auch kein Dokumentarfilm, der nicht mittels Hoffmann-Archiv –
es umfaßte ursprünglich an die 2,5 Millionen Originalaufnah-
men – die einstige visuelle Faszinationskraft des NS-Regimes re-
produziert. Der unkritische Gebrauch von Fotografien nationalsozialistischer Massenrituale zeigt weiterhin einen monolithisch

auf Hitler ausgerichteten Führerstaat und eine »harmonische« Volksgemeinschaft voll jubelnder NS-Enthusiasten.⁴ Die Intentionen und Manipulationen des Schöpfers der Bilddokumente werden kaum hinterfragt und selten erwähnt – ungestört arbeitet

»Der Mann, der für uns den Führer sieht«.

die Propagandamaschinerie des Dritten Reichs im 21. Jahrhundert.

Wer war dieser Mann, dessen politisch motivierte und fotografisch vermittelte Sichtweisen noch Jahrzehnte nach dem Ende des Zweiten Weltkriegs, den Blickwinkel prägen, unter dem das NS-Regime gesehen wird?

Heinrich Hoffmann wurde am 12. September 1885 als einziges Kind eines renommierten Fotografen in Fürth/Bayern geboren.⁵ Im elterlichen Betrieb in Regensburg absolvierte er eine traditionelle Lehre – sein Wunsch, Kunstgeschichte und Malerei zu studieren, scheiterte am Widerstand des Vaters. 1901 ging er auf mehrjährige Wanderschaft, die ihn zu den bekanntesten Fotografen Deutschlands führte.⁶ 1906 ließ sich Hoffmann in München nieder. Ein Aufenthalt in London bei dem berühmten Kunst- und Gesellschaftsfotografen E. O. Hoppè sowie die Mitwirkung an dem

Porträtkatalog ›Men of the XX. Century‹ wurden für ihn richtungsweisend.[7] 1909 gründete Hoffmann in der Schellingstraße 33 in München-Schwabing sein eigenes Fotostudio mit Schwerpunkt auf Presse- und Porträtfotografie. Vor allem die avantgardistischen Kreise schätzten seine künstlerischen Porträts, die braun schimmernden Gravüren glichen. Auch die bayerische Königsfamilie, der russische Zar und viele namhafte Künstler zählten zu seinen Kunden. Eine seiner Kundinnen, die junge Schauspielerin und Kabarettistin Therese »Nelly« Baumann, hat Hoffmann geheiratet. Das Paar hatte zwei Kinder, die Tochter Henriette »Henny« (geb. 1913) und der Sohn Heinrich (geb. 1916). 1912 wurde die Fachzeitschrift »Photographische Kunst« auf den begabten Hoffmann aufmerksam, stellte mehrere Porträts aus seinem Atelier vor und bemerkte dazu: »Er besitzt viele Eigenschaften, die noch Hervorragendes erwarten lassen … man wird sich an den Arbeiten dieser neuen, jungen Kraft nur aufrichtig freuen können.« Manche Bilder des jungen Talents gingen um die Welt. Dazu gehörte jener Schnappschuss Hoffmanns, den er unbemerkt im Schloss von Donaueschingen auf Zelluloid bannte. Er zeigt den heftigen Streit zwischen Kaiser Wilhelm II. und dem Reichskanzler Bethmann Hollweg anlässlich der Zabern-Affäre.[8] 1913 gründete der erfolgreiche Fotoreporter den Bilderdienst »Photobericht Hoffmann« (später »Photo-Haus Hoffmann«), der neben der ›Münchner Illustrierten Zeitung‹ bald zahlreiche Agenturen in Berlin und im Ausland belieferte. Auf Grund des geschäftlichen Realitätssinns seines Besitzers wurde auch der angeschlossene, modern geführte Postkartenvertrieb ein großer finanzieller Erfolg.

Nach dem Ersten Weltkrieg, der ihm lediglich einen kurzen Einsatz an der französischen Front abverlangte, waren die Revolutionsunruhen in München Hoffmanns vorrangiges Thema. Mit zahlreichen Aufnahmen der »Räterepublik« wurde er zum wichtigsten Bildchronisten jener turbulenten Tage – noch kurz vor dem Einmarsch der Regierungstruppen brachte er Fotopostkarten der »Roten Armee« auf den Markt.

Unter dem Eindruck der politischen Ereignisse gab der Fotograf seine zurückhaltende Rolle als neutraler Beobachter auf und ging zur dezidierten Unterstützung der Gegenrevolution über. Seine Postkarten beschriftete er nun – wie auch später seine NS-Werke – mit flammenden und einprägsamen Parolen. Ende 1919, zum Jahrestag der Novemberrevolte, erschien dann Hoffmanns ei-

gene, rechtskonservative, nationalistische und antisemitische Bildbroschüre ›Ein Jahr bayerische Revolution im Bilde‹, die an seiner politischen Einstellung keinen Zweifel mehr ließ. Die Publikation wurde ein großer finanzieller Erfolg, der Sprung in das Verlagsgeschäft war geglückt. Hoffmann hatte sich vom Status des bloßen Bildlieferanten, der keinen Einfluss auf die Verwendung und Deutung seiner Fotos hat, für immer losgesagt. Fortan bestimmte er selbst den Vertrieb seiner Aufnahmen, gab er eigene Publikationen heraus.

Heinrich Hoffmann, der NS-Reichsbildberichterstatter (1885–1957)

In seiner Freizeit gehörte der Fotograf ab 1919 der nationalistisch-völkisch orientierten Einwohnerwehr an. Er verkehrte auch im Kreis um den Journalisten und Schriftsteller Dietrich Eckart, einem frühen Mentor Hitlers und Autor der antisemitischen Hetzschrift ›Auf gut deutsch‹.

Anfang 1920 traf Hoffmann auf Adolf Hitler. »Er ist, seit sein Freund Dietrich Eckart ihn mit dem Führer bekannt machte, nicht mehr von seiner Seite gewichen«, beschrieb ein Zeitzeuge die Situation. Wenig später sprach Hoffmann mit seiner neuen Bekanntschaft über die große Begeisterung beim Kriegseintritt Bayerns am 2. August 1914. Er selbst habe die jubelnde Menschenmenge fotografiert. Hitler, der damals auch auf den Odeonsplatz geeilt war, unterbrach ihn mit der Frage, ob die Platte noch existiere. Dann suchten beide die Aufnahme mit einer Lupe ab, bis sich Hitler zu seiner großen Freude schließlich inmitten des Menschengewühls entdeckte. Nach der Machtergreifung der National-sozialisten hat die NS-Propaganda die Episode aufgegriffen und das Wirken des »Führerfotografen« als eine Fügung des Schicksals gedeutet.

Am 6. April 1920 trat Hoffmann der DAP/NSDAP bei, von der er sich die Wiederauferstehung eines nationalistischen Deutsch-lands und die Behebung der wirtschaftlichen Misere, im Speziel-len jedoch Aufträge für seinen eigenen Betrieb erwartete. Bald war der untersetzte, rundliche und joviale Fotograf im Kreise der Par-teigenossen ein gern gesehener Weggefährte, der auch seine be-rufliche Tätigkeit in den Dienst der NSDAP stellte. Schon 1920 do-kumentierte er alle Partei-Ereignisse, lichtete er die führenden Nazi-Größen ab. In seiner Person verfügte die NSDAP als einzige Partei Deutschlands über einen eigenen Fotografen. Nur ein Por-trät Hitlers, der Studioaufnahmen beharrlich ablehnte, blieb Hoff-mann lange verwehrt. Der Nachwuchs-Politiker drängte zwar mit aller Kraft an die Öffentlichkeit, mied jedoch Pressefotografen. Drohte doch die Gefahr, dass man sein Konterfei – die NSDAP war in Norddeutschland verboten, und Hitler wurde steckbrieflich ge-sucht – im Ernstfall als Fahndungsfoto verwendete. Er gab sich da-her als »mystery man« und hoffte, damit die Neugierde auf seine Person noch zu steigern. Tatsächlich stellte der ›Simplicissimus‹, Deutschlands bekanntestes satirisches Blatt, die Frage: »Wie sieht Hitler eigentlich aus?« Und der Journalist und Zeitzeuge Konrad Heiden erinnerte sich: »… in seinen Versammlungen verstand er es, durch raffinierte Beleuchtungstricks halb unsichtbar zu blei-ben … gewahrte man durch das rauchige, fahle Licht eine hagere, oft vornüber schnellende Gestalt …«[9] Vergebens legte Hoffmann dem Vorsitzenden der NSDAP die Möglichkeiten der modernen Fotopublizistik dar. Dieser winkte ab, erkannte jedoch sehr wohl die beachtlichen Talente des Parteigenossen, mit dem ihn überdies das Interesse für Malerei und schnelle Autos verband. Er nahm ihn in seinen privaten »Hofstaat« auf. Die bohemehafte Atmosphäre und das künstlerische Ambiente des Hauses Hoffmann gefielen Hitler, der sich, wie er oft betonte, nur der Not gehorchend und zur Rettung Deutschlands als Politiker betätigte – in seinem Innersten fühle er sich jedoch als Künstler. Darüber hinaus schätzte er den essfreudigen und trinkfesten Fotografen, bei dem er fast ein zweites Zuhause gefunden hatte, als »köstlichen Witzbold«. »Hitler kam jeden Nachmittag zu uns«, berichtete Henriette von Schirach geb. Hoffmann, die Tochter des Fotografen. »Mein Vater schlief, er mußte sehr früh aufstehen … Hitler klingelte einmal und ich machte ihm auf. Er setzte sich an unseren riesigen Arbeitstisch und blätterte in Illustrierten … ich übte derweil auf dem Klavier … dann nahm er einen Hocker und spielte mir die Annenpolka vor. Er erzählte mir die Geschichte der Nibelungen …«[10]

In den zwanziger Jahren, der »Kampfzeit der Bewegung«, als Hitler selbst nur ein kleines Untermietzimmer bewohnte, pflegte er in München beinahe täglich einen kleinen Kreis ausgewählter Parteigenossen aufzusuchen. Bei den ihm treu ergebenen Hoffmanns spielte Hitler sogar die Hauptrolle. Viele Jahre beherrschte er ihr Familienleben, diktierte er ihre Gewohnheiten, mischte er sich in die Erziehung der Kinder. Seinen höflich geäußerten Wünschen – in Hitlers Gegenwart durfte sich der Kettenraucher Hoffmann im eigenen Haus keine Zigarette anzünden – war unbedingt Folge zu leisten und bei aller Vertraulichkeit blieb er der »Herr Hitler« und später »der Führer«.

Als der Fotograf – eigenen Angaben zufolge – im Oktober 1922 aus New York den Auftrag für ein Hitler-Porträt erhielt, drängte er sein Idol neuerlich zu einer Fotositzung, wurde jedoch, wie schon bei früheren Anlässen, auf später vertröstet: »Dafür sollen Sie dann der einzige Mann sein, der mich zu jeder Zeit fotografieren darf.« Hoffmann beugte sich dem Diktat. »Und oft hat er den Gedanken niederkämpfen müssen, wie schön es wäre, nun eine Aufnahme zu machen«, beschrieb eine NS-Zeitschrift die Situation in romantisierender Weise.[11] »Als er [im Frühjahr] 1923 einmal auf mehrere Tage mit dem Führer in die bayerischen Berge fuhr, ließ er als Schutz vor sich selbst die Kamera zu Hause.«

Als der Pressefotograf Georg Pahl Hitler beim »Deutschen Tag« in Nürnberg (2.9.1923) unvermutet ins Visier bekam, hatte das Versteckspiel ein jähes Ende. Pahl berichtete darüber: »Gerade hatte ich eine Anzahl Aufnahmen gemacht, da sah ich, ich meinte zu träumen, Adolf Hitler in der Menge der Schaulustigen stehen. Meine Kamera war schußbereit, die Position eingenommen. Entfernung fünf Meter. Perplex schaute Hitler in die Kamera, versuchte sich abzuwenden, aber schon schnappte der Verschluß,

Hitler spricht! Hoffmanns geschickte Manipulation vermittelt in der »Frühzeit derBewegung« den Eindruck gewaltiger Massenveranstaltungen. Veranstaltung der NSDAP im Zirkus Krone, München, 1923.

Hitler war auf die Platte gebannt. Er sprang auf mich zu, versuchte mit einem Stock, den er stets bei sich trug, die Kamera zu zerschlagen. Ich hielt den Apparat hinter meinem Rücken und versuchte so, ihn vor den wütenden Stockschlägen zu schützen. Die Zuschauer wurden aufmerksam. Hitler ließ nach ...«[12] Schon am darauf folgenden Tag hatte der bildlose Führerkult ein Ende. Hitler ging zu Hoffmann und meinte: »Machen Sie eine Porträtaufnahme von mir.« Die Zeit war gekommen, den Fotografen für seine Treue zu belohnen. Hoffmann hatte sich bewährt. Allen Versuchungen zum Trotz war er nicht zum Verräter geworden. Mit Recht stieg er nun, wie die Parteigenossen einander versicherten, zum Porträtisten des »Führers« auf. Auf jeden Fall gehorchte Hoffmann nur allzu gerne und verwertete die Abzüge sogleich als Wandbildnisse, Postkarten und Pressebilder. Ab diesem Zeitpunkt nutzte Hoffmann den »Bonus der Führernähe« weidlich aus.

Im Atelier. Hitler posiert für Hoffmann, ca. 1926/27. Nicht veröffentlichte Aufnahme.

In langen Sitzungen entstanden bei Tages- und Kunstlicht, morgens, mittags oder abends umfangreiche Bildserien. Hitler posierte geduldig und stundenlang: im dunklen Anzug, im Trenchcoat mit Hut und Stock oder im Braunhemd mit Schulterriemen, Stiefelhose und Marschstiefeln. Ganz nach Wunsch trug er dazu das Eiserne Kreuz oder sein NS-Parteiabzeichen, legte er eine Krawatte oder eine Hakenkreuzbinde um. Aber auch in Trachtenjacke, kurzer Lederhose und Wadenstrümpfen trat er vor die Kamera. Nach Aufforderung seines Porträtisten stellte er Szenen aus seinen Reden nach, zeigte sich mit ausdruckslosem Gesicht oder starkem Mienenspiel, steif, martialisch oder wild gestikulierend. Hoffmann fotografierte ihn vor Bücherregalen und Bismarck-Drucken, auf Waldlichtungen und mit seinem Schäferhund. Nur selten murrte das Modell, dem die fotografische Praxis vieler verschiedener Blickwinkel fremd war: »Hoffmann, Sie knipsen mir zuviel herum – lieber weniger, aber gut.«[13] Viele dieser zum Teil skurrilen Fotos fanden keine Verwendung. Trotzdem hat man sie nicht vernichtet, sondern katalogisiert, dem Hoffmann-Archiv einverleibt und sorgfältig aufbewahrt. Dadurch gelangten selbst jene Aufnahmen, die Hitler und sein Fotograf nicht zur Veröffentlichung freigaben, nach 1945 an die Öffentlichkeit.

Hoffmanns Werke zierten, ebenso wie die von ihm vertriebenen handlichen Hitler-Büsten, bereits in der Frühzeit der NSDAP die

Heime von Parteigenossen. Die politischen Gegner hingegen überschütteten seine geschönten und retuschierten Arbeiten mit Spott und Hohn. Ein Journalist schrieb: »Nachdem Hitler seinen Abscheu vor der Kamera mannhaft unterdrückt hatte, in der richtigen Erkenntnis, daß auch Bilder Leute machen, kommandierte er den Münchner Heinrich Hoffmann ab und ließ sich von ihm in allen Lebenslagen erhaschen – lustig, düster, fesch, gedankenvoll, würdig, verhalten, kinderlieb, diktatorisch, müde, … von des Meeres und der Liebe Wellen umbraust, mit und ohne Hund …«[14]

Nach dem misslungenen Putschversuch der NSDAP im November 1923 riss sich die internationale Presse um die Bilder Hoffmanns – war er doch der Einzige, für den sich die Angeklagten im Hitler-Prozess zu einem Gruppenfoto versammelten.

Der Glaube des Fotografen an »Führer« und Partei blieb auch nach dem Verbot der NSDAP unerschüttert, und er betätigte sich als Kassier der Interimsorganisation »Großdeutsche Volksgemeinschaft«. Gleichzeitig bildete Hoffmanns Broschüre ›Deutschlands Erwachen in Wort und Bild‹, die im Frühjahr 1924, im Vorfeld des Hitler-Prozesses, erschien, den Beginn der NS-Fotopropaganda. Während Hitler im Gefängnis saß, war es dann Hoffmann, der seine Anhänger mit rührenden Bildern des NS-Märtyrers hinter Gitterstäben – »Adolf Hitler in der Feste Landsberg« – versorgte. Er wurde auch gerufen, als Hitlers fünfjährige Haft schon nach einigen Monaten, im Dezember 1924, endete. Das Verbot der Regierung, den Ex-Sträfling beim Verlassen der Festung zu fotografieren, löste Hoffmann, wie er später schilderte, auf seine Weise. »Ich muß unbedingt von Ihnen eine Aufnahme in Landsberg machen!«, meinte er zu Hitler. »Wenn schon nicht vor der Festung, dann eben anderswo. Wie wär's mit dem alten Landsberger Stadttor?« Er beschriftete das Foto mit »Adolf Hitler verläßt die Feste Landsberg« und amüsierte sich, dass der Schwindel unbemerkt blieb. Die Zeitungen schrieben nämlich: »Das Festungstor hat sich geöffnet« oder »Sinnend steht Hitler vor dem Gefängnis«.[15]

Nach der Neugründung der NSDAP im Februar 1925 trat Hoffmann am 24. März 1925 mit der – später sehr prestigeträchtigen – Mitgliedsnummer 59 der Partei bei. Im selben Jahr verlegte Hoffmann die Fotowerkstätten seiner prosperierenden Firma in die Schellingstraße 50. Die Räumlichkeiten waren beengt. Trotzdem gab der gefällige Parteigenosse einen Teil davon an die Leitung der NSDAP ab, die sich dadurch einen »Ehrensaal« schaffen konn-

Der Fotograf des »Führers« in Aktion (Ausschnitt)

te. Den allmählichen Aufstieg der NSDAP aus kleinsten Anfängen erlebte Hoffmann hautnah – im Hinterhof des Hauses fotografierte er die Mitglieder der SA samt Standarte, im Ehrensaal die für Gruppenaufnahmen posierenden Gauleiter. 1926 beteiligte er sich an der Gründung der Parteigazette ›Der Illustrierte Beobachter‹, für die er laut dem Presserecht verantwortlich zeichnete.

Nach der Übernahme des Blatts durch den Parteiverlag Eher blieb Hoffmann weiterhin der wichtigste Mitarbeiter. Er besorgte die Bildredaktion und platzierte den »Führer« oft wochenlang hintereinander auf die Titelseite. Neben Hoffmanns exzessivem Hitler-Kult verblasste selbst jener Kult, den die sowjetische Presse, allen voran die ›Prawda‹, mit dem Genossen Josef Stalin betrieb. Tatsächlich agierte der NS-Kämpfer mit der Kamera zu diesem Zeitpunkt bereits ausschließlich für die NSDAP. Dabei zog er alle Register seines großen Könnens. Um die »unfassbare« Masse der Hitler-Anhänger zu steigern – 1927 erhielt die NSDAP bei den Reichstagswahlen nur 2,7 % der Stimmen –, experimentierte er für den ›Illustrierten Beobachter‹ mit verschiedenen Präsentationsformaten, wobei er längliche Ansichten oft quer über eine Doppelseite legte, sie senkrecht und sogar Seiten sprengend diagonal anordnete oder mehrere Ansichten übereinander setzte – einfache Tricks, die eine starke inhaltliche und formale Verdichtung bewirkten. Stellte man anfangs Fotos verschiedener Partei-Veranstaltungen ganz konventionell auf einer Doppelseite zusammen und beschriftete sie mit »Der Nationalsozialismus marschiert«, so konzentrierte sich das Layout bald sehr werbewirksam auf eine einzige Veranstaltung. Mittels Panoramaaufnahmen erzielte der Meister der Fotografie besonders imposante Darstellungen von Menschenmassen, schuf sein geschickt gewählter Blickwinkel riesenhafte vergrößerte Auditorien unter gigantischen Gewölben. Reichte der Bildinhalt nicht aus, wurde manipuliert. Auch die Bildunterschrift wirkte unterstützend: »Das Ende des Redeverbots: Adolf Hitlers Wiederauftreten in Bayern. Die Riesenkundgebung im Zirkus Krone am 9. März 1927«. Im Gegensatz dazu berichtete die sozialdemokratische ›Münchner Post‹: »Schon der Besuch war kein ›Ansturm auf die Sitze‹. Der Zirkus füllte sich langsam, er war annähernd voll, aber nicht überfüllt!!!«[16]

Den schon früh erhobenen Vorwurf der Manipulation hat Hoffmann stets voll Empörung zurückgewiesen: »Wer lügt? Die Photographie oder die Judenzeitungen?« Und die NS-Presse assistierte 1927: »Die Bilder, die wir veröffentlichen, sind nicht erfunden … sie sind die wahrheitsgemäße und unwiderlegliche, wirklich objektive Wiedergabe von Ereignissen …«[17] Für den unparteiischen Betrachter ist die Inszenierung auf Hoffmann-Bildern evident. So wirken SA-Männer durch Schrägansichten monumental und übermenschlich, werden Profilbildnisse von SS-Leuten nach rassischen Überlegungen ausgewählt – später dienten sie nochmals für Serien über das »Deutsche Rassegesicht«. Tote und Verletzte – aus den gewalttätigen politischen Parteikämpfen der Weimarer Republik – existierten für Hoffmann nur dann, wenn sie den eigenen Reihen entstammten. Im Zuge der »Rotmord«-Propaganda dokumentierte er sie ausgiebig. So sah man Verletzte an der Spitze eines SA-Zuges oder im Krankenbett, aber auch Beisetzungsfeierlichkeiten, als Kundgebungen des »unerschütterlichen Glaubens an den Führer«. Die Bilder Hoffmanns betrauerten tote SA-Männer als »Märtyrer der Bewegung« undleuchtendes Vorbild nationalsozialistischer Opferbereitschaft. Einmal jedoch reiste Hoffmann sogar nach London, um im Judenviertel »Whitechapel« Fotomotive zur Illustration eines antisemitischen NS-Hetzartikels zu suchen.

1928 starb Therese Hoffmann. Bei ihrem Begräbnis galt die Aufmerksamkeit der Trauergäste nicht den Hinterbliebenen, sondern Hitler. Der »Führer« bestimmte dann die Erziehung der Hoffmann-Tochter Henriette. Er wählte auch ein – katholisches – Internat für den Sohn Heinrich. Als sich der Fotograf zum zweiten Mal verehelichte, empfand er es als natürlich, dass man weniger das Brautpaar als den »Führer« feierte.

Ende der zwanziger Jahre trug Hoffmanns feudal anmutende Treue bereits reiche Früchte. Belohnt wurde Hitlers Schatten, der sich ganz als propagandistisches Werkzeug des »Führers« verstand, in Form von Privilegien, die ihm seine einmalige Stellung als »Führerfotograf« verschaffte. »Das persönliche Freundschaftsverhältnis zum Führer gibt ihm die Möglichkeit, Bilder zu schaffen, die dem deutschen Volk Einblick gewähren in die Seele seines herrlichen Führers …«, schrieb der Vorsitzende des Reichsinnungsverbandes des Photographenhandwerks, nachdem er zähneknirschend das Monopol der Firma Hoffmann zur Kenntnis nehmen musste.[18]

Auf Gedeih und Verderb mit seinem Modell verbunden, widmete sich Hoffmann dem charismatischen Kult um Hitler, dem er selbst verfallen war, setzte er das von den Nazis angestrebte Image einer ideellen Überhöhung und Verklärung des Parteivorsitzenden als »nationalen Heilsbringer« in Bilder um. Hoffmann war kein Intellektueller wie der Propagandaleiter und spätere NS-Minister Dr. Goebbels. Er war jedoch ein erfahrener, sehr instinktsicherer Fotokünstler und -händler. Als solcher kannte er auch die Erwartungen der Parteigenossen, das heißt die Wünsche der Käufer von Hitlerbildern, Postkarten und Büchern.

1927 beschritt Hoffmann neue Wege. Angeregt durch das große Interesse für Hitler als Privatmann, kam ihm die – von Parteigenossen fast als blasphemisch gewertete – Idee, den »Führer« als »Menschen wie du und ich« zu präsentieren. Einblicke in das Privatleben von Politikern und Prominenten gehören heute zu den

Selbstverständlichkeiten des journalistischen Alltags. In der Mitte der zwanziger Jahre des letzten Jahrhunderts jedoch war Hoffmanns Vorschlag nicht nur sensationell, er löste sogar Entsetzen aus. Man fand ihn voyeuristisch, indiskret, fast unmoralisch. Seriöse Politiker agierten nicht wie Filmstars. Entgegen allen Erwartungen gab Hitler jedoch seine Zustimmung und der Fotograf ging an die Vermarktung seiner – für diesen Zweck konstruierten – Privatsphäre.

Dank Hoffmanns Geschick entstand der Eindruck, dass in der Geschichte Deutschlands kein Staatsmann oder Politiker jemals so zugänglich und volksnah gewesen war. Der »Führer« hätte nichts dagegen, sein privates Leben vor der Öffentlichkeit auszubreiten und sich bereitwillig der Kamera zu stellen, weil er – im Gegensatz zu anderen – absolut nichts zu verbergen hatte. Während Hoffmann die Politiker anderer Parteien als »Bonzen und hinterhältige Juden« desavouierte, stellte er »Adolf Hitler als Mensch«, »Hitler als Kinderfreund« sowie »Hitler als Beschützer der Jugend« vor. Jahrelange rührende Bildserien bescheinigten Hitler einen wertvollen Charakter und ein liebenswertes Wesen. Sie leisteten auch indoktrinierende Vorarbeit. Hieß es noch 1927: »Auch die Kleinsten lassen sich dem Führer vorstellen«, so führte man diese Parole im Wahlkampf zur Präsidentenwahl des Jahres 1932 konsequent weiter. Nun hieß es: »Er hat die Jugend. Er hat die Zukunft.« Und »Die Liebe des ganzen Volkes gehört Hitler«.

Hoffmanns Fotopublizistik stärkte die junge NS-Presse, die sich wilde Kämpfe mit dem etablierten bürgerlichen und dem progressiven linken Lager lieferte. Immerhin existierten bis zum Herbst 1932 200 rivalisierende Monats-, Wochen- und Tageszeitungen. Verärgert konstatierte man in Parteikreisen, dass viele NSDAP-Anhänger aus Tradition ihren alten Lesegewohnheiten treu blieben. »Wenn wir die Auflage [unserer NS-Blätter] auf 1 Million zu steigern in der Lage wären, blieben immer noch 11–12 Millionen nationalsozialistische Wähler, die eine andere Zeitung haben«, klagte der NS-Pressechef Otto Dietrich.[19]

Im Gegensatz zu vielen anderen Unternehmen prosperierte das »Photo-Haus Hoffmann« selbst während der großen Depression der Weltwirtschaftskrise. Dies fiel auch dem Schwabinger Gewerbeschullehrer Friedrich Braun auf, der in diesen schwierigen Zeiten eine Lehrstelle für seine Tochter Eva suchte. Er riet ihr zu einer Bewerbung – bei Hoffmann lägen große Aufträge der Nazis vor. Mit der Wahl dieses Arbeitsplatzes stellte das Mädchen die Weichen für sein Leben, denn im Oktober 1927 traf Eva Braun dort – wie sie ihrer Schwester berichtete – in der Gestalt Adolf Hitlers den Mann ihres Lebens: »Ich war nach Feierabend im Geschäft geblieben, um einige Papiere einzuordnen und stieg gerade auf eine Leiter, weil die Ordner oben auf dem Schrank standen. Da kommt der Chef herein und mit ihm ein Herr von gewissem Alter mit einem komischen Bart und einem hellen englischen Mantel, einen großen Filzhut in der Hand ...«[20] Wie kein anderer hat Heinrich Hoffmann die Beziehung des ungleichen Paares – Hitlers Geliebte blieb auch nach der Machtergreifung Verkäuferin im Photo-Haus Hoffmann – vom Anfang bis zum Ende miterlebt. Seinen Aufzeichnungen nach hat er die Geliebte des »Führers« nicht sehr geschätzt: »Mit ihren blauen Augen konnte man sie durchaus als hübsch bezeichnen, auch wenn sie etwas puppenhaft wirkte. Eine Allerweltsschönheit wie auf gängigen Reklamefotos.«[21] Außenstehenden gegenüber gab er sich, wie der Boxer Max Schmeling bei einer Landpartie mit Hitlers engstem Kreis bemerkte, zugeknöpft. »Ein junges Mädchen fiel mir auf, ... hübsch, aber einfach, mit einem reizenden, jedoch häufig grundlosen Lachen, die sich im Hintergrund hielt und trotz aller sichtlicher Bescheidenheit mit Hitler gänzlich unbefangen und offenkundig sehr vertraut redete. Als ich Hoffmann, noch an der Kaffeetafel, fragte, wer das Mädchen sei, winkte er hastig ab. Erst später, als wir im Garten allein unter den Apfelbäumen standen, klärte er mich auf: ›Das ist Eva Braun, sie ist eine Angestellte von mir‹, sagte er, ein wenig stolz. Als ich ihn überrascht ansah und fragte, was daran denn Geheimnisvolles sei, wandte sich Hoffmann vielsagend lächelnd ab.«[22]

Seine Hitler-Braun-Fotos behandelte Hoffmann diskret. Von den zahlreichen Bildern, die er von dem Liebespaar schoss, gelangte während des Dritten Reichs nur eines – und dies durch einen Irrtum – an die Öffentlichkeit. Ansonsten fiel Eva Braun – weisungsgemäß – stets der Schere zum Opfer. Dies geschah auch in der Bildbroschüre ›Hitler, wie ihn keiner kennt‹, die der Verkünder der »Menschlichkeit Hitlers« 1932 als logische Folge der sentimentalen »Führer-Bilder« schuf.

Sie rief ein starkes Echo hervor, verschaffte Hoffmann in Parteikreisen größte Reputation, lieferte Vorlagen für internationale Artikel – sogar in der linksgerichteten französischen Illustrierten ›VU‹ – und wurde zu einem Bestseller in Millionenhöhe. Der klug gewählte Zeitpunkt des Erscheinens – vor den Reichstagswahlen 1932 – ließ Hitler-Anhänger jubeln: »… ungezählten Millionen bietet dieser Band Erfüllung ihrer Sehnsüchte: Einblick zu bekommen in das persönliche Leben des Führers«.[23] Nur ein Bild verblüffte die – nach Religionshetze und Kirchenaustritt – meist »gottgläubigen« Parteigenossen: Hitler unter einem goldenen Kreuz. Hoffmann berichtet dazu: »Mit Vorliebe besichtigte Hitler Kirchen … Einmal besuchte er die Marienkirche in Wilhelmshaven. Als wir sie wieder verließen und Hitler die Stufen hinun-

Seine privilegierte Stellung erlaubte dem »Führerfotografen« einzigartige Aufnahmen. Hoffmann mit Hitler auf dem Balkon der alten Reichskanzlei. Berlin 1935.

terschritt, machte ich eine Aufnahme. Das goldene Kreuz des Torgitters stand in diesem Augenblick gerade über seinem Kopf. Vom fotografischen Standpunkt aus war das Foto sehr originell. Doch die Kirchengegner in der Partei waren anderer Meinung. Als das Bild in meinem Fotobuch ›Hitler, wie ihn keiner kennt‹ erschien, verlangte Hess, daß es entfernt würde! Ich legte Hitler das beanstandete Bild vor und überließ ihm die Begutachtung: ›Es ist wahr, daß ich die Kirche besucht habe. – Was ich dachte, konnten

Sie nicht fotografieren. … Lassen Sie das Bild ruhig in Ihrem Buch! Wenn das Volk denkt, ich sei ein frommer Mann, so kann das nicht schaden!‹«[24]

1932 gab es weder gleichgeschaltete Medien noch Pressezensur, und der Journalist Kurt Reinhold, ein vehementer Hitler-Gegner, widmete Hoffmanns Elaborat einen Schmähartikel, für den er bereits im darauf folgenden Jahr büßen sollte: »Es ist – der freundliche Leser wird es bereits erraten haben – niemand anders als unser Adolf Hitler … ein Band Photographien, hundert an der Zahl, will seinen Untertanen endlich den Mann ihrer Wahl zeigen, ›wie ihn keiner kennt‹. Obwohl das übertrieben ist und zumindest seine Gegner … sich längst von ihm ein unretuschiertes Bild haben machen können … abgeschieden von Lärm und Unruhe der Städte ruht hier der Führer auf den großen Wiesen … dabei liest er dann die gegnerischen Zeitungen und freut sich über die Märchen, die sie von ihm verbreiten: Sektgelage, jüdische Freundinnen, Luxusvilla …«[25]

Auch die sozialdemokratische Zeitung ›Vorwärts‹ brachte einen Beitrag: »Der Vielgeknipste. Adolf in allen Lebenslagen«. Darin heißt es: »Hört, Millionen, eure Sehnsucht ist erfüllt. Ihr seht den großen Adolf des Morgens im Pyjama und des Abends im Frack, ihr seht ihn, wie er sich die Nägel lackiert, ihr seht ihn, wie sich den Scheitel pomadisiert …«[26] Ab 1933 ist dann jede Hitler-Kritik von selbst verstummt oder im Keim erstickt worden.

›Hitler, wie ihn keiner kennt‹ erlebte selbst während der Kriegsjahre viele Auflagen, die jedoch stets neu zu adaptieren waren. Galt es doch in steigendem Maß, ermordete, in Ungnade gefallene oder geflohene Weggenossen wie Ernst Röhm, Rudolf Heß, die Gebrüder Strasser oder Ernst Hanfstaengl wegzuretuschieren.

Die Broschüre diente auch als Muster für weitere Bände. ›Hitler in seinen Bergen‹ nährt vor allem den Mythos des einsamen »Führers«, der in ländlicher Idylle Pläne für das deutsche Volk wälzt. Demgemäß hat Hoffmann auf dem Bild »Beim Gschwandner Bauern« die neben Hitler sitzende Eva Braun entfernt.[27] Dann publizierte Hoffmann ›Hitler abseits vom Alltag‹, ›Jugend um Hitler‹ sowie ›Das Antlitz des Führers‹. Alle dienten während des

Dritten Reichs zur Erbauung der Jugend. In der entsprechenden Verordnung des Reichsministers für Unterricht heißt es: »Ich weise die Schulen auf das Buch [im konkreten Fall ›Hitler in seinen Bergen‹] hin, weil es besonders geeignet ist, der deutschen Jugend die Persönlichkeit des Führers noch näher zu bringen.«

Am 31. März 1932 heiratete Hoffmanns Tochter Henriette im nationalsozialistischen Milieu. Die Hochzeit mit dem Reichsjugendführer der NSDAP Baldur von Schirach feierte man in Hitlers Wohnung. Danach verstummten die Gerüchte, wonach sich der Fotograf Hoffnungen auf eine Verbindung seiner »Henny« mit dem um 24 Jahre älteren »Führer« gemacht habe.

Zu dieser Zeit rüstete sich Hitler für den zweiten Durchgang der Reichspräsidentenwahl, und die NSDAP organisierte eine Kampagne im amerikanischen Stil, wie sie Europa bis dahin nicht gesehen hatte. Von der Lufthansa charterte man ein dreimotoriges Flugzeug, das Hitler drei Auftritte pro Tag in verschiedenen Städten Deutschlands – den Wahlmarathon »Hitler über Deutschland« – ermöglichen sollte. Ende März 1932 erging an alle NS-Zeitungen der parteiinterne Befehl, auf die »Deutschlandflüge« mittels Hitler-Themen einzustimmen. Joseph Goebbels lieferte Artikel und Heinrich Hoffmann bebilderte die Themen »Hitler als Mensch«, »Hitler als Kamerad«, »Hitler als Kämpfer« und »Hitler als Staatsmann«. Die Kampagne sollte Modernität und Schnelligkeit signalisieren, Hitler – im Gegensatz zu den »alten Männern der reaktionären Linken« – als jugendliche, moderne Persönlichkeit darstellen und ihm einen messianischen Nimbus verleihen. Die vier Flüge »Hitler über Deutschland« wurden ein spektakulärer Erfolg und es gelang, den Hitler-Kult weit über die NSDAP-Mitglieder hinaus zu verbreiten. Selbstverständlich gehörten Hoffmann und sein Assistent August Kling, wie Hitlers Pressechef betonte, zum Reiseteam: »Von besonderer Wichtigkeit ist natürlich immer die Bildberichterstattung, die auch bei dieser Reise vom Bildberichterstatter der Partei … durchgeführt wird.«[28] Tatsächlich lieferte Heinrich Hoffmann eine pausenlose Folge sensationeller Fotoreportagen aus 20 Städten. Gleichzeitig bereitete er den Bildband ›Hitler über Deutschland‹ vor. Und außerdem hatte der »köstliche Witzbold« neben seiner anstrengenden Arbeit auf Wunsch Hitlers bis tief in die Nacht als lustiger Unterhalter in der Tischrunde seines Chefs auszuharren.

In Ausübung seines Berufes scheute der Fotograf auch sonst keine Strapazen: Mit dem berühmten Kunstflieger und Testpiloten Ernst Udet[29] unternahm er – stets fotografierend – einen waghalsigen Flug zwischen den Türmen der Münchner Frauenkirche. Und mit einem Ballonfahrer überquerte er ganz Deutschland und erzielte dabei sensationelle Luftaufnahmen.[30]

Nach dem Regierungseintritt der NSDAP am 30. Januar 1933 feierte die NS-Presse Hitlers Ernennung zum Reichskanzler als den Beginn einer neuen Epoche. Im Gegensatz zu bürgerlichen Zeitungen, die Hitlers Koalitionsregierung ein rasches Ende prophezeiten, suchten Goebbels und sein Team eine nationale Aufbruchsstimmung zu suggerieren. Hoffmann hat die Artikel mit Bildmaterial untermauert, den Machtwechsel als ein von der Begeisterung der Massen getragenes Ereignis dargestellt. Jubelnde Menschen umringen Hitler. Hitler nimmt Huldigungen entgegen. Auch der nächtliche, von Goebbels inszenierte, chaotische Fackelzug der SA am Abend des 30. Januar 1933 wurde von Hoffmanns Kamera eingefangen. Die Bilder schienen dem Fotografen jedoch nicht spektakulär genug. Er hat sie dann gegen andere, weitaus perfektere, da nachgestellte, ausgetauscht. Sie entstammten dem Film ›Hans Westmar‹. Bis heute werden diese Szenen als authentisches Material verwendet.[31]

Hoffmann hat das Führerbild sofort den neuen Verhältnissen angepasst. Reichskanzler Hitler wirkt nun staatstragend, häufig präsentiert er sich mit dem Reichspräsidenten Hindenburg. Geschickte Fotomontagen wie »Der Marschall und der Gefreite kämpfen für Frieden und Gleichberechtigung« sollten dazu beitragen, das Vertrauen der Bevölkerung von dem greisen Präsidenten auf den »Führer« zu übertragen. Innerhalb kürzester Zeit erschienen drei Titelblätter mit Hitler und Hindenburg. Auch Hitler selbst leistete seinen Anteil zum Imagewandel. Im Bewusstsein der neuen Rolle verzichtete er auf das Tragen von kurzen Lederhosen. Alle diesbezüglichen Fotos ließ er aus dem Handel nehmen.

Nach der Übernahme der nationalsozialistischen Regierungs-
gewalt unterstand Hoffmann – rein theoretisch – der Reichspres-
sekammer des am 13. März 1933 neu gegründeten und von Joseph
Goebbels geleiteten Ministeriums für Volksaufklärung und Propaganda. Die Instruktion und Über-
wachung der Presse besorgte das
»Bildpresse-Referat« der Abteilung
IV (unter Reichspressechef Otto
Dietrich). Man hütete sich jedoch,
die Privilegien des »Führerfotografen« anzutasten.

Mit der Etablierung der NS-Herr-
schaft expandierte Hoffmanns Ge-
schäftstätigkeit in enormer Weise.
Bilder seiner Mitarbeiter setzten die
Errungenschaften des jungen NS-
Staates in Szene, berichteten von
den Erfolgen des Winterhilfswerks,
beobachteten die KdF-Urlauber und
zeigten die Müttererholungsheime.

Im Dienste des »Führerkults«.
Hitler fährt die Reihen der im
Sportstadion angetretenen
Hitler-Jugend ab. Nürnberg,
September 1934.

Der Sonderstatus der Firma kam
richtig zur Geltung, der Betrieb vergrößerte sich explosionsartig. Obwohl Hoffmanns wirtschaftlicher
Aufstieg auf den neofeudalen Grundlagen der Führerherrschaft
basierte, wirkte er wie eine kapitalistische Bilderbuchkarriere.
Schon im März 1933 eröffnete Hoffmann in Berlin einen zweiten
Firmensitz. Wenig später entstand eine Niederlassung in Düsseldorf. Nach der Expansion des Deutschen Reichs gab es Zweigstel-
len in allen angegliederten und okkupierten Ländern mit Büros in
Wien und Reichenberg, Prag und Posen, Den Haag und Straßburg. Die Firma »Heinrich Hoffmann. Verlag national-sozialis-
tischer Bilder« mit der Abteilung »Presseillustration« gedieh zu
einem Imperium mit 300 Mitarbeitern. Die Umsätze steigerten
sich von 0,7 Millionen Reichsmark auf 15 Millionen.[32] Im Gefolge
Hitlers wurde Hoffmann schwerreich und übersiedelte mit seiner

Familie in ein Haus in Bogenhausen, einem noblen Bezirk München. Bei Altötting in Oberbayern kaufte er sich einen Gutshof. Viel Geld floss in den Aufbau einer wertvollen Gemäldesammlung alter Meister. 1943 betrug Hoffmanns Jahreseinkommen vor Steuer 3,2 Millionen, im Jahr 1944 3,5 Millionen Reichsmark. Sein Privatvermögen belief sich auf fast 6 Millionen Mark, angelegt in Hausbesitz in München, Straßburg, Den Haag und Amsterdam.

Als begeisterter Autofahrer gehörte er dem exklusiven »Deutschen Motorclub« an, dessen Mitglieder im Restaurant »Hahnen« am Berliner Nollendorfplatz ihre Stammtischrunde hatten. Die elitären »Motoristen« sahen den Fotografen als »kleinen, lebendigen und urbanen Bajuwaren, … unterhaltsam, geschäftstüchtig und eitel, aber nicht unangenehm.«[33]

Am 15. Oktober 1933 wohnte der »Führer« und Reichskanzler, seinen Bildchronisten im Gefolge, der Grundsteinlegung zum »Haus der Deutschen Kunst« bei. Unter den Augen zahlreicher Honoratioren tat er die ersten Hammerschläge. Beim dritten Mal zerbrach das silberne Hämmerchen. Hoffmann hat die Szene geschildert: »Nie werde ich sein betroffenes Gesicht vergessen. … Ich sah ihm an: es war ihm nicht ganz wohl zu Mute!« Hoffmann wusste Rat. Er löste das kleine Problem mittels Retusche. Das Missgeschick des »unfehlbaren Führers« gelangte nicht in die Presse.[34] Auch sonst bewies der Hoffotograf Geschick und Fantasie, glich Regiefehler bei Veranstaltungen aus und zeigte Hitler inmitten jeder beliebigen Gesellschaft, auch wenn diese nicht zur Verfügung stand. Hoffmanns Montagen zauberten Prominente – ohne ihr Wissen oder ihre Zustimmung – mit Hitler aufs Foto. In Ungnade gefallene Parteigenossen verschwanden – im wahrsten Sinne des Wortes – von der Bildfläche. Als Intimus des »Führers« war er mit den Eigenheiten und Unsicherheiten seines Modells, mit dessen Vorlieben und Aversionen, bestens vertraut.

So lichtete er Hitler, nachdem er einen kleinen Wink erhalten hatte, nicht mehr mit Eva Brauns Scotch-Terrier »Burli« ab: »Ein Staatsmann läßt sich nicht mit einem kleinen drolligen Hund fotografieren. Nur ein deutscher Schäferhund ist eines Mannes würdig. Auch Bismarck hat sich nur mit seiner berühmten Dogge gezeigt.« Hitler lebte in der ständigen Angst, lächerlich zu erscheinen. Aus diesem Grund ließ er sich in neuer Kleidung stets probeweise fotografieren. Erst wenn die Bilder gefielen, wurden die Bekleidungsstücke getragen. Aus Prestigegründen ging Hitler auch nicht schwimmen. Er vertrat die Ansicht, dass man einem »Führer« in der Badehose keinen Respekt zollen könne. »Ich habe ohnehin immer Angst vor einer Fotomontage, bei der jemand meinen Kopf auf einen anderen Körper in der Badehose setzt«, teilte er seinem Leibfotografen mit.[35] Selbstverständlich meinte er dabei fremde Fotoreporter, denn auf Hoffmann war stets Verlass. Bilder, die seinen Stempel trugen, enttäuschten nie, galten quasi als von oben abgesegnet und unterlagen daher auch, zumindest bis Kriegsbeginn, keiner Zensur.

Hitler verband mit seinem fotografierenden Vasallen ein eigenartiges, halb im Dienstlichen, halb im Privaten angesiedeltes Vertrauensverhältnis. So war es Hoffmann, der im Auftrag Hitlers für Eva Braun ein Haus suchte. Als er ein passendes Objekt in der Wasserburger Straße 12 im Münchner Stadtteil Bogenhausen gefunden hatte, wurde der Kaufvertrag sogar auf den Fotografen ausgestellt. Hoffmanns ganz offensichtliche Trunksucht hat den abstinenten »Führer« nie gestört, sondern zu humorvollen Witzen angeregt: »Der Hoffmann würde, glaube ich, noch nicht einmal von einer Schlange gebissen, die Schlange würde besoffen sein und stocksteif werden, während sie sonst immer krumm geht«.[36]

Im Sommer 1937 entließ Hitler eine bereits bestellte Jury von Kunstexperten und beauftragte seinen Leibfotografen mit der Auswahl der künstlerischen Exponate für die »Große Deutsche Kunstausstellung« in München. In Anerkennung der dabei geleisteten Verdienste wurde Hoffmann, der in der Folge zum »gefürchteten Papst der bildenden Künste« avancierte, zu seiner Überraschung der Titel »Professor« verliehen. Hoffmann berichtet dazu: »Auch im privaten Kreis liebte er [Hitler] Überraschungen … So war es auch bei meiner Ernennung zum Titular-Professor. Bei der Eröffnung der ersten Ausstellung im Haus der Deutschen Kunst 1937 gab Goebbels in seiner Rede meine Ernennung durch den Führer bekannt. Ich war völlig ahnungslos …«[37] Zusammen mit Gerdy

Troost, der Witwe von Hitlers Architekten Paul Ludwig Troost, wirkte der Fotograf des »Führers« dann als inoffizieller Kunstdiktator des Regimes. Gemeinsam trafen die beiden die Vorauswahl der Bilder und Skulpturen für die jährliche Ausstellung regimekonformer Kunst im Münchener »Haus der Deutschen Kunst«. Daneben betätigte sich Hoffmann als Angehöriger der »Kommission zur Verwertung der beschlagnahmten Werke entarteter Kunst« als Kunsthändler großen Stils. Hoffmann teilte Hitlers Vorliebe für die deutschen Maler des 19. Jahrhunderts, wirkte als dessen persönlicher Kunstberater und erwarb für ihn Werke seines Lieblingsmalers Carl Spitzweg, von denen sich allerdings manche als Fälschungen erwiesen. Mit der Veröffentlichung einer Faksimile-Mappe »Adolf Hitler. Aquarelle«, eigenhändigen Kreationen des »Führers« aus seiner Jugendzeit, wusste Heinrich Hoffmann seinem Idol und Arbeitgeber auf subtile Weise zu schmeicheln.[38]

Der Betrieb Hoffmanns profitierte jedoch nicht nur von der Sonderstellung seines Chefs, sondern auch von der NS-Zensur, die eine schlagartige Einschränkung der »Führer-Literatur« bewirkte. Die Berufsverbote für jüdische und »marxistische« Fotografen, die Emigration namhafter Bildjournalisten und die Arisierung jüdischer Agenturen stärkten die marktbeherrschende Position der Bildagentur Hoffmann ungemein. Anfangs arbeiteten für den enormen Bildbedarf, den das Dritte Reich zu seiner Selbstdarstellung benötigte, noch zahlreiche Pressefotografen. Allmählich steigerte sich der Anteil Hoffmanns an Hitler-Bildern auf 80 %.

Schließlich gab es dann nur mehr Hitlers ›Mein Kampf‹, die Bilder und Fotobände seines »Reichsbildberichterstatters« und dessen millionenfach reproduzierte Führerporträts.

Trotz übergroßer Privilegien stellten Hoffmann und sein Team in der Werbe-Maschinerie des NS-Staates nur den kleinen Teil eines ausgeklügelten Ganzen dar – auf den Mammutveranstaltungen der Partei verband man die verschiedensten Propagandaformen in raffinierter Weise. Aufmarsch, Ansprache, Fahnenweihe oder Totenfeier bildeten, ergänzt durch Plakat-, Film-, Foto- und Pressewerbung eine neuartige Einheit: Albert Speer, der Architekt des

»Führers«, entwarf den Rahmen, Propagandaminister Goebbels inszenierte, Hoffmann fotografierte.

Eine besondere Rolle fiel dem »Bildberichterstatter des Führers« auf den Reichsparteitagen zu, die im Konzept Hitlers eine wichtige Rolle spielten. Die NSDAP sollte sich als eine vollkommen neue, straff geführte und von Meinungsverschiedenheiten freie politische Bewegung präsentieren. Um dies auch bildlich zu untermauern, war Hoffmann der Einzige, der die Ritualästhetik der Parteitage stören durfte. Ungehindert konnte er sich zwischen den Rednern frei bewegen, unzensiert durfte er seine Blickwinkel wählen und fotografieren. Für alle anderen Pressefotografen galten strenge Regeln, die ihre Arbeit empfindlich einschränkten. Einige davon lauteten: »Photographieren innerhalb der Absperrungen verboten!« »Filmen in geschlossenen Räumen strengstens untersagt!« »Umherlaufen innerhalb der Absperrungen nicht geduldet!« Wollte man Bilder im ›Illustrierten Beobachter‹ unterbringen, so waren sie Hoffmann zur Kontrolle vorzulegen. Dieser traf seine Auswahl und schaltete damit gleichzeitig die Konkurrenz aus. Schließlich stammten vier von fünf Aufnahmen in der größten Illustrierten des Dritten Reichs vom »Führerfotografen«. Für seine Bildbände über die Reichsparteitage verwendete er überhaupt nur eigene Aufnahmen. Sie vereinten, wie Hoffmann versicherte, »historische Treue mit packender Bildwirkung«. Die Parteigenossen sollten die Broschüren – laut Klappentext – »in Ergriffenheit und Ehrfurcht« aus der Hand legen, denn »jedes Blatt ist ein neues Bekenntnis zu Einem, der unser aller Schicksal trägt.«[39] Interessant ist, dass der innovationsfreudige Hoffmann bereits 1937 in Farbe fotografierte und auch Dias produzierte.

Hoffmanns Privilegien erregten den Neid seiner Berufskollegen, die der Vorsitzende des Reichsinnungsverbandes des Photographenhandwerks 1937 einmal sogar zu formulieren wagte: »Ich höre im Stillen so manchen fragen … warum die Bilder vom Führer und den wichtigsten Ereignissen immer von Hoffmann sein müssen. Es gibt doch noch andere gute Photographen, welche die Bilder ebenso gut machen könnten.«[40]

Es war jedoch weiterhin nur der »Reichsbildberichterstatter«, der bei den Künstlerempfängen in der Reichskanzlei fotografierte. Und nur dieser stand ungeniert neben dem »Führer«, wenn er auf den Balkon der Reichskanzlei oder des »Braunen Hauses« trat, um sich der Menge zu zeigen. Bei Appellen und den Feierlichkeiten zum 9. November (zur Erinnerung an den gescheiterten Putsch vom 9./10. November 1923) bewegte sich Hoffmann in unmittelbarer Nähe des »Führers«. Selbstverständlich trug der Professor dabei nie jene Dienstkleidung inklusive »rot-grüner Bildberichterstatter-Armbinde«, wie sie Goebbels den Berufsfotografen vorschrieb. Er nahm auch nie an den Pressekonferenzen im Propagandaministerium teil, bei denen die NS-Regierung den Medienvertretern genaue Anweisungen gab: »Selbstverständlich sollen Sie hier Informationen bekommen, aber auch Instruktionen. Sie sollen nicht nur wissen, was geschieht, sondern auch wissen, was die Regierung darüber denkt«, meinte Goebbels ganz unverblümt.[41]

Auch die Großen des Reiches posierten, obwohl sie sich oft eigene Hoffotografen hielten, mit großer Freude für den Parteigenossen. Besonders Hermann Göring setzte sich, wie Hoffmann erzählte, in Szene: »Die Abteilung Göring in meinem Archiv war sehr umfangreich. Ich hatte ihn als Reichstagspräsidenten, als Staatsrat, als Generalfeldmarschall und später als Reichsmarschall aufgenommen, aber auch in der Kluft der Ruhrkumpels … Göring ließ sich mit Liliputanern fotografieren, in der Zunfttracht der Hamburger Zimmerleute, als Bogenschütze und als Harmonikaspieler, am Steuerknüppel seines Flugzeuges und beim Scheibenschießen an einer Jahrmarktsbude.«[42] Einmal ließ Hoffmann den publicitygierigen Reichsmarschall »Führer-Porträts« an jubelnde Hitler-Verehrerinnen verteilen.[43] Die damals entstandene Propaganda-Aufnahme sollte nach dem Ende des Dritten Reichs dann häufig zur Illustration des Alltags im Dritten Reich verwendet werden. Genauso wie Hoffmanns bekanntes Foto von des »Führers« erstem Spatenstich das Image Hitlers als genialem Schöpfer der Reichsautobahn unverrückbar festigte und bis in die Gegenwart verlängerte.

Auf dem Obersalzberg, Hitlers privatem Landsitz in den bayerischen Bergen, verkehrte Hoffmann als Stammgast. Obwohl er sich politisch nicht betätigte, war der »Reichstrunkenbold« mit den sagenhaften Einkünften, der das bereitwillige Ohr des »Führers« besaß, vielen Mächtigen des Dritten Reichs ein Dorn im Auge. Propagandaminister Goebbels hasste den »gefährlichen, schlauen Parteigenossen der ersten Stunde« als Konkurrenten.[44] Außenminister Joachim von Ribbentrop irritierten seine unkontrollierbaren Fotos und den Leiter der Parteikanzlei Martin Bormann störte sein großer Einfluss. Als Hitler einmal in Gegenwart Bormanns bemerkte: »Hoffmann, Sie sind für mich die Brücke zum Volk!«, spann der mächtige Leiter der Parteikanzlei zahlreiche Intrigen zum Sturz des Bildreporters. Mit Argwohn bemerkte man, dass Hitler seinen Fotokünstler benutzte, wenn es um das Arrangieren ganz privater Treffen ging. So meldete sich Hoffmann einmal bei Max Schmeling, dem populären deutschen Boxweltmeister im Schwergewicht: »Der Führer möchte Sie gern zu einer Autopartie einladen. Wir wollen bei Franz Xaver Schwarz[45] am Tegernsee Kaffee trinken.«[46] Nur schwer fanden sich Hitlers Diadochen damit ab, dass der »Führerphotograph« stets zum Gefolge des »Führers« gehörte. In dieser Funktion machte er auch den Staatsbesuch in Italien mit und brachte anschließend den Bildband »Hitler in Italien« heraus.

Außenminister Ribbentrop reagierte mit Verärgerung, als Hitler seinen Freund aus der »Kampfzeit der Bewegung« im August 1939 zum »Sondergesandten« ernannte und ihn jener Delegation zuteilte, die den überaus wichtigen deutsch-sowjetischen Nichtangriffspakt in Moskau aushandelte. Hoffmann sollte Hitler ganz privat über die Person Stalins berichten: »Nicht ein Diplomat, sondern ein unpolitischer Freund soll der mit Stalin angebahnten Verbindung eine persönliche Note geben. Daß Sie nebenbei fotografieren, ist ja selbstverständlich. Ferner liegt mir daran, von Ihnen ein objektives Urteil über Stalin und seine Umgebung zu bekommen.«[47] Der bestens informierte Stalin hat dann Hitlers Emissär mit den einstudierten Worten »Ik begrüße Einrik Offmann, Deutschlands größte Fotografen-Arbeiterrr« willkommen geheißen. Den deutschen »Reichstrunkenbold«, wie beabsichtigt, unter den Tisch zu trinken gelang ihm allerdings nicht. Nach seiner Heimkehr legte Hoffmann zahlreiche Fotos von der Unterzeichnung des Vertrages vor. Hitler, ein vehementer Antiraucher,

Als Hitlers Gesandter in vertraulicher Mission: Hoffmann bei Stalin.

schüttelte bei jedem ablehnend den Kopf: »Davon können wir keine einzige Aufnahme bringen! ... Ein Pakt ist ein feierliches Ereignis, man [gemeint ist Stalin] schließt ihn nicht mit einer Zigarette zwischen den Fingern! ... Versuchen Sie, die Zigarette wegzubringen ...«[48] Hoffmann gehorchte.

Wenige Tage nach der Rückversicherung durch den Hitler-Stalin-Pakt fand der Überfall auf Polen statt, der den Zweiten Weltkrieg auslöste. Hoffmann machte alle »Blitzkriege« mit und dokumentierte die ersten, siegreichen Eroberungszüge aus der Warte des Dritten Reichs. Seine Dokumentationen folgten dem Schema von ›Hitler holt die Saar heim‹, ›Hitler befreit Sudetenland‹, ›Hitler in seiner Heimat‹, und ›Hitler in Böhmen, Mähren, Memel‹. Nun entstanden ›Mit Hitler in Polen‹ und ›Hitler im Westen‹. Hoffmanns Bilder von der Unterzeichnung des deutsch-französischen Waffenstillstands im Wald von Compiègne am 21. Juni 1940 gingen um die ganze Welt. Lange verborgen blieben hingegen jene Aufnahmen, die entstanden, als sich Hitler in der Nacht vom 27. zum 28. Juni 1940 ganz plötzlich zu einem streng geheimen Flug nach Paris entschlossen hatte. Aus Sicherheitsgründen blieb er nur drei Stunden. Der Zweck des Besuchs war nicht militärischer, sondern kultureller Natur. Mit kleinem Gefolge eilte der »Führer« im Morgengrauen wie ein Tourist zu den bedeutendsten Sehenswürdigkeiten der Seine-Metropole. Hoffmanns Schnappschüsse sind die einzigen Dokumente dieser Kurzvisite. Sie zeigen Hitler vor der Pariser Oper, dessen Portier ein Gespenst zu sehen glaubte und entsetzt »Le diable« [der Teufel] schrie. Man sieht den »Führer« im Dôme des Invalides voll Reverenz am Sarkophag Napoleons. »Das war der größte und schönste Augenblick meines Lebens!«, soll er Hoffmann anvertraut haben.

Hitlers starke Visualität während der »Blitzkriege« und der, wie Goebbels meinte, »berauschenden Siegesphasen«, war eine für Hoffmann erfolgreiche Zeit, die bald vorüberging. Das »Führerbild« erfuhr einen Wandel. Bilder des Obersten Kriegsherrn hatten im Zeichen des Militärisch-Soldatischen zu stehen. Innenpolitische Themen traten zurück, Fotos vom Bad des »Führers« unter jubelnden Menschen waren nicht mehr gefragt. Auch Hoffmanns Domäne, das Privatleben Hitlers, hatte im Zeichen des rastlos an der Front und im Führerhauptquartier tätigen »Führers und Feldherrn« keinen Platz. Die laufende fotografische Kriegsberichterstattung von den Fronten blieb militärischen Stellen, den so genannten »Propaganda-Kompanien«, vorbehalten. Die NS-Bildpresse wurde auf ein martialisches, von der Zensur streng kontrolliertes Hitlerbild eingeschworen. »Jedes neue Führerbild ist in Zukunft dem Führer selbst vorzulegen. Auch Photo-Hoffmann hat in Zukunft keine Ausnahmestellung mehr«, triumphierte Goebbels über den verhassten Hoffmann.[49] Dieser trotzte, im Vertrauen auf höchste Protektion, den Anweisungen, startete einen Versuchsballon und brachte im ›Illustrierten Beobachter‹ ein Titelblatt von Hitler mit Hund: »Kurze Entspannung von den Staatsgeschäften. Adolf Hitler in den bayerischen Bergen«[50]. Das Propagandaministerium reagierte scharf: »Alle Bilder, die den Führer im Zustand des Ausruhens oder der Erholung auf dem Obersalzberg zeigen, sind unzweckmäßig. Zeitungen, ...

Im Führerbunker 1945. Eines der letzten Hoffmann-Bilder.

die die Anordnung nicht beachten, ... verfallen der Beschlagnahme.«

Nach der Niederlage von Stalingrad und dem Ausbleiben militärischer Siege zeigte sich Hitler wenig in der Öffentlichkeit. Er wurde fotoscheu und selbst für seinen Leibfotografen unzugänglich. So sehr die NS-Bilderdienste auch drängten, Hoffmann konnte die Nachfrage nach aktuellen Konterfeis des »Führers« nicht mehr befriedigen. Er befand sich in einem Dilemma – sein Modell war ihm abhanden gekommen. Noch dazu beorderte man ihn kurzfristig in die jeweiligen Führerhauptquartiere, wo man ihm sogar eigene Wohnungen einrichtete. Dort durfte er banale Ordensverleihungen ablichten, vor allem jedoch die Unterhaltung Hitlers besorgen. Dieser meinte: »Wenn Hoffmann nicht hier ist, fehlt mir was! Ohne Hoffmann fühle ich mich einfach nicht wohl!«[51] Die häufigen Besuche nahmen im Herbst 1944 ein jähes Ende, als Martin Bormann, der mächtige Leiter der Parteikanzlei, in dem Bestreben, Hitler zu isolieren, das Gerücht verbreitete, Hoffmann sei an Paratyphus erkrankt. Erst im März 1945 ist es dem Fotografen gelungen, bis zu Hitler vorzudringen.

Am 22. April 1945 kam die letzte Ausgabe der ›Berliner Illustrirten Zeitung‹ auf den Markt. Hoffmann gestaltete das makabre Titelblatt »Ein Melder kommt überall durch«.

Der Zusammenbruch des Regimes besiegelte auch den Untergang des Hoffmann-Imperiums. Die Verlagshäuser in München und Wien waren ausgebombt, das zentrale Bildarchiv wurde von Berlin nach Oberbayern ausgelagert, wo es die amerikanische Armee nach Kriegsende beschlagnahmte. Hoffmann selbst wurde im Mai 1945 von der US-Armee verhaftet, um wegen seiner Verwicklung in den NS-Kunsthandel befragt zu werden. Im Oktober 1945 brachte man ihn in das »Witness house« des Internationalen Militärgerichtshofs in Nürnberg, wo er mit Unterstützung seines Sohns Heinrich an Hand seines Archivs Beweismaterial für die Kriegsverbrecher-Prozesse zusammenstellen sollte. Während des Ordnens und Klassifizierens gelang es Hoffmann, viele Aufnahmen hinauszuschmuggeln. Eine Zeitung schrieb zu Hoffmanns neuer Lebenssituation: »So viel Ehre, so viel Pech! Er selbst sitzt, der Schwiegersohn [Baldur von Schirach] sitzt, die Hitlerbilder sind entrahmt, die Spitzwegs und andere Erwerbungen dürften auch nicht Hoffmannscher Familienbesitz bleiben ...«[52] Nach einjähriger Haft überstellte man den Fotografen nach Bayern. Im Januar 1947 wurde sein Entnazifizierungsverfahren vor der Spruchkammer München III unter lebhafter Anteilnahme der Presse eröffnet.[53] Unter dem Titel »›Professor‹ Hoffmann möchte entnazifiziert werden«, zeichnete die ›Süddeutsche Zeitung‹ das Porträt »eines der raffgierigsten Parasiten der Hitlerpest«. Sie enthüllte auch den Reichtum des Multimillionärs.[54]

Hoffmann selbst präsentierte sich als kleiner Fotograf, der ohne sein Zutun in die Räder der großen Politik geraten war. Er litt unter großen Erinnerungslücken. In die Partei habe er sich nur deshalb aufnehmen lassen, weil er dadurch die Zulassung als Presse-fotograf bei Veranstaltungen der NSDAP bekommen habe. Auf die Frage, warum er sich ausschließlich dem »Führerkult« und der Dokumentation des Nationalsozialismus gewidmet habe, meinte

Das Ende. Heinrich Hoffmann sichtet sein Archiv vor der Übergabe an den Internationalen Militärgerichtshof in Nürnberg 1945/46.

Hoffmann: »Ich habe vor 1933 am meisten die Veranstaltungen der NSDAP fotografiert, weil es bei den anderen politischen Parteien ja nichts zum Fotografieren gab.« Und Hitler, der bei ihm ab 1920 regelmäßig verkehrt hatte, mit dem er nächtelang zusammen saß und zahllose, private Feste feierte, wollte er nur flüchtig gekannt haben.

Bis zuletzt sorgte die Frage, ob der Angeklagte als Bildberichterstatter oder als Propagandist einzuschätzen sei, für heftige Kontroversen zwischen Kläger und Verteidiger. Die Arbeit Hoffmanns sei in keiner Weise mit der Propaganda eines Goebbels gleichzusetzen. Für die Begleittexte sei Hoffmann in keiner Weise verantwortlich zu machen. Diese Ausführungen von Hoffmanns Verteidiger Dr. Alfred Seidl, der viele NS-Größen vertrat und später bayerischer Innenminister werden sollte, gipfelten in der Aussage: »In Wahrheit hat der Betroffene nichts anderes getan, als alle Bildberichterstatter und Pressefotografen der Welt tun: Er hat mit modernen Mitteln das Zeitgeschehen vermittelt.« Den pauschalen Anschuldigungen der Anklage standen absurde Unschuldsbekundungen, Falschaussagen und Gefälligkeitsgutachten der Verteidigung gegenüber. Am 31. Januar 1947 kam das Gericht zu dem Schluss: »Der Betroffene hat durch seine Propaganda ganz wesentlich dazu beigetragen, daß Hitler an die Macht kam.« Man stufte Hoffmann als Hauptschuldigen ein und verurteilte ihn zu zehn Jahren Arbeitslager, Einzug seines Vermögens, Berufsverbot und Verlust des Professorentitels. Die Presse schrieb: »Dieser unsägliche und gefährliche Kitschier mit der Fotolinse also wurde für zehn Jahre aus dem Verkehr gezogen.«

Der Fotograf legte gegen das Urteil wegen zahlreicher Verfahrensmängel beim Kassationshof Berufung ein und kam schließlich 1950 frei.

Das riesige Archiv der Firma Hoffmann mit Aufnahmen aus der Zeit von 1908 bis 1945 besteht nicht mehr. Sein originaler Zustand ist nicht mehr zu rekonstruieren. Das aus Nürnberg geschmuggelte Material – historisch besonders wertvolle Negative und Aufnahmen – bildete den Grundstock eines lange von Heinrich Hoffmann jun. verwalteten Bildarchivs. Ein Großteil der Originalbestände befinden sich auch in den National Archives in Washington (»Hoffmann-Collection«) und bei »Time-Life« in New York. Ihr Rechtsstatus ist ungeklärt, da ein gegen die Vereinigten Staaten von Amerika angestrengter Prozess bis zum heutigen Tag nicht entschieden wurde.[55] Die Bayerische Staatsbibliothek in München verwahrt ebenfalls Bestände, das so genannte »Hoffmann-Archiv«. Tausende Fotos befinden sich in einer Hamburger Privatsammlung. Das bedeutende Wiener »Duplikat-Archiv« ist in seiner Gänze verschollen. Gerüchte besagen, dass es seinen Weg nach Moskau genommen hat. Kleinere Restbestände sind in den fotografischen Sammlungen kommunaler Archive, aber auch in – auf der ganzen Welt verstreutem – Privatbesitz.[56]

Hoffmann selbst lebte nach seiner Entlassung aus dem Arbeitslager Eichstätt als Kleinunternehmer vom Spirituosenhandel in München. Sein Rechtsanwalt skizzierte ein erbarmungswürdiges Bild von ihm: »Hoffmann ist durch die Haft gesundheitlich geschädigt. Völlig verarmt führte er während der letzten zehn Jahre ein dürftiges und kümmerliches Leben.«[57] 1955 veröffentlichte Hoffmann das Buch ›Hitler was my friend‹. Die Rechtfertigungsschrift mit Anekdotencharakter hieß in einer gekürzten deutschen Fassung ›Hitler wie ich ihn sah‹. Heinrich Hoffmann ist im Alter von 72 Jahren am 16. Dezember 1957 verstorben.

Kam Hitler nicht aus verworrenen, dubiosen und ärmlichen Verhältnissen?
Moral, Unmoral und Inzest in der Familie Hitler

Es klingt wie ein Dreigroschenroman: Hitlers Großmutter, Maria Anna (laut Taufurkunde Mariana, auch Maria Anna genannt) Schicklgruber, eine arme Waldviertler Bauerntochter, musste sich ihren Unterhalt als Dienstmagd fern der Heimat verdienen. Wahlweise bei den jüdischen Rothschilds in Wien oder bei einer Familie Frankenberger, ebenfalls Juden, in Graz.

Im vorgerückten Alter von 40 Jahren wurde sie von einem ihrer Dienstgeber schwanger. Bei der Frankenberger-Variante zahlte der Kindesvater jahrelang Alimente und führte eine rege, von niemandem je gesehene Korrespondenz mit Verwandten der Kindesmutter. Der nie näher bezeichnete Baron Rothschild zahlte nichts, seine Affäre mit der Dienstmagd blieb im Dunkeln. Maria Anna jedoch kehrte verzweifelt in ihr Heimatdorf zurück. Ihr betagter Vater weigerte sich, sie »weil sie ihm die Schande angetan hatte«, aufzunehmen – ihr Elternhaus blieb ihr verschlossen.[1] Die Verstoßene fand schließlich Zuflucht bei einem Kleinbauern, wo sie ihr Kind zur Welt brachte. Der auf den Namen Alois getaufte uneheliche Bub – der Vater des »Führers« – war nach der im Dritten Reich eingeführten Sprachregelung demnach ein Halbjude, Hitler selbst ein Mischling ersten Grades. Schließlich hat sich fünf Jahre später der vagabundierende, beschäftigungslose Johann Georg Hiedler (Hitler) der 46-Jährigen erbarmt. Er heiratete Maria Anna trotz der Schande, die sie über ihre Familie und ihr Dorf gebracht hatte. Bei der Trauung hat er den fünfjährigen Alois nicht legitimiert. Er wollte ihn auch nicht in seinem Haushalt dulden, überließ ihn vielmehr seinem Bruder Georg Nepomuk zur Pflege. Maria Anna Hiedler (Hitler), geb. Schicklgruber und ihr Ehemann »wirtschafteten ab«. Sie verarmten derart, dass sie keine Bettstellen besaßen, sondern in Viehtrögen schliefen. Nach allgemeiner Annahme war dies die Schuld des arbeitsscheuen Ehemanns, von dem man vermutete, dass er Trinker gewesen sei. Zum Glück – wie viele Biographen meinen – dauerte das Martyrium seiner bedauernswerten Frau nicht lange – sie starb im Alter von 50 Jahren.[2]

Jahrzehnte später, so weiß die Legende, erschien Ziehvater Georg Nepomuk Hüttler (Hitler) mit drei Männern beim Pfarrer von Döllersheim. Diese Zeugen, die weder lesen noch schreiben konnten, erklärten, dass sich der Müllergeselle Hiedler ihnen gegenüber oftmals als Vater des Alois bekannt hätte. Der arglose Pfarrer ließ sich überreden, strich den Namen Alois Schicklgruber im Taufregister durch und ersetzte ihn – da er sich verhörte – nicht durch Hiedler, sondern durch Hitler. Diese illegale Aktion bekundeten die Analphabeten mit drei Kreuzen. Alois Schicklgruber hieß von da an Alois Hitler.

Der Wahrheitsgehalt der Hitler-Saga ist gering. In der Überlegung, dass nur ein außergewöhnliches Milieu den größten Diktator des 20. Jahrhunderts hervorbringen konnte, haben viele Autoren geheimnisvolle Legenden um die Familiengeschichte des »Führers« gewoben. Die Unkenntnis der Landesgeschichte des Waldviertels, aus dem alle Hitler-Ahnen stammten, die Unmöglichkeit der Bearbeitung lokaler Quellen und das Unverständnis bäuerlicher Bräuche und Gewohnheiten einer entlegenen Region vor nunmehr 150 Jahren haben viele Autoren dazu bewogen, nicht nur falsche Schlüsse zu ziehen, sondern auch abenteuerliche Theorien aufzustellen. Sie deckten damit einen Bedarf: je sensationeller die Enthüllung, desto größer der Erfolg. Die einmal zur Befriedigung der Sensationslust in Umlauf gebrachten Behauptungen erwiesen sich als zählebig und durch nüchterne Forschungsergebnisse kaum mehr zu eliminieren.

Die Frage nach dem Milieu, aus dem der »Führer« stammte, spielte im Dritten Reich naturgemäß eine zentrale Rolle. Man wollte genau wissen, welche Ahnen der Schöpfer der Rassegesetze selbst besaß! Vor allem Hitlers Großmutter Mariana Schicklgruber (1796–1847) beschäftigte – und beschäftigt – die Wissenschaft. Brachte sie doch mit ihrem unehelichen Sohn Alois –

Hitlers Vater – einen unbekannten Faktor in die ansonsten lücken-los zu dokumentierende Genealogie der Hitler-Ahnen.

Schon die auf Ahnennachweise spezialisierten NS-Historiker stellten gewagte, jedoch selten laut geäußerte Spekulationen über Hitlers Vater und Großvater an. Als vollkommen unerwartet ein Großneffe des »Führers«[3] 1939 an die Öffentlichkeit trat, wurde dies als Glücksfall empfunden. Man glaubte aus kompetentem Mund endlich die Lösung des dunklen Rätsels zu hören.

Patrick Hitler war als Sohn von Alois Hitler (Hitlers Halbbruder) und einer Engländerin, die sich bald trennten, in England und Irland aufgewachsen. Seinen Vater kannte Patrick kaum, noch weniger kannte er seinen berühmten Großonkel – zum ersten Mal sah er ihn als 17-Jähriger auf dem NS-Parteitag 1929. Da er sich mit Gelegenheitsarbeiten ernährte, oft arbeitslos und stets in Geldnöten war, vermarktete Patrick Hitler seinen Namen und sein geringes Wissen um den Onkel und dessen Verwandte im fernen Deutschland. Am 5. August 1939 erschienen seine Enthüllungen im ›Paris Soir‹ unter dem Titel: »Mon oncle Adolf. Le Führer vu dans l'intimité par un des siens«[4] Obwohl er kaum etwas von der Familiengeschichte weiß, heizt er die laufende Diskussion um Hitlers Herkunft an, indem er Hitlers Reaktion auf die häufigen Interviews seines Neffen schildert, als ob es etwas zu verbergen gäbe. Im Zuge eines Wutausbruchs habe der Onkel im Kreise seiner Verwandten[5] geschrien: »Mit welcher Vorsicht habe ich stets vor der Presse meine Person und meine privaten Angelegenheiten verborgen. Die Leute dürfen nicht wissen, wer ich bin. Sie dürfen nicht wissen, woher und aus welcher Familie ich stamme. Selbst in meinem Buch [Mein Kampf] habe ich mir nicht ein Wort über diese Angelegenheit erlaubt, nicht ein Wort!« Mit dem Ruf: »Idioten, Idioten! Ihr werdet Mittel finden, alles zu zerstören!«, habe der »Führer« das Treffen beendet.

Patricks Interview heizte zwar Spekulationen an, beantwortete aber keinesfalls, wie man erwartet hatte, die Frage nach dem Familiengeheimnis. Nach dem Ende der NS-Ära und dem Auftauchen weiterer Informationen wurde klar, dass Patrick die Enthüllungen für die Medien erfunden hatte. Tatsächlich wusste der

Großneffe nicht viel über seine Verwandten, ihre Ahnen und deren Lebensumstände zu berichten. Nie hatte Hitler – wie Patrick angab – seine Angehörigen mit »Heil« begrüßt und verabschiedet. Geli Raubal, Hitlers Nichte, die sich 1931 erschoss, war nicht schwanger gewesen und auch nicht in den Onkel verliebt. Und Patricks Besuch auf dem Berghof, dem Wochenenddomizil seines Onkels, wo er überraschend aufgetaucht sein will, unbehelligt herumging und den Onkel in zweifelhafter Damengesellschaft im »Park des Anwesens« überraschte, kann in der geschilderten Form nicht stattgefunden haben. Starke Sicherheitsvorkehrungen riegelten das Terrain hermetisch ab und verhinderten das Eindringen Unbefugter. Darüber hinaus gab es auf dem hochalpinen Obersalzberg keinen Park.

Hans Frank, der Parteijurist der NSDAP und spätere Generalgouverneur in Polen, der »Polenschlächter«, fasste alle bereits existierenden Gerüchte zusammen und bereicherte sie um neue. Fantasiereich hat er die Episode von Mariana Schicklgruber und dem jüdischen Frankenberger erfunden. Wahrheitsgetreu ist an Franks Autobiografie, die der zum Tode Verurteilte im Gefängnis für Kriegsverbrecher in Nürnberg schrieb,[6] nur der Titel ›Im Angesicht des Galgens‹.[7] Auch für die »widerliche Erpressergeschichte« im Zusammenhang mit jüdischen Hitlerahnen, von der ihm der »Führer« selbst unter vier Augen berichtet haben soll, gibt es nur Franks Wort.[8]

Wie sind die Lebensgeschichten von Mariana (auch Maria Anna) Schicklgruber, verh. Hiedler (Hitler), der Großmutter Hitlers, und ihres Mannes Johann Georg Hiedler (Hitler) – soweit sie auf Grund historischer Quellen nachvollzogen werden können – tatsächlich verlaufen? Und wer war Hitlers Großvater?

Mariana Schicklgruber wurde am 1. Juli 1796[9] in dem im nördlichen Waldviertel in Niederösterreich gelegenen Ort Strones Nr. 1[10] geboren. Ihr Vater war Johann Schicklgruber, ein etablierter Bauer, Besitzer eines »Ganz-Lehens«. Die Schicklgrubers waren seit vielen Generationen ortsansässig. Marianas Mutter Theresia stammte aus einem Nachbarsort.[11] Wie aus der »Heiratsabsprache« (1793) der Eltern ersichtlich, waren beide wohl versorgt mit irdischen Gütern in den Ehestand getreten. Die Braut brachte außer »komlicher Liebe und Treue« von ihrer Mutter ein Erbteil in Höhe von 100 Gulden mit. Von ihrem Vater erhielt sie 200 Gulden »Heurathsgut« sowie an Einrichtung: »1 Beth [20 Gulden], 1 Kasten [7 Gulden], 1 Truchen [1 Gulden]«. Dazu noch eine Kuh [20 Gulden] und »70 Schett Haar« [Flachs]. Insgesamt machte die stattliche Mitgift 335 Gulden aus.[12] Der Bräutigam besaß Ersparnisse in der Höhe von 200 Gulden, vor allem jedoch den von seinem Vater übernommenen Bauernhof mit 19 ¾ Joch – Äcker, Wiesen, Gärten und Weiden. Nach örtlichen Verhältnissen war man sehr gut situiert. Man gehörte zur bäuerlichen Oberschicht des Dorfes und hob sich von den zahlreichen vollkommen mittel- und rechtlosen Knechten, Mägden, Dienstboten, Tagleuten und Saisonarbeitern ab.

Von den elf Kindern der Schicklgrubers erlebten nur sechs die Großjährigkeit, drei Buben – Josef, Franz, Georg – und drei Mädchen – Anna Maria »Annamirl«[13], Mariana »Maria Anna« und Josefa, »Pepi«, die jüngste. Im Oktober 1817 übergab der 53-jährige Johann Schicklgruber den Hof seinem Sohn Josef, von dem er eine in langjährigen Raten zu entrichtende Ablöse in Höhe von 3000 Gulden kassierte. Er ging ins »Ausgedinge« und zog sich mit seiner Frau in jenes »Ausnahmshaus« (Strones Nr. 22) zurück, das er mit seinem Sohn »gemeinschaftlich erbaut« hatte. Von Josef war das »Stübl bey Bau zu erhalten«. Zur Vermeidung von Streitigkeiten wurden auch die Naturalansprüche – kostenloser Bezug von Mehl und Kartoffeln – penibel und schriftlich geregelt.[14] Theresia Schicklgruber ist 1821 gestorben. Auf Grund des mütterlichen Testaments erbte Mariana 74,25 Gulden. Wie die Eintragung der jährlichen 5 % Zinsen der bei der Waisenkasse des Bezirksgerichts Allentsteig veranlagten Gelder zeigt, hat sie jahrelang (zwischen 1821–1838) nichts von ihrem Konto abgehoben.[15] Sie hatte dies auch nicht nötig, da ihr Gelder von den Großeltern mütterlicherseits zuflossen, die es als Bauern und Leinweber (im Ort Dietreichs) zu großem Wohlstand gebracht hatten und deren amtlich geschätzter Nachlass 1500 Gulden betrug.[16] Er enthielt auch einen – in bäuerlichen Kreisen seltenen – »Pelz«. Mariana blieb unverheiratet, lebte im »Ausnahmshäusl« ihres verwitweten Vaters und führte ihm die Wirtschaft. Nicht sie, sondern ihre um ein Jahr ältere Schwester Anna Maria arbeitete im Haushalt von Josefa »Pepi« Schicklgruber, die Johann Trummelschlager, einen wohlhabenden Bauern und Bürgermeister von Strones (Haus Nr. 13), geheiratet hatte.[17] Anzeichen dafür, dass Mariana ihren Heimatort für längere Zeit verlassen hat, um in Graz oder Wien »in den Dienst« zu gehen, gibt es keine. Strones gehörte damals zur Herrschaft Waldreichs. Wollten Untertanen abwandern, benötigten sie die – gegen Entgelt erhältliche – schriftliche Genehmigung der zuständigen Grundherrschaft. Für den Fall der Mariana Schicklgruber ist nichts Derartiges bekannt. Und bei einer jüdischen Familie Frankenberger in Graz war sie mit Sicherheit nicht. Diese oft wiederholte Behauptung entkräfteten die Recherchen eines Historikers, der eindeutig nachwies, dass zur fraglichen Zeit (1836) keine Juden in der steirischen Landeshauptstadt lebten![18] Unbestritten ist jedoch, dass Mariana im Herbst 1836 im Alter von 40 Jahren schwanger wurde. Die Entbindung hat im Haus ihrer Schwester »Pepi« in Strones Nr. 13 stattgefunden. Ahnenforscher nahmen dies später zum Anlass, mangels Anhaltspunkten in ihrem Schwager, Bürgermeister Trummelschlager, den Vater ihres unehelichen Sohnes zu sehen, der am 7. Juni 1837 das Licht der Welt erblickte.[19] Schwester und Schwager fungierten als Taufpaten, und Pfarrer Ignaz Rueßkefer taufte den Säugling. Wie es den Vorschriften entsprach, ließ er bei der Eintragung ins Geburtenbuch die Spalte D – Vater des Kindes – leer.[20]

Eine Katastrophe bedeutete das uneheliche Kind – wie von vielen Hitler-Biografen geschildert – für Mariana Schicklgruber nicht. Dazu gab es unter ihren Verwandten und Bekannten einfach zu viele ledige Mütter. So heißt es in der »Heiratsabsprache« ihres Onkels, des Lehrers Georg Schicklgruber: »… sind aber leibliche Kinder vorhanden, worunter auch jener von der Braut unehelich gezeugte Sohn Franz ist …«[21] In bäuerlichen Kreisen, die Arbeitskräfte dringend benötigten, war es sogar Brauch, vor der Eheschließung die Geburt eines Kindes abzuwarten. Nachträgliche Legitimierungen und Adoptionen gehörten zur Regel, über die sich niemand ereiferte. Der Großteil des unehelichen Nachwuchses stammte allerdings aus den ärmlichen Kreisen, denen selten der Aufstieg in die besitzende Schicht der Dorfgemeinschaft gelang. Sie blieben ledig, weil ihnen für die Gründung eines eigenen Hausstandes das Geld fehlte. An der Zeugung von Nachkommenschaft hinderte sie dies nicht. Der Anteil der unehelich geborenen Kinder unter der bäuerlichen Bevölkerung des Waldviertels um die Mitte des 19. Jahrhunderts betrug – wie in den Bundesländern Tirol und Kärnten – immerhin 40 %.[22] Diese kamen dann zu Verwandten oder auf Kostplätze. Ab dem zwölften Lebensjahr gingen sie als billige Arbeitskräfte in »den Dienst«. Sie erfuhren ein ähnliches Schicksal wie die zahlreichen Wiener Findelkinder, die in der zweiten Hälfte des 19. Jahrhunderts zu Waldviertler Bauern in Pflege kamen, in deren Hausgemeinschaft aufwuchsen und willkommene Dienstboten abgaben. Auch die katholische Kirche, die vor- und außereheliche Geschlechtsverkehr verurteilt, kämpfte auf verlorenem Posten. Schließlich nahm sie die Unmoral der ländlichen Gläubigen mit Pragmatismus zur Kenntnis und der Ortspfarrer taufte die »Kinder der Sünde« ohne viel Aufsehen. Trotz ihrer großen Frömmigkeit – die Waldviertler waren in überwiegender Mehrzahl praktizierende Katholiken – galt uneheliche Geburt nicht als Stigma, Schande oder große unmoralische Verfehlung. Mit dieser Einstellung stand man allerdings in großem Gegensatz zu den prüden städtischen Bürgern und Kleinbürgern, die – wie in den Dramen von Arthur Schnitzler – unehelichen Nachwuchs als schamvolle Tragödie empfanden. Die Kindsmütter hatten mit Ausgrenzung und Repressalien zu rechnen.

Mariana jedenfalls ist mit ihrem neugeborenen Sohn in das Haus ihres Vater zurückgekehrt, der sie keinesfalls – wie oft zu lesen – »verstoßen hat.« Dort verbrachte sie die nächsten fünf Jahre. 1838 hob sie ihre Ersparnisse in Höhe von 165 Gulden ab.

Im Jahre 1842 findet sich dann erstmals ein schriftlicher Beleg dafür, dass ein Müllergeselle namens Hiedler bei Mariana und ihrem Vater im »Ausnahmshaus« lebte.[23] Wann und wo Johann

Georg Hiedler erstmals in das Leben der »Mariana« getreten ist, verschweigen die Quellen. Unbekannt ist auch die Vorgeschichte der Beziehung. Auf jeden Fall haben der 50-jährige Müllergeselle und die 46-jährige Mariana am 10. Mai 1842 geheiratet. Ob er der

Die Schloteinmühle im Kamptal. Hier arbeitete Hitlers Großvater als Müllergeselle.

Vater ihres Sohnes war oder nicht, dürfte für die Bewohner der kleinen Dorfgemeinschaft von Strones kein Geheimnis gewesen sein. Doch legitimieren ließ der Müllergeselle Alois zu seinen Lebzeiten nicht.

Lange wusste man über Hiedler gar nichts. Erst die Forschungen von Lokalhistorikern konnten das Dunkel um den Johann Georg Hiedler (Hitler), genannt »Hans-Jörgl«, etwas lichten.[24]

Sein Leben verlief wie das der Mariana völlig unspektakulär. Geboren wurde er am 28. Februar 1792 in dem kleinen niederösterreichischen Ort Spital bei Weitra, Haus Nr. 36. Sein Vater Martin Hirdler (Hitler) – der lange Zeit phonetisch wiedergegebene Name variiert so stark, dass sich jeder »Hitler« anders schrieb[25] – hatte 1786 in eine große Landwirtschaft eingeheiratet, war also ein wohlhabender Bauer. Im Gegensatz zu den in anderen Gegenden gepflogenen Bräuchen wurde im Waldviertel stets der jüngste

117

Sohn zum Hoferben bestimmt. Als viertes von neun Kindern war Johann Georg nicht erbberechtigt und konnte sich daher auch keine Hoffnung auf einen eigenen Hof machen. Sein Vater ließ ihn das Müllergewerbe lernen. Nach bestandener Gesellenprüfung arbeitete »Hans-Jörgl« dann jahrelang in verschiedenen Waldviertler Mühlen. 1824 lebte er in Hoheneich im Oberen Waldviertel, wo er als »Bestandmüller« die noch heute existierende »Stidlmühle« (Hoheneich Nr. 23) betrieb. Diese »Mahl- und Sägemühle« hatte er von der Witwe des Besitzers gepachtet. In Hoheneich ging der 32-Jährige ein Verhältnis mit der 25-jährigen Anna Maria Baur ein. Sie war die Tochter des Johann Baur, seines Zeichens Besitzer einer Landwirtschaft (Hoheneich Nr. 10) in Hoheneich. Als Anna Maria schwanger wurde, wurde geheiratet. Die Hochzeit fand am 23. November 1824 statt. Der Bräutigam, der es auch später mit der Wahrheit nicht so genau nehmen sollte, machte sich um vier Jahre älter.[26]

Auszug aus dem Trauungsbuch. Heirat des Johann Georg Hiedler mit A. M. Baur am 23.11.1824.

Wie sein Enkel Adolf Hitler, der alles tat, um in Österreich nicht einrücken zu müssen, wollte »Hans-Jörgl« jede Möglichkeit, zum Militärdienst einberufen zu werden, vermeiden. Die Trauzeugen entstammten dem Bekanntenkreis der Brautleute: der Müllermeister Ludwig Lukas aus dem benachbarten Ort Schrems sowie Michael Widhalm, ein Webermeister aus Nondorf.[27]

Das Paar wohnte in der »Stidlmühle«, wo die junge Frau am 10. April 1825 einen Sohn zur Welt brachte. Er erhielt im Rahmen einer Nottaufe den Namen Johann und starb zwei Tage später an nicht definierter »Schwäche«.[28] Anna Maria Hiedler verschied am

darauf folgenden Tag. Als Todesursache trug Pfarrer Vinzenz Lang
»Brand im Kindsbett« in das Sterbe-Buch ein.

Wie lange Johann Georg Hiedler noch in Hoheneich lebte, ist
unbekannt. Spätestens 1828, als die »Stidlmühle« einen neuen Be-

*Die Dorfmühle in Hoheneich bei Gmünd, in der Hitlers Großvater mit
seiner ersten Ehefrau lebte.*

sitzer erhielt, muss der Witwer fortgezogen sein. Vor 1840 wird
Hiedler abermals in einer schriftlichen Quelle erwähnt – als Inwohner (Mieter, Mitbewohner) und Müllergeselle einer Mühle in
Dürnthal bei Fels a. Wagram (Weinviertel), ca. 30 Kilometer von
seinem Heimatort entfernt.[29]

Seine Bekanntschaft mit Mariana Schicklgruber ist spätestens
um 1842 belegbar, dem Zeitpunkt, als er im »Ausnehmerhaus«
seines künftigen Schwiegervaters lebte. Die am 10. Mai 1842 in der
Döllersheimer Pfarrkirche stattfindende Trauung von Mariana
Schicklgruber mit Johann Georg Hiedler bezeugten angesehene
Bürger. Als Beistand des Mannes fungierte Franz Prinz, der Schul-
lehrer von Döllersheim, ein Verwandter der Familie Hitler[30], während Josef Zauner, ein Hausbesitzer aus Döllersheim, Trauzeuge
der Mariana Schicklgruber war.

Bemerkenswert ist, dass der Witwer Hiedler seine erste, 18 Jah-

119

re zurückliegende Ehe verschwieg. Er log und bezeichnete sich als ledig. Wahrscheinlich wollte er vertuschen, dass er bei der ersten Eheschließung ein falsches Geburtsdatum angegeben hatte. Dieser unbekümmerte, skrupellose Umgang mit offiziellen Daten und die geringe Sesshaftigkeit des Müllergesellen sind die einzigen existierenden Einblicke in den Charakter und die Gedankenwelt des »Hans-Jörgl«.[31]

Das nunmehrige Ehepaar Hiedler gab den unehelichen Sohn der Mariana nach der Heirat keinesfalls – wie allgemein geschrieben – zum Bruder des Bräutigams nach Spital bei Weitra in Pflege. Mariana hat sich also zu Lebzeiten nicht von ihrem Sohn getrennt. Zusammen mit Ehemann, Sohn und ihrem betagtem Vater wohnte sie noch eine Zeitlang in Strones. Wie die Schulzeugnisse beweisen, hat der kleine Alois 1843 ganz regulär mit dem Besuch der Volksschule in Döllersheim begonnen. Er dürfte kein besonders guter Schüler gewesen sein, denn eine NS-Publikation schreibt: »Für die ersten Schuljahre entsprachen die Zeugnisse dem gewöhnlichen Bildungsstand.«[32] 1844 verkaufte Johann Schicklgruber sein »Ausnahmshaus« und man zog – wiederum zu viert – in den winzigen Ort Klein-Motten, wo man sich in dem großen Haus Nr. 4 bei nahen Verwandten, den Sillips, einmietete. Der meist als »untätig« bezeichnete »Hans-Jörgl« arbeitete als Müllergeselle in der romantisch am Kampfluss gelegenen Schloteinmühle.[33] Um dorthin zu gelangen, nahm er täglich einen stundenlangen Fußmarsch auf sich. Auch der siebenjährige Alois hatte einen Schulweg in der Länge von ca. drei Kilometern zurückzulegen. Seine Leistungen in der Volksschule »steigerten sich von Jahr zu Jahr, bis sie schließlich gut und sehr gut betrugen.«[34]

Das gesicherte Wissen um die Waldviertler Bauerntochter und Großmutter des »Führers« Mariana Schicklgruber beschränkt sich auf offizielle Familiendokumente, wie sie Geburts-, Heirats-, Sterbeurkunden, Heiratsabreden, Inventarien und Ähnliches darstellen. Es existiert kein einziges persönliches Schriftstück von ihr. Umso interessanter ist die Tatsache, dass sich einige Möbel und Gerätschaften aus ihrem Besitz bis zum heutigen Tag erhalten haben. Bei den Gegenständen handelt es sich um einen schönen, gemalten Kasten, ein – derzeit verschollenes – Spinnrad, ein Butter-stampffass, ein Riffeleisen, ein Wollrössel, ein Ochsenjoch und einen sogenannten Feuerhund.

Den bunten, spätbarocken Wäsche- und Kleiderkasten hat Maria Anna von ihrer Mutter geerbt, die ihn – wie aus ihrer Hochzeitsliste ersichtlich – bereits 1793 besaß, bis zu ihrem Tode behielt und mittels Testament weitergab. Gemalte Bauernkästen waren im Waldviertel kostbare, von Generation zu Generation tradierte Raritäten. Sie wurden von umherziehenden Künstlern auf Wunsch der Auftraggeber in deren Haus angefertigt, mit entsprechenden – kirchlichen oder profanen – Motiven bemalt und oft auch mit dem persönlichen Monogramm des Besitzers versehen. Nur etablierte, wohlhabende Bauern – die »Herrenleut« eines Dorfes – konnten sich derartigen Luxus als Zierde ihrer Wohnstuben leisten. Die große Schar der Knechte und Mägde besaß weder die Mittel zur Anschaffung dieser Prestigeartikel, noch die Möglichkeit, sie aufzustellen. Selten gab es in den Bauern-häusern Kammern für Dienstboten. Wie

Das Spinnrad von Hitlers Großmutter.

fürchterlich diese hausten, ist aus zeitgenössischen Erinnerungen bekannt: »Die Dienstboten haben meistens in so Stallkammern geschlafen. Neben dem Stall war eine Art Keller, da sind die Erdäpfel [Kartoffeln] drinnen gewesen und die Rüben, und da stand ein Bett …«[35] Ihre geringe persönliche Habe verstauten sie in einer leicht transportierbaren Truhe.

Auch die übrige Gerätschaft der Mariana ist aussagekräftig. Das mit Blumenmalereien verzierte Butterstampffass spricht von der Butterherstellung im Hause Schicklgruber. Mit dem eisernen »Feuerhund« als Einsatz wurde auf der – damals noch offenen – Feuerstelle gekocht. Eine Expertise erklärt das Gerät: »Feuerhund oder Dreifuß, ziemlich groß, der Reifen hat einen Durchmesser von 28 cm. Ist gut erhalten, verrostet, die Pfannenstütze fehlt.«

Spinnrad und Wollrössel – ein Gestell zum Aufhängen der Wollsträhnen – benötigte Hitlers Großmutter, um an ruhigen Wintertagen die von den eigenen Schafen gewonnenen Wolle zu verarbeiten. »Gesponnen wurde jeden Tag woanders. Am Nachmittag ist man fortgegangen mit dem Spinnradl …«, heißt es in einer Schilderung der Waldviertler Gebräuche.[36]

Bemalter Bauernschrank aus dem Besitz von Hitlers Großmutter Maria Anna Schicklgruber

Das »Riffeleisen« wiederum beweist, dass die Schicklgrubers, wie seit Jahrhunderten in ihrer Gegend üblich, Leinen für den Eigenbedarf gewebt haben. Voraussetzung dafür war der Anbau von Flachs. Seine Aussaat, Betreuung und Verarbeitung stellte hohe Ansprüche, war mühsam und Frauensache. Die Pflanzen mussten ständig gejätet werden, da – wie man meinte – »der Teufel im Flachs viel Unkraut säte«, dann wurden sie »gerauft«, das heißt nicht geschnitten, sondern mit den Wurzeln ausgerissen. Zu Hause zog man die Büschel durch das »Riffeleisen«, einen engzahnigen, eisernen Kamm, bevor nach vielen weiteren Arbeitsgängen das Garn für den hauseigenen Webstuhl bereitlag. Die Erzeugung eigener Leinwand ersparte die Ausgabe von Bargeld, das in bäuerlichen Haushalten stets knapp war.

Marianas Hausrat hat in einem volkskundlichen Museum die Zeiten überdauert. Heute ist er nur deswegen von Interesse, weil er Einsicht in die materielle Lage und die Lebensumstände der Vorfahren des Diktators zulässt. Vor allem untermauert er die bereits feststehende Tatsache, dass die Großmutter des »Führers« nie eine arme Dienstmagd gewesen ist.

Mariana starb bereits am 7. Januar 1847 an »Auszehrung infolge Wassersucht«, wie die Eintragung im Sterbebuch berichtet. Sie war nur 50 Jahre alt geworden.[37] Als Erben bestimmte sie den Ehemann und ihren unehelichen Sohn Alois. Vater Johann Schicklgruber überlebte seine Tochter. Als auch er am 12. November 1847 im Alter von 83 Jahren starb[38], löste Johann Georg Hiedler sein Dienstverhältnis in der Schloteinmühle. Wo er die nächsten Jahre arbeitete, ist unbekannt. Seinen Sohn Alois jedoch vertraute er der Pflege seines Bruders Johann Nepomuk an. Dafür waren mehrere Gründe ausschlaggebend. Johann Nepomuk (1807–1888) – er schrieb sich Hüttler –, der den zehnjährigen Alois zu sich nahm und aufzog, war um 15 Jahre jünger als der bereits 55-jährige »Hans-Jörgl«. Als etablierter Bauer wohnte er in Spital bei Weitra, dem Heimatort der Brüder, wo er den Familienhof der Hitlers (Nr. 36) übernommen hatte. Nepomuk lebte also in geordneten Verhältnissen, war verheiratet und erfolgreich. Er hatte drei Töchter, aber keinen Sohn. Der – für die damalige Zeit ältliche – Witwer Hiedler, der zur Miete wohnte, handelte in dem Glauben, für Alois das Beste zu tun. Seine Vorgehensweise war im 19. Jahrhundert vor allem in den wenig sentimentalen, pragmatisch denkenden bäuerlichen Kreisen nicht ungewöhnlich, sondern an der Tagesordnung. Es kam oft vor, dass Kinder, »um es besser zu haben«, Verwandten zur Pflege, Erziehung, aber auch Adoption überlassen wurden.

Wie Alois Schicklgruber in Spital bei Weitra wohnte, schilderten Besucher, die das – fast unveränderte – Haus beinahe 100 Jahre später aufsuchten: »Die Ehrengäste … besahen sich im Haus Spital Nr. 36 die einfache Stube, das einfache Haus, die im Leben Hitlers eine große Rolle gespielt hatten: In der Ecke des Raumes hing ein großes Bild des Führers, daneben ein Bildnis der Mutter und des Vaters. Ein stilvoll gezeichneter Eichenbaum stellt den Stammbaum Adolf Hitlers dar. Blumen und ein Gästebuch gaben dem Raum eine besondere Weihe. Eine Eckbank, ein großer Ofen, ein bemalter Kasten aus jener Zeit und eine alte Wanduhr mit Tannenzapfengewichten waren die Einrichtung der Stube.«[39]

Johann Georg Hiedler erlag am 9. Februar 1857 im Alter von 65 Jahren in seinem Heimatdorf einem »Schlagfluß«. Marianas un-

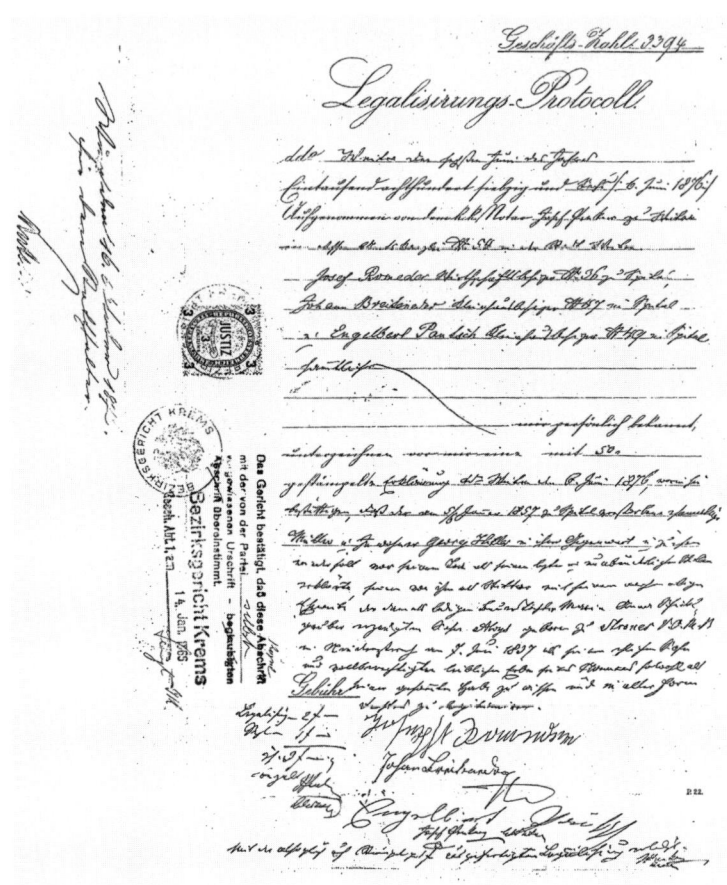

Das Legalisierungsprotokoll vom 16. Oktober 1876. Aus Alois Schicklgruber wird Alois Hitler.

ehelicher Sohn Alois wuchs bei seinem Ziehvater in sehr gut situierten Verhältnissen auf. Johann Nepomuk Hüttler war der reichste Mann von Spital bei Weitra. Außer seiner großen Landwirtschaft besaß er das einzige Gasthaus des Ortes. Seine Töchter Johanna, Josefa und Walburga verheiratete er an wohlhabende Bauern. Alois verließ Spital als 14-Jähriger (1851), ging nach Wien und absolvierte bei einem Verwandten seines Ziehvaters eine Schuhmacherlehre. Mit 19 Jahren trat er in den Zolldienst, wo er eine erstaunliche Karriere machte. Mit 39 Jahren war der zum k. k. Zolloffizial Avancierte der große Stolz seiner Verwandten in Spital.

1876 – ganze 19 Jahre nach dem Tod Hiedlers, 29 Jahre nach dem Tod der Mariana – hielt Johann Nepomuk Hüttler (Hitler) die Zeit für reif, die Abstammung des unehelichen Alois ein für alle Mal zu klären. In Begleitung dreier Zeugen erschien er am 6. Juni 1876 in der Notariatskanzlei von Josef Penker in der nur drei Kilometer von Spital entfernten Stadt Weitra (Weitra Nr. 54).[40] Der erfahrene, mit den örtlichen Verhältnissen bestens vertraute Notar betrieb seine Kanzlei damals bereits seit 21 Jahren. Hüttler und seine Begleiter waren ihm, wie er ausdrücklich vermerkte, seit langem wohl bekannt. Er nahm das Anliegen Hüttlers entgegen, formulierte den Text der Erklärung und fertigte ein Protokoll aus. In dem Legalisierungsprotokoll[41] geben die drei Zeugen eine amtliche Erklärung ab. Sie bestätigen, »daß der am 5./6. Jänner 1857 zu Spital verstorbene, ehemalige Müller und Inwohner Johann Georg HITLER [sic!] in ihrer Gegenwart und zu ihnen wiederholt vor seinem Tod als seinem letzten und unabänderlichen Willen erklärte, seinen von ihm … mit seinem nachmaligen Eheweibe der damals ledigen Bauerntochter Maria Anna Schicklgruber erzeugten Sohn Aloys geboren zu Strones … als seinen ehelichen Sohn und vollberechtigten leiblichen Erben seines Namens sowohl als seiner gesamten Habe zu wissen und in aller Form rechtens zu legitimieren«. Mit ihrer eigenen Unterschrift bestätigten dies: Josef Romeder, Wirtschaftsbesitzer zu Spital Nr. 36, der Schwiegersohn von Johann Nepomuk Hüttler; Johann Breiteneder, Kleinhausbesitzer zu Spital Nr. 47, und Engelbert Pautsch, Kleinhausbesitzer zu Spital Nr. 49.

Keiner von ihnen war – wie allgemein behauptet – Analphabet. Im Waldviertel bestand, wie im übrigen damaligen Erzherzogtum Unter der Enns, bereits seit 1774 eine von der Regierung Maria Theresias erlassene, auch für bäuerliche Kinder geltende, allgemeine Schulpflicht. Sie dauerte bis zum vollendeten 12. (später 14. Lebensjahr) und wurde streng gehandhabt – oft gegen den Widerstand der Eltern, die eine Beeinträchtigung der Feldarbeit fürchteten. Ein lückenloses Netz von Volks-(Elementar-)schulen überzog das Land. Sesshafte Menschen, die, aus welchem Grund auch immer, nicht einmal rudimentär lesen, schreiben und rechnen konnten, bildeten eine verschwindende Minderheit.[42]

Der Notar beglaubigte die Unterschriften und vergebührte das Dokument. Es entsprach den vom k. k. Ministerium des Inneren (am 12. September 1866) erlassenen Vorschriften und war rechtsgültig. Die Tatsache, dass Johann Georg Hitler sich bei Lebzeiten als außerehelicher Vater des Alois Schicklgruber bekannt bzw. seine Beiwohnung zur kritischen Zeit außergerichtlich eingestanden hatte, genügte laut § 163 ABGB als Beweis dafür, dass er das Kind Alois Schicklgruber gezeugt hatte und die Legitimation gemäß § 161 ABGB eingetreten war.

In dem von der Notariatskanzlei ausgestellten Protokoll findet sich erstmals die Schreibweise »Hitler«. Damit verdankte Adolf Hitler dem Notar Josef Penker aus dem niederösterreichischen Waldviertel, dass er Hitler und nicht wie sein Großvater »Hiedler« hieß. Der nationalsozialistische Gruß »Heil Hitler« wirkte dadurch effektvoller, als es »Heil Hiedler« gewesen wäre. Vor allem jedoch sollte der – in Massenveranstaltungen gebrüllte – Name besser klingen als das biedere Schicklgruber. Im Übrigen war dies nicht die einzige Namensänderung in der Familie – nach 1945 wünschte Hitlers Halbbruder Alois dann »Hiller« zu heißen.[43]

Schon am 7. Juni 1876, einen Tag nach der Unterzeichnung der Urkunde, wurde diese dem Pfarrer von Döllersheim vorgelegt, der den Namen Alois Schicklgruber im Taufbuch durchstrich und durch Alois Hitler ersetzte. Den Rechtsvorgang merkte er in der Taufmatrikel an. Als Zeichen für die persönliche Anwesenheit der Zeugen – und nicht für ihren Analphabetismus – setzte er neben ihre Namen drei Kreuze. Dann stellte er eine auf den neuen Namen lautende Geburtsurkunde aus.

Pfarrer Josef Zahnschirm war demnach nicht der Erste, der den Namen »Hitler« verwendete. Er handelte auch nicht, wie der folgende Schriftverkehr zeigt, eigenmächtig oder gesetzeswidrig.

Alois Hitler, seines Zeichens »Controlör bei dem Nebenzollamt Braunau a. Inn«, händigte die neue Geburtsurkunde seinem Arbeitgeber aus. Bereits am 16. Oktober fragte eine misstrauische Behörde (die niederösterreichische Statthalterei) bei den Vorgesetzten (Bischöfliches Ordinariat in St. Pölten) des Pfarrers Zahnschirm an,[44] wodurch diese Namensänderung denn zu rechtfertigen sei. In der bisherigen Geburtsurkunde hieße der Betreffende Alois Schicklgruber, nun plötzlich Alois Hitler. Sei die entsprechende Ministerialverordnung beachtet worden? Der zuständige Beamte witterte einen Gesetzesverstoß und forderte Aufklärung.

In einem Schreiben an das bischöfliche Ordinariat[45] hat Pfarrer Zahnschirm seine Vorgangsweise gerechtfertigt. Das Bischöfliche Ordinariat bestätigte dann der staatlichen Behörde, dass alles gesetzeskonform verlaufen sei: Der Betreffende sei als von Georg Hitler mit seiner Ehegattin Maria Anna erzeugter Sohn als »per subsequens matrimonium« legitimiert worden.

Die 1932, 1935 und 1937 erschienenen »Ahnentafeln des Führers« folgten dem Protokoll von 1876 und zitierten Johann Georg Hiedler (Hitler) als Großvater Adolf Hitlers.[46]

1966 hat der Inhaber der Lehrkanzel für Bürgerliches Recht der Universität Wien[47] das Legalisierungsprotokoll des Notariats in Weitra einer Prüfung unterzogen. Das 16-seitige Gutachten kommt zu dem Schluss: »Voraussetzung für den Eintritt der Legitimation ist lediglich die tatsächlich gegebene außereheliche Vaterschaft des Mannes und seine Verehelichung mit der Frau, die Mutter seines Kindes ist. Die Anmerkung der Legitimation im Geburtenbuch hat rein deklarative Bedeutung. Die Beurkundung der Legitimation im Geburtsbuch der Pfarre Döllersheim erfolgte nach der damaligen Praxis und Rechtslage zu Recht. Sie begründet damit den vollen Beweis der Legitimation. Wer die Legitimation bestreiten wollte, müßte beweisen, daß Aloys [sic!] Hitler nicht von Georg Hitler gezeugt worden ist. Solange dieser Beweis nicht erbracht worden ist, ist Aloys Hitler gemäß ABGB [legitimatio per subsequens matrimonium][48] legitimiert anzusehen und kann den Familiennamen Hitler führen.«[49]

Doch wie glaubwürdig waren die Zeugen der Vaterschaft? Der Wirtschaftsbesitzer und die zwei Kleinhäusler präsentieren sich als unbescholtene Mitglieder einer Gesellschaft, die im dritten Viertel des 19. Jahrhunderts von Kirche und Staat dominiert wurde. Das Wort des Pfarrers und die Gesetze des Staates hatten für die noch in der Untertanenmentalität verharrenden kirchentreu-

Ansicht von Spital bei Weitra, ca. 1930.

en und obrigkeitsgläubigen Bauern Autorität. Es ist demnach nicht anzunehmen, dass gleich drei Zeugen absichtlich und wissentlich vor dem als Rechtsinstitution anerkannten Notar ihre – mit strengen Strafen geahndeten – Meineide auf die Bibel schworen, dies durch ihre Unterschrift bestätigten und auch vor dem Pfarrer wiederholten. Nur sehr schwer wiegende, persönliche Motive hätten sie zu einer derartigen folgenschweren Handlung bewegen können. Mussten sie doch jederzeit damit rechnen, von den Bewohnern des Heimatdorfes als Lügner überführt zu werden.

Es bleibt jedoch die Frage »Cui bono«? Wem nützte die ganze Aktion? Der Initiator Johann Nepomuk Hüttler (Hitler) hatte seinen Ziehsohn zum Haupterben seines Vermögens ausersehen. Die rückwirkende Legitimierung machte Alois Hitler zu einem direkten Verwandten. Als Geschwisterkind fiel er in eine wesentlich niedrigere Erbschaftssteuerklasse als ein »Ziehsohn«, der vor dem

Gesetz als Fremder galt und den höchsten Steuersatz zu entrichten hatte. Nepomuk Hüttler starb am 17. September 1888. Alois Hitler erbte den Hauptteil seines Vermögens. Noch im Todesjahr seines Ziehvaters kaufte er sich einen großen Besitz mit Stallungen, Gar-

Anton und Theresia Schmidt, Onkel und Tante Hitlers, ca. 1938.

ten und Landwirtschaft in Wörnharts (Nr. 9) in der Nähe des Dorfes Spital im Werte von 4000 bis 5000 Gulden.

Zu diesem Zeitpunkt war Hitlers Vater, ein brutaler, selbstbewusster und durchsetzungsfähiger Mann, der auch in sexuellen Belangen weder Moral noch Skrupel kannte, bereits zum dritten Mal verheiratet. Die erste, seine Karriere fördernde Ehe mit einer um 14 Jahre älteren Tochter eines Zollbeamten endete auf Verlangen der Gattin mit einer Scheidung »von Tisch und Bett« – der »Zollcontrolör« war ein Verhältnis mit der 19-jährigen Franziska »Fanni« Matzelsberger eingegangen, das er keineswegs geheim hielt. Zwei Jahre nachdem das junge Mädchen einen unehelichen Sohn zur Welt gebracht hatte, ermöglichte der Tod der geschiedenen Ehefrau die Legalisierung der Verbindung. Sie fand bereits sechs Wochen nach dem Begräbnis statt. Doch Franziska litt an Tuberkulose. Während ihrer schweren Krankheit musste die zwei-

129

fache Mutter erleben, wie sie ihr 46-jähriger Mann ganz offen mit Klara Pölzl, seiner jungen Waldviertler Verwandten, betrog. Diese war zur Unterstützung der Leidenden geholt worden und lebte mit den Hitlers im gemeinsamen Haushalt. Die höchst peinliche

Das Anwesen der Familie Pölzl in Spital bei Weitra, ca. 1938.

»Menage à trois« dauerte nicht lange. Franziska Matzelsberger starb im August 1884 im Alter von nur 23 Jahren. Ihre Rivalin, die 24-jährige Klara Pölzl, war zu diesem Zeitpunkt bereits schwanger. Man hielt es daher für nicht opportun, mit der Hochzeit das übliche Trauerjahr abzuwarten. Bevor jedoch Alois Hitlers Eheschließung mit Klara Pölzl – Adolf Hitler sollte ihr viertes Kind sein – am 7. Januar 1885 erfolgen konnte, galt es, beträchtliche Hindernisse zu überwinden. Nach Durchsicht der Geburtsurkunden lehnte die zuständige Pfarre die Trauung ab – Braut und Bräutigam waren zu eng verwandt. Ein langer Weg durch die kirchlichen Instanzen folgte. Der »Zollcontrolör« wandte sich mit der Bitte um Aufhebung des »Heiratsverbots wegen zu naher Verwandtschaft« an das Bischöfliche Ordinariat in Linz. Dort erklärte man, die Erlaubnis nicht erteilen zu können, und leitete das Gesuch nach Rom weiter. Schließlich genehmigte der Heilige Stuhl die Verbindung.

Der 1889 geborene Adolf Hitler war das Resultat einer überaus engen Inzucht der Familien Hitler und Pölzl, die der von alten Herrschergeschlechtern, die immer wieder untereinander heirateten, sehr nahe kam. Der Ahnenverlust war jedenfalls ein be-

Das Anwesen der Familie Hitler in Spital bei Weitra, ca. 1938.

trächtlicher und hatte bereits im Dritten Reich Spekulationen über eventuelle Auswirkungen auf Hitlers Geisteszustand zur Folge. Die Verwobenheit des vielfach verschwägerten Hitler-Pölzl-Clans tritt am besten in einer nüchternen Beschreibung ihrer Wohnhäuser zutage.

»Das ist [Spital] Nr. 36«, meinte der Hauptschuldirektor Huber, als er 1938 durch die Kultstätten führte. »Dieses Haus ist das Geburtshaus der Großmutter mütterlicherseits und des Großvaters väterlicherseits, sowie das Wohn- und Sterbehaus beider Urgroßeltern Hiedler.« Anschließend erklärte Direktor Huber das Nachbarhaus (Spital Nr. 37): »Das ist das Geburtshaus der Mutter des Führers [Klara Pölzl], das Geburts- und Wohnhaus des Großvaters mütterlicherseits, gleichzeitig das Wohn- und Sterbehaus der Urgroßeltern Pölzl mütterlicherseits.«[50]

Begonnen hatte alles mit Lorenz Hiedler, der nach seinem

zwölfjährigen Militärdienst in sein Heimatdorf zurückkehrte und Antonia Pölzl, die wohlhabende Witwe vom Nachbargehöft, heiratete. Sie besaß den stattlichen Bauernhof (Spital Nr. 37) und brachte auch die dazu gehörige Landwirtschaft als Mitgift mit. Die Ehe des Lorenz mit der Antonia stellt die erste verwandtschaftliche Verbindung der Familien Pölzl und Hitler dar. Weitere sollten folgen.

Derartige Verschwägerungen im engen Kreis des Heimatdorfes kamen häufig vor. Zum einen war die Mobilität der bäuerlichen Bevölkerung lange Zeit sehr gering, zum anderen lockte die Chance auf Besitzvergrößerung durch Zusammenlegung von Gründen. Außerdem wurden im 19. Jahrhundert – und auch davor – bäuerliche Ehen selten aus Zuneigung, sondern vor allem aus wirtschaftlichen Erwägungen geschlossen. Mitgift, Erbe und Besitzverhältnisse spielten eine dominierende Rolle. Die vermögenden Bauern gliederten sich je nach Größe der Höfe – sie betrugen im Waldviertel ca. 20 Hektar – in Ganz- und Halblehner. Sie stellten Bürgermeister, Gemeindevorsteher, Richter und Lehrer, bildeten die Elite des Dorfes und benahmen sich danach. Man blieb unter sich. Eine Verehelichung unter dem eigenen Stand wurde als Abstieg angesehen und tunlichst vermieden. Die Familien Hitler und Pölzl machten dabei keine Ausnahmen. So freite auch in der folgenden Generation ein Pölzl eine Hitler. (Johann Baptist Pölzl heiratete Johanna Hüttler.) Als dann Alois Hitler, der Vater des »Führers«, seine enge Verwandte, Klara Pölzl, zur Frau nahm, war man bereits in dritter Generation untereinander verschwägert.

Hitler selbst hat die Inzucht in seiner Familie keineswegs verheimlicht. Die Ehen zwischen engen Verwandten sah er positiv. Ein Jahr nach seinem letzten Aufenthalt in dem Dorf seiner Ahnen schrieb er: »Durch tausendjährige Inzucht ... hat der Jude ... seine Rasse und ihre Eigenart schärfer bewahrt als zahlreiche Völker, unter denen er lebt.«[51]

Lebte Hitler tatsächlich in einem Wiener Obdachlosenasyl?
»The missing link« – Hitlers Wiener Geschichten

Die Wohnverhältnisse des jungen Hitler in Wien zwischen 1908 und 1913 sind – fast – lückenlos dokumentiert. Bis zum 16. September 1909 lebte er in einer Reihe bescheidener Untermietzimmer, ab Dezember 1909 in einem als Musterbetrieb geführten Männerheim. Dazwischen klafft eine Lücke, ein »missing link« – Hitler scheint im Melderegister der Stadt Wien nicht auf. Allgemein wird angenommen, dass damals eine einschneidende Zäsur in Hitlers Leben stattgefunden hat, die ihn zwang, in einem tristen Meidlinger Obdachlosenasyl Zuflucht zu suchen.

Wie konnte es dazu kommen? Die Monate im Obdachlosenasyl stehen in krassem Widerspruch zu seinen bescheidenen, aber geregelten Lebensumständen davor und danach. Sie stehen auch in krassem Widerspruch zu seinem Lebensstil. Die rätselhafte Periode in einem Meidlinger Asyl wurde einerseits durch Hitlers bittere Armut, andererseits durch seine Absicht, sich der Stellungspflicht in der k. und k. Armee zu entziehen, begründet. Beide Erklärungen sind höchst zweifelhaft.

Wie sich Hitler während seiner Wiener Zeit dem k. und k. österreichisch-ungarischen Militär entzog, ist ein bisher kaum erforschtes Kapitel seines Lebens. Adolf Hitler, der am 20. April 1889 in Braunau a. Inn geboren wurde, war als Angehöriger des Geburtsjahrgangs 1889, wie alle männlichen Untertanen der k. und k. österreichisch-ungarischen Monarchie 1910, das heißt im Jahr der Vollendung seines 21. Lebensjahres, stellungspflichtig.[1]

Große Plakate an allen Litfaßsäulen und Straßenecken sowie Kundmachungen in allen größeren Zeitungen machten die jungen Männer auf ihre vaterländische Pflicht aufmerksam. Mit Slogans wie »Wehrpflicht ist Ehrenpflicht und die Krönung der Mannesreife« suchte man die Betroffenen zu begeistern. Darüber hinaus erhielt jeder, der in der an Hand von Pfarrregistern erstellten Konskriptionsliste aufgeführt war, noch eine persönliche Vorladung an seine Heimatadresse zugeschickt. Die Einteilung der Rekruten in das Heer erfolgte nach Altersklassen und Losreihen. Hitler steht auf der Losungsliste Geburtsjahr 1889, gezogener Buchstabe D, Losnummer 163. Seinen Namen vermerkte man in sorgfältiger, schön verschnörkelter Schrift mit »Adolf Hietler«, eine falsche Schreibweise, die noch Auswirkungen haben sollte.[2] Der Frühjahrstermin 1910 (zwischen März und April) war der Zeitpunkt, zu dem Hitler in Linz vor die Militärkommission hätte treten sollen.

Der per Gesetz vorgeschriebene Vorgang wäre folgender gewesen: Musterung bei der Hauptstellung im Frühjahr 1910. Bei Tauglichkeit sofortiger Antritt des dreijährigen Militärdienstes von 1910 bis 1913. Bei Untauglichkeit Rückstellung für ein Jahr, neuerliche Musterung 1911 und bei Tauglichkeit Einteilung zur Ersatzreserve. Bei anhaltender Untauglichkeit erneute Rückstellung für ein weiteres Jahr. Anlässlich der Nachstellung im Jahre 1912 wäre Hitler ein letztes Mal auf seine militärische Verwendungsfähigkeit überprüft worden und bei Nichteignung als »waffenunfähig« entlassen worden.

Die Wahrscheinlichkeit, zum Militär eingezogen zu werden, war 1910 allerdings nicht sehr hoch, denn die k. und k. Monarchie unterhielt in Friedenszeiten ein stehendes Heer von nur 300 000 Mann. Zur Deckung der jährlichen Abgänge wurde eine genau festgelegte Anzahl von Rekruten eingezogen. Im Militärgesetz heißt es dazu: »Das zur Erhaltung des Heeres (und der Kriegs-Marine) erforderliche Recruten-Contingent ist für die im Reichsrathe vertretenen Königreiche und Länder mit 59 211 Mann, dann jenes zur Erhaltung der Landwehr mit 10 000 Mann … festgesetzt …«[3] Die nach vollständiger Deckung der Kontingente verbleibenden Rekruten wurden als »Überzählige« in die Ersatz-Reserve gereiht. Im Hinblick auf die große Auswahl an jungen Männern wurde auch die Musterung – wie die vielen Untauglichen beweisen – nicht streng gehandhabt. Eine »allgemeine Schwäche«, Plattfüße, kleine Leiden diverser Art genügten, um freigestellt zu werden. Mit ein wenig Geschick konnte man sich dem Mili-

Zahl 1316.

Hitler Adolf, Strafverfahren.

Zu Zahl 56141-7/Ph -1932.

Landesgericht Linz.
Eingelangt am 22.März 1932 Uhr)
...7.fach mit   Beilagen.
Rubriken.

6Ns 316/32
_____
1.

An

das   Landesgericht

in

L i n z, am 21.März 1932.   L i n z.

Nach der Stellungsliste war der am 20./4.1889 in Braunau am Inn geb
rene und nach Linz heimatberechtigte Adolf . . H i t l e r   bei den Stellunge:
in den Jahren 1910, 1911 und 1912 nicht erschienen und am 5./2.1914 bei der
Nachstellung in Salzburg.

Es wird daher ersucht, falls sich beim dortigen Gerichte ein Strafakt wegen des Vergehens der Entziehung von der Stellungspflicht befinden
sollte, diesen zur Einsichtnahme anher zu senden.

Gegen gef. Rückschluss.

Opitz, Oberst, eh.

Den

In den Jahren 1909 bis 1913 war kein Strafverfahren gegen Adolf H i t -
l e r anhängig.

Landesgericht Linz, Abt.6
am 6./4. 32.
Unterschrift.

Für die Richtigkeit der Abschrift !

L i n z, am 20.August 1932.
Amt der o. ö. Landesregierung
Landesevidenzreferat

13   8

*Hitlers Stellungsflucht vor der österreichischen Armee in den Jahren 1910,
1911 und 1912.*

tärdienst durch Vortäuschung von Beschwerden und Kränklich-
keit – wie Hitler es später auch tat – leicht entziehen. Oft genügten
widrige Lebensumstände, Auslandsaufenthalte, berufliche Unab-

kömmlichkeit, die Versorgung einer allein stehenden Mutter oder
kranke Verwandte, um einen Dispens zu erlangen.

Hitler, der die Monarchie der Habsburger mit ihrem »Völkerge-
misch« zutiefst hasste, ließ sich auf nichts ein. Er ignorierte die
Aufforderung zur Stellung, ließ den Termin verstreichen, blieb der
Musterung fern und riskierte damit eine hohe Strafe. Im Militärgesetz heißt es dazu: »Wer sein Versäumnis bei der Stellung nicht
rechtfertigen kann, wird mit einer Strafe von 10–200 Gulden
[1 Gulden = 2 Kronen] belegt[4]; Stellungsflüchtige erhalten außer
einer Arreststrafe von drei Tagen bis zu 2 Monaten, eine Geldstrafe in der Höhe von 15–300 Gulden (eventuell unter erschweren-
den Umständen auch schärfere Strafen).«[5] Da Hitler nicht erschien, vermerkten die Beamten in seinem Militärakt: Zur
I. Altersklasse [Hauptstellung 1910] – Abwesender der I. Altersklasse: Illegal [d. h. Fernbleiben ohne Entschuldigung]. Diese Eintragung wiederholte sich bei der II. und III. Altersklasse [1911 und
1912]. Die Rubrik: Aufenthalt des Stellungspflichtigen blieb leer.
Ebenso wie die Rubrik: Lebensberuf, Kunst, Gewerbe.

Die zuständigen Behörden betrieben die Suche nach dem
Wehrpflichtigen lange Zeit sehr nachlässig. Hitler war Vollwaise.
An seinem letzten Linzer Wohnsitz in der Blütengasse Nr. 9 war
niemand mehr von der Hitler-Familie anzutreffen – die Mutter
war gestorben, die Tante ins Waldviertel zurückgezogen. Die Vorladung zur Stellung konnte daher nicht zugestellt werden. Haus-
parteien, die sehr wohl wussten, dass sich der junge Hitler zwecks
»Kunststudiums« in Wien aufhielt, wurden nicht ausgefragt oder
hielten sich bedeckt. Eine Anfrage beim Vormundschaftsgericht
unterblieb. Der Gesuchte, der es mit der Meldepflicht sehr genau
nahm, war ab Anfang 1910 ganz regulär in Wien-Brigittenau[6] gemeldet. Allerdings unter dem Namen Adolf Hittler. Da die Bestände des Meldeamtes alphabetisch geführt wurden, konnte Hitler
alias Hittler alias Hietler bei oberflächlicher Suche auch nicht eru-
iert werden. Doch der Grund dafür, dass die Linzer Militär-Evi-
denzbehörde Adolf Hitler lange Zeit nicht aufspürte, war, dass
man ihn gar nicht in Wien vermutete. Man beschritt daher den
üblichen Amtsweg, fragte in Hitlers Geburtsort Braunau a. Inn

Amt dero. ö. Landesregierung

Zahl 13/Ltg.

Hitler Adolf,Militärdienstverhältnis.

Zu Erlass vom 12./8.1932,Zahl 51.057-7/M-1932.

Zl. 52.141-7/M

Dringend!

An

das B u n d e s k a n z l e r a m t , A b t e i l u n g   7/M

in

L i n z, am 20.August 1932.   W i e n .

Im Anschlusse wird der wortgetreue Auszug aus der Stellungsliste C des Geburtsjahres 1889 des Stellungsbezirkes Linz, betreffend Adolf   H i t l e r und Abschriften von zwei Kundmachungen, in welchen die Landsturmpflichtigen des Geburtsjahrganges 1889 zur Musterung bzw. zum Dienste mit der Waffe einberufen wurden, vorgelegt. Die Originale der Kundmachungen befinden sich als Einzelexemplare im Landesarchiv der Landesregierung.

Nach den Strafbestimmungen des Wehrgesetzes gehörte das Strafverfahren wegen der Uebertretungen dem Magistrate in Linz und wegen der Vergehen in den Wirkungsbereich der ordentlichen Gerichte in Linz.

Es war ein Versäumnis derStellung ,das nicht hinreichend gerechtfertigt war,eine Uebertretung,ein Verlassen oder ein Aufenthalt außerhalb des österr.ung.Staates,um sich der Stellungspflicht zu entziehen,ein Vergehen.

Die hierüber erfolgte Nachforschung hat jedoch ergeben, daß die Strafkarte des Adolf Hitler eine diesbezügliche Strafe nicht aufweist.

Wegen seiner Stellungsflucht wurde Hitler nie zur Verantwortung gezogen.

nach und trug das Ergebnis schließlich in die Stellungsliste ein: »Es wurde amtlich festgestellt [mittels Auszug aus dem Taufregister, Bestätigung des Pfarramtes Braunau a. Inn und Bescheinigung des Gemeindeamtes Braunau a. Inn], daß nur ein Adolf Hitler am 20.4.1889 in Braunau geboren wurde und Adolf Hietler in den Matrikeln überhaupt nicht aufscheint.«[7]

Der Präsident der Polizeidirektion   München am 27.Februar 1932.
München.

A b s c h r i f t !

An
    den Herrn Bezirkshauptmann

Freiherr v. H a m m e r s t e i n ,Hochgeboren

                                Braunau a. I.

    Sehr verehrter Herr Baron   !

    Bei dem jetzigen Wahlkampf in Deutschland wird immer wieder behauptet,
der Führer der Nationalsozialisten Adolf   HITLER habe sich in den Jahren
1912 und 1913 seiner Militärpflicht Oesterreich gegenüber durch Ausreise
nach Deutschland entzogen.Es wäre mir ausserordentlich wichtig zu erfahren,
wie sich eigentlich diese Sache verhält.

    Nachdem es mir leider noch nicht möglich war, zu Euer Hochwohlgeboren
persönliche Beziehungen aufzunehmen,wie sie unter meinem Amtsvorgänger be-
standen,darf ich Sie doch ergebenst bitten,durch den Überbringer dieses
Briefes nähere Informationen zukommen zu lassen.Für Ihre freundliche Mühe-
waltung danke ich Ihnen im Voraus.Zu Gegendiensten stehe ich bereitwilligst
zur Verfügung.

    Indem ich Sie,sehr verehrter Herr Baron,meiner ausgezeichneten Hoch-
achtung und Wertschätzung versichere,bin ich

                                Ihr sehr ergebener

                                        Koch e.h.

Anfrage der deutschen Polizei wegen Hitlers Militärpflicht in Österreich.

Damit ließ man es vorerst bewenden. Die Auskünfte aus Braunau wurden nicht berücksichtigt und hatten keine Konsequenzen – unbeirrt suchte man weiterhin nach einem »Adolf Hietler«.[8]
Hitler selbst leugnete nicht, die Stellungspflicht missachtet zu
haben. Als er bereits in München lebte, schrieb er: »Ich unterließ
es mich im Herbste 1909 [sic!] zu melden; holte dies jedoch im

Februar 1910 [!] nach. Damals meldete ich mich im Konskriptionsamte I B Rathaus und wurde von dort in den XX. Bezirk gewiesen. Ich bat dort mich in Wien stellen zu dürfen, mußte ein Protokoll oder Gesuch unterschreiben, eine Krone zahlen, und habe im übrigen nie mehr etwas gehört. Es konnte mir jedoch nie einfallen mich der Stellung zu entziehen, so wenig als ich mich zu diesem Zwecke in München befinde. Ich war in Wien stets gemeldet, bin es ebenso auch hier, und stand überdies in Verkehr mit dem Bezirksgericht Linz, meiner Vormundschaftsbehörde [wegen Bezugs der Waisenrente]. Meine Adresse war demnach schon durch diese leicht zu erfahren ...«[9]

Hitlers Zeitangaben stimmen nicht. Auch bei anderen Gelegenheiten sind seine Datierungen oft falsch. So irrte er sich in einem Schreiben an die Vormundschaftsbehörde beim Alter seiner Schwester um zwei Jahre[10], steht auf einer seiner Postkarten ein falsche Jahreszahl[11], und in einem Gesuch an den Linzer Magistrat gab er das Datum seiner Abreise aus Wien mit 1912 [tatsächlich Mai 1913] an.[12] Es sind Irrtümer, aus denen Hitler kein ersichtlicher Vorteil erwuchs. Er verfügte zwar über ein blendendes Gedächtnis, mit Jahreszahlen stand er jedoch auf Kriegsfuß. Aus diesem Grund vermied er später in seinen nächtlichen Reminiszenzen bei geschichtlichen Erörterungen die Nennung von Jahreszahlen – die Aufzeichnung der ›Führer-Monologe‹ enthält demnach kein einziges Datum.

Obwohl er im Herbst 1909 noch gar nicht stellungspflichtig war und Hitler über seine Wiener Zeit zahlreiche Lügen verbreitete, könnten seine Angaben theoretisch richtig sein. Tatsächlich gab es für in Wien gemeldete, aber nicht heimatzuständige junge Männer die Möglichkeit, in der Haupt- und Residenzstadt einzurücken. Dazu war es notwendig, dass ein »im Bezirk wohnhafter Stellungspflichtiger um Begünstigung bezüglich Erfüllung seiner Wehrpflicht« nachsuchte. Das mit einer Stempelmarke im Wert von 1 Krone versehene Gesuch wurde dann an die zuständige Heimatbehörde – in diesem Fall Linz – zur Genehmigung weitergeleitet. Ob dies im Fall Hitler tatsächlich geschah, kann nicht mehr festgestellt werden – für den 20. Bezirk sind aus dem Jahr 1910 keine diesbezüglichen Akten mehr erhalten.[13] In Linz jedenfalls ist, wie die anhaltende Suche nach dem stellungsflüchtigen Hitler zeigt, nichts eingetroffen.

In Wien war die Situation für Gegner des Militärdienstes, die nicht einrücken wollten, besonders günstig. Viele Rekruten der Geburtsjahrgänge 1887 und 1888 waren nicht eingezogen, sondern als »Überzählige« der Ersatzreserve zugeteilt worden. Bezüglich des Hitler betreffenden Geburtsjahres 1889 wurde im August 1910 amtlich verlautbart, dass das mit 2178 Mann für die Großstadt (Bevölkerungsstand 1910: 2 107 981) sehr niedrig festgesetzte Kontingent bereits erfüllt sei.[14] Falls Hitler jedoch log und überhaupt nie ein Ansuchen stellte, weil er darauf spekulierte, unentdeckt zu bleiben, dann ist seine Rechnung – zumindest für lange Zeit – aufgegangen.

Im Frühjahr 1912 hat Hitler nämlich auch die dritte und letzte der vorgeschriebenen Musterungsfristen ignoriert und galt nach dem Gesetz als »Stellungsflüchtling«. Trotzdem wurde gegen ihn – und zwar weder gegen Hitler noch Hietler noch Hittler, wie ein Schreiben des Landesgerichts in Linz zeigt – nie ein Strafverfahren wegen des »Vergehens der Entziehung der Stellungspflicht« eingeleitet.[15] Es ist einwandfrei erwiesen, dass Hitler während seines gesamten Wiener Aufenthaltes von der Justiz unbehelligt blieb. »Die Strafkarte des Adolf Hitler weist eine diesbezügliche Strafe nicht auf«, heißt es in seinen, später von Freund und Feind emsig durchforschten Militärpapieren.[16]

Vor Ableistung des Präsenzdienstes durfte man nicht heiraten. Das tangierte Hitler nicht. Mehr berührte ihn, dass bei jeder Reise ins Ausland ein Militärpass als Nachweis der erfüllten Vaterlandspflicht bzw. ein Befreiungsschein vorgewiesen werden musste. Und dies sieben Jahre lang, um jederzeit für mehrwöchige Waffenübungen greifbar zu sein. Zu diesem Zweck hatte man auch jede Adressänderung bekannt zu geben.

Hitler jedoch verließ kurz nach dem 24. Mai 1913 Österreich, obwohl er weder das für die Ausreise notwendige Dokument besaß noch eine Adresse hinterließ. Wie er die Grenzkontrollen umging, ist unbekannt. Er riskierte dabei hohe Strafen: »Wer die österreichisch-ungarische Monarchie verläßt oder zur Zeit, in der er seiner Stellungspflicht entsprechen soll, sich außerhalb der Monarchie aufhält, um sich der Stellungspflicht zu entziehen, wird wegen Vergehens mit strengem Arrest von vier Wochen bis zu einem Jahr bestraft. Neben der Freiheitsstrafe kann Geldstrafe bis zu 2000 Kronen verhängt werden.[17]

Während sich Hitler in München bei dem Schneidermeister Popp einmietete, mahlten die Mühlen der oberösterreichischen Justiz langsam, aber sicher weiter. Am 11. August 1913 ordnete der Magistrat Linz erneute Maßnahmen zur Aufspürung des Stellungsflüchtigen an. Der mit der Angelegenheit betraute, biedere Linzer Sicherheitswachmann Zauner machte sich an die Arbeit. Bald konnte er zu Protokoll geben: »Adolf Hietler scheint weder hierorts noch in Urfahr polizeilich gemeldet auf und war dessen Aufenthalt auch in anderweitiger Richtung nicht eruierbar.«[18]:

Man forschte jedoch unverdrossen weiter und suchte Hitlers Mutter und seine Tante aufzuspüren. Beide waren zu diesem Zeitpunkt bereits tot. Man fragte sich bis zu Hitlers einstigem Vormund Josef Mayrhofer durch, der vorsichtshalber angab, gar nichts zu wissen, aber die Adressen von Adolf Hitlers zwei Schwestern, die sich damals in Peilstein bei Linz aufhielten,[19] herausgab. Im Gespräch mit ihnen, das kurz nach dem 3. Oktober 1910 stattfand, fiel das Schlüsselwort »Wien«. Im Besitz dieser wertvollen Information ersuchte der Magistrat Linz die Polizeidirektion Wien um Bekanntgabe der Adresse Hietlers. Nach einer sorgfältigen Suche, die alle Schreibvarianten von »Hitler« umfasste, lag bereits am 29. November 1913 die Auskunft des Zentralmeldeamtes vor: »… aus der Meldemannstraße 27, XX. Bezirk, am 24.5.1913 unbekannt wohin ab- und bisher nicht neu angemeldet.«[20] Da Hitler seine Pläne im Männerheim nicht nur jedermann offenherzig kundgetan, sondern auch einen Mitbewohner zur Reise nach Deutschland bewogen hatte, wurde man in der Meldemannstraße schnell fündig: »… nach München verzogen.«[21]

Die Linzer Polizei richtete daraufhin ein »dienstfreundliches Ersuchen« an die Münchener Kollegen, die Hitler am 18. Januar 1913 in seiner Wohnung in der Schleißheimer Straße 34 aufsuchten und ihm einen Stellungsbefehl für den 20. Januar 1914 in Linz aushändigten. Am 19. Januar 1913 wurde Hitler dem k. und k. Österreichisch-Ungarischen Konsulat in München vorgeführt. Dort überreichte er ein in sieben Punkte gegliedertes ausführliches Schreiben, in dem er sich höchst eloquent verteidigte: »… war ich schon von der Art der Zustellung [der Vorladung durch einen Kriminal-Schutzmann] betroffen, … so durch die unmöglich kurze Frist, die … mir eingeräumt wurde.« Seine Stellungsflucht in Wien beschreibt er als »Unterlassungssünde« in einer unendlich bitteren Zeit. Dann liefert er eine langatmige Schilderung seines Leidensweges, ein Plädoyer, das einem Juristen zur Ehre gereicht hätte: »Zwei Jahre hatte ich keine andere Freundin als Sorge und Not, keinen anderen Begleiter als ewigen unstillbaren Hunger.«[22]

Beim österreichischen Konsul gelang es Hitler, einen derart leidensvollen Eindruck zu erwecken, dass dieser gegen seine ausdrücklichen Vorschriften verstieß und von der geplanten Auslieferung Hitlers nach Österreich »vorläufig« Abstand nahm. Hitler ließ auch durchblicken, mit einem schweren Leiden behaftet zu sein.[23] Außerdem erreichte er, dass er zur Nachstellung nicht im heimatlichen Linz, wo man ihn kannte, sondern in dem München näher gelegenen Salzburg erscheinen durfte. Dort wurde er am 5. Februar 1914 gemustert. Der Befund der Stellungskommission lautete: »Zum Waffen- und Hilfsdienst untauglich, zu schwach. Waffenunfähig.«[24]

Am 2. August 1914 befand sich ein gesunder Hitler unter jener Menge am Münchener Odeonsplatz, die den Kriegseintritt Bayerns freudig begrüßte. Am 16. August 1914 trat der für den Dienst im österreichischen Heer zu schwache und leidende Hitler als Freiwilliger in ein bayerisches Infanterie-Regiment ein und diente dort bis zum Ende des Ersten Weltkriegs an der Front. Eine seiner Begründungen dafür lautete: »Aus politischen Gründen hatte ich Österreich in erster Linie verlassen; was aber war selbstverständlicher, als daß ich nun, da der Kampf begann, dieser Gesinnung erst recht Rechnung tragen mußte! Ich wollte nicht für den habsburgischen Staat fechten, war aber bereit, für mein Volk und das dieses verkörpernde Reich zu sterben.«[25]

2ℓ.33.356

A b s c h r i f t !

A m t s b e s t ä t i g u n g .

a.1.
Es wird bestätigt, daß der am 20.April 1889 in Braunau geborene
und in Linz, Oberösterreich heimatberechtigte Adolf   H i t l e r,
Sohn des Alois und der Clara, geborenen Pötzl, laut Stellungsliste bei
der Nachstellung in der Ill.Altersklasse am 5.Februar 1914 in Salzburg " Zum Waffen- und Hilfsdienste untauglich, zu schwach " befunden
worden ist und der Beschluß auf " Waffenunfähig " gefällt wurde.

L i n z, am 23.Februar 1932.

O p i t z , Oberst, e.h.

Für die Richtigkeit der Abschrift !

L i n z , am 1.März 1932.

»Zum Waffen- und Hilfsdienste in der österreichischen Armee untauglich«.

Hitlers nicht stattgefundene österreichische Militärlaufbahn
hatte noch ein amtliches Nachspiel. 18 Jahre verstrichen. 1932 war
der »Führer« als Vorsitzender der NSDAP bereits eine international bekannte Politgröße geworden. Durch den Einsatz mo-
dernster Wahlkampfmethoden – in der Kampagne »Hitler über
Deutschland« wurden erstmals Flugzeuge eingesetzt – und die
wüste Demagogik Hitlers errang seine Partei in der Zeit der Weltwirtschaftskrise große, von den übrigen Parteien mit Bangen beobachtete Wahlerfolge. Ohne Zweifel befand sich Hitler, der alle
innerparteilichen Rivalen ausgeschaltet hatte, auf dem Sprung zur

Macht. Doch noch gab es eine freie Presse, die Hitlers Siegeslauf mit allen Mitteln zu verhindern trachtete. Man durchleuchtete sein Vorleben und stieß auf Ungereimtheiten bei seiner Militärzeit. Am 27. Februar 1932, zwei Tage nachdem Hitler deutscher Staatsbürger geworden war, richtete der Präsident der Münchner Polizeidirektion ein Schreiben an den Bezirkshauptmann von Hitlers Geburtsstadt Braunau a. Inn: »Sehr geehrter Herr Baron! Bei dem jetzigen Wahlkampf in Deutschland[26] wird immer behauptet, der Führer der Nationalsozialisten Adolf Hitler habe sich in den Jahren 1912 und 1913 seiner Militärpflicht Österreich gegenüber durch Abreise nach Deutschland entzogen. Es wäre mir außerordentlich wichtig zu erfahren, wie sich eigentlich diese Sache verhält ...«[27] Präsident Koch erhielt dann eine Bestätigung der Musterung Hitlers in Salzburg.

Im September 1932 kam auf eine Initiative der oberösterreichischen Landesregierung ans Licht, dass sich im Landesgericht Linz eine Strafakte Adolf Hietlers mit vier Vorstrafen aus dem Jahre 1917 befand. Der Vorwurf im Betrugsprozess lautete, »durch listige Vorstellungen und Handlungen, Personen veranlaßt zu haben je, für die ärarische Vichsammelstelle geliefertem Ochsen, von dem Lebendgewicht 50 Kilogramm in Abzug zu bringen«.[28] Hietler hatte das Vieh dann nicht der Sammelstelle zugeführt, sondern es selbst eingetauscht – er prellte damit auf listige Weise sowohl den Verkäufer als auch den Staat. Im gegenständlichen Prozess handelte es sich um die Schädigung der Bäuerin Antonia Buchberger, die er um den Preis eines Ochsen betrog. Adolf Hietler, Gastwirt und Vichhändler im oberösterreichischen Unterweißenbach, wirkte als gewerbsmäßiger Betrüger. Mit Adolf Hitler oder seinem Vater war der 1855 in Langschlag in Niederösterreich geborene, wie das Evidenzamt der oberösterreichischen Landesregierung dem Bundeskanzleramt in Wien mitteilte, nicht identisch[29] Es handelte sich um einen entfernten Hitler-Verwandten.[30]

1932 gab es auch Zeitungen, die fragten: »Warum diente der ›Führer‹ 1914–18 in Deutschland und nicht in Österreich?« Man warf ihm das Verbrechen der Fahnenflucht vor.

Hitler legte eine »Amtsbestätigung« über seinen Militärdienst vor[31] und verklagte die Journalisten Braune und Richter wegen Verleumdung. Die mit der Strafsache befasste Staatsanwaltschaft Hamburg wandte sich daraufhin mit der Bitte um Auskunft an das Österreichische Bundesministerium für Auswärtige Angelegenheiten. Man wollte wissen: »Welche Gesetze regelten die militärische Dienstpflicht derjenigen Staatsangehörigen, die sich im Juli 1914 im Ausland, insbesondere im Deutschen Reich aufhielten? Machte sich Herr Hitler nach österreichischem Recht strafbar, indem er als Kriegsfreiwilliger in ein bayerisches Regiment eintrat?«[32] Die Antwort darauf bereitete Schwierigkeiten, denn eine zutreffende und klärende Gesetzesstelle ließ sich nicht mehr eruieren. Die Juristen des österreichischen Bundeskanzleramts lieferten schließlich eine Expertise, in der es heißt: »Da jedoch Regierungsrat Hitler[33], als er am 16. August 1914 als Kriegsfreiwilliger in ein bayerisches Regiment eintrat, einerseits seiner Stellungspflicht bereits (durch die Nachstellung in Salzburg am 5. Februar 1914) genügt hatte, andererseits auch noch nicht den, erst im Oktober und Dezember 1914 erlassenen Kundmachungen unterliegen konnte, hat er sich des vorgenannten Vergehens [der Stellungsflucht] nicht schuldig gemacht …«[34] Damit war die Angelegenheit beendet. Hitler gewann den Verleumdungsprozess und stand als unbescholtener Sieger da.[35]

Das Evidenzreferat der oberösterreichischen Landesregierung jedoch nahm 1932 eine verspätete Korrektur von Hitlers Stellungsliste aus dem Jahre 1910 vor: »Die nebenstehende Namensschreibweise von ›Hietler‹ wurde auf ›Hitler‹ richtig gestellt.«

1938 erfuhr das Nachspiel um Hitlers Militärdienst ein weiteres Nachspiel. Am Abend des 13. März 1938 soll Hitler bei seinem Aufenthalt in Linz von Gauleiter Eigruber angeblich die Herausgabe seiner Militärakte verlangt haben.[36]

Vor dem Einmarsch der deutschen Wehrmacht in Österreich erschienen in Wien zahlreiche Artikel, die Hitler als Bettler und Vagabunden bezeichneten und die Frage nach Hitler als Insassen eines Obdachlosenasyls im Wiener Bezirk Meidling aufrollten. In der einschlägigen Hitler-Literatur wird oft bemerkt, dass Hitler im

Jahre 1909, nur um dem k. und k. Militärdienst zu entgehen, seine Unterkunft aufgab und monatelang in einem Obdachlosenasyl nächtigte, wo er anonym bleiben konnte. »Sehr wahrscheinlich ging er Ende 1909, nachdem er bis dahin ständig seine Zimmer gewechselt hatte, in das Obdachlosenasyl [in Wien-Meidling], weil er offensichtlich hoffte, dort von den österreichischen Behörden nicht gefunden zu werden.«[37] Dieser Vermutung liegt das alte Wehrgesetz zugrunde, nach dem Hitler mit Vollendung des 20. Lebensjahres 1909 hätte einrücken müssen. Die Tatsache, dass Hitler auf Grund der Heeresgesetznovelle nicht 1909, sondern erst 1910 stellungspflichtig war, entzieht dem Argument allerdings die Grundlage. 1910 war Hitler jedoch ordnungsgemäß in Wien angemeldet.

Im Großteil der Biografien nächtigt der junge Hitler aber aus bitterer Armut zumindest drei Monate lang, nämlich von Oktober bis Dezember 1909, in einem Asyl. Dies wirft die Frage auf: Wie arm oder reich ist der junge Hitler tatsächlich gewesen? Nach dem Tod seiner Mutter war der 19-Jährige im Frühjahr 1908 ganz nach Wien gezogen. Seine mit einem Finanzbeamten verheiratete Halbschwester Angela Raubal[38] hat die Sorge für die minderjährige Paula Hitler übernommen. Wie es den Statuten des Vormundschaftsgerichts entsprach, führte sie ein bereits in der Familie Hitler existierendes Haushaltsbüchlein weiter, in dem sie gewissenhaft alle ihre Ein- und Ausgaben für Miete und das tägliche Leben[39] verzeichnete und abrechnete. Dieses durch Zufall bis heute erhaltene Wirtschaftsbuch dokumentiert genau, wie die Hitlers bzw. Raubals lebten, was sie kochten und aßen und welch gutbürgerliche Zustände bei ihnen herrschten.[40] Es finden sich darin auch Eintragungen von Johanna Pölzl,[41] der »Hani-Tante«, einer gut situierten, unverheirateten Schwester von Hitlers Mutter, die jahrelang bei den Hitlers wohnte. Adolf Hitler war ihr erklärter Liebling, den sie in großzügiger Weise finanziell unterstützte. So enthält das Haushaltsheft lange mit A. H. überschriebene Zahlenreihen – der junge Adolf nahm von seiner Tante gern und oft Geld! Dieser Wesenszug blieb ihm bewahrt: Als Politiker in München ließ er sich dann ungeniert von seinen Gönnerinnen aushalten, sah er zu, wie sie für ihn Wertgegenstände versetzten. Um 1908 jedoch war die »Hani-Tante« seine regelmäßige Einkommensquelle, auf die der Neffe zählen konnte und die für ihn nicht versiegte – bei ihrem Tod im Jahre 1911 hinterließ Johanna Pölzl ihren Erben, zu denen sicherlich auch Hitler zählte, immerhin noch 3800 Kronen. Sie gab ihrem Neffen in einem Zeitraum von sieben Monaten nicht weniger als 14 Mal Geldbeträge in Höhe zwischen 20 Hellern und mehreren Kronen. Eine Eintragung lautet: »Adolf Hitler – 80 Kronen.« Auch ein großes Darlehen hielt sie mit Bleistift in dem Büchlein fest: »Adolf Hitler 924 Kronen gelihen Johana Pölzl.« Die Auszahlung des Betrages dürfte – wie nach der Platzierung der Eintragung ersichtlich – am Ende von Hitlers Linzer Zeit Anfang 1908, erfolgt sein.[42] 924 Kronen waren eine für die damalige Zeit beträchtliche Summe. Sie entsprach dem Jahresgehalt eines Juristen oder Elementarschullehrers. Tagelöhner bezogen überhaupt nur 2 Kronen 50 Heller pro Tag.

Hitlers Mutter[43] erhielt nach dem Tod ihres Mannes (Alois Hitler, verstorben am 3.1.1903) eine jährliche Witwenpension von 1200 Kronen (100 Kronen im Monat). Für ihre drei unversorgten Kinder, Angela (aus der zweiten Ehe ihres Mannes), Adolf und Paula bezog sie Erziehungsbeiträge von 720 Kronen jährlich (pro Kind 240 Kronen jährlich, 20 Kronen monatlich) sowie ein für die Hinterbliebenen eines Beamten vorgesehenes einmaliges »Sterbequartal« in Höhe von 605 Kronen. Sie verfügte daher, abgesehen vom übrigen Besitz, zur Bestreitung eines Vierpersonenhaushalts mit Kindern, für die Schulkosten zu bezahlen waren, über ein monatliches Einkommen von 120 Kronen. Für die damalige Zeit galt sie als eine beneidenswert gut versorgte Beamtenwitwe. Hitler lebte – wie der Historiker Marchkgott feststellte – »in einer zwar vom Schicksal geprüften, aber keineswegs armen Familie, in der ihm nach dem Tod des Vaters jede Verantwortung von sorgenden Frauen abgenommen wurde. Er war, als er endgültig nach Wien ging, beileibe keine arme Waise …«[44]

Der angehende Kunststudent Hitler zog also wohlbestallt und – wie aus seiner Korrespondenz hervorgeht – mit gelegentlichen Essenspaketen versorgt in die Metropole an der Donau. Er besaß das Darlehen seiner Tante. Er hatte auch seine Mutter beerbt, die als einfach lebende, gut situierte Witwe eines hohen Finanzbeamten 1907 sicherlich nicht ohne Ersparnisse und vollkommen mittellos gestorben war. Darüber hinaus bezog der junge Adolf seine gesicherte, regelmäßige Waisenrente von 25 Kronen monatlich, also 300 Kronen im Jahr. Er verfügte daher für die Zeit 1908/09 über das dokumentierte Mindest-Einkommen von 1584 Kronen.[45] Doch das Darlehen von 924 Kronen war nicht der einzige größere Betrag, den die »Hani-Tante« zahlte. »Adolf Hitler erhielt behufs seiner Ausbildung als Kunstmaler größere Beträge durch seine Tante Johanna Pölzl ausgefolgt«, stellte das Vormundschaftsgericht fest.[46] 1910 konnte Hitler bereits vom Verkauf seiner Bilder leben. 1911 gab er beim Leopoldstädter Bezirksgericht I an, »er könne sich selbst erhalten und sei mit der Verwendung der vollen Waisenpension für seine Schwester einverstanden«[47]. Er verzichtete also auf seine Waisenrente zugunsten seiner Schwester Paula. Die Zeit der »Armutsfalle« engt sich demnach auf 1908, 1909 ein, jene Zeit, in der Hitler über mindestens 1584 Kronen verfügte.[48] Dies war aber eine Summe, mit der Durchschnittsverdiener zwei Jahre samt Familie lebten. Der jedem Luxus abholde Hitler kann sie nicht in wenigen Monaten verprasst haben. Trotzdem log Hitler bereits in einem Schreiben vom Januar 1914, als ihm diese Zeit noch lebhaft in Erinnerung gewesen sein muss, dreist: »Ich war ein junger, unerfahrener Mensch, ohne jede Geldhilfe und auch zu stolz, eine solche auch nur von irgend jemand anzunehmen geschweige denn zu erbitten. Ohne jede Unterstützung nur auf mich selbst gestellt, langten die wenigen Kronen oft auch nur Heller aus dem Erlös meiner Arbeiten kaum für meine Schlafstelle.«[49] Später, als er sich zum »Arbeiterführer« und »Mann des Volkes« stilisiert hatte, übernahm er die Lügen aus politischem Kalkül fast wortwörtlich in ›Mein Kampf‹.

Der junge Hitler stellte, wie aus seiner Münchner Zeit gut dokumentiert ist, vor allem an seine Wohnverhältnisse nur geringe Ansprüche. In München würde er sich 1925 einen Mercedes Kompressor, einen der teuersten Luxuswagen der damaligen Zeit, leisten und sich gleichzeitig mit einem kleinen Untermietzimmer bescheiden. In Wien wohnte er, wie damals für viele Unverheiratete und Studenten ohne eigenen Haushalt durchaus üblich, sehr billig als »Unterpartei«. Ein Untermietzimmer kostete je nach Komfort zwischen 10 und 40 Kronen im Monat. Kleidung war damals, im Vergleich zu heute, sehr teuer, wurde aber auch lange getragen. Für einen Winterlodenrock des Hoflieferanten Rothberger zahlte man 14 Kronen, im Ausstattungshaus Neumann kosteten Anzüge um die 34 Kronen. Übertragene Kleidungsstücke, die bei Trödlern in Massen angeboten wurden, gab es viel billiger. Auch konnte man im Wien nach der Jahrhundertwende preiswert speisen. Viele Restaurants boten einen »vorzüglichen Mittagstisch« an, wobei sie Blockkarten zu 25 Stück für 10 Kronen offerierten, das heißt, ein Mittagessen war für 40 Heller zu haben.[50] Der asketische Hitler war das Gegenteil von einem genusssüchtigen Lebemann. Er gab in Wien bald das Rauchen auf, aß bescheiden, trank kaum und hatte keine Frauenaffären. Das erwähnte Einkommen reichte für seine Bedürfnisse sehr gut aus. Vor allem kann seine Not nicht so groß gewesen sein, dass sie ihn ins Obdachlosenasyl in Meidling getrieben hätte.

Es bleibt daher die Frage zu klären, ob sich Hitler tatsächlich je in einer Herberge für die Ärmsten der Armen, für Landstreicher, Kleinkriminelle und gescheiterte Existenzen aufhielt.

Die Vermutung, dass Hitler in dieser Zufluchtsstätte allabendlich Unterschlupf suchte, beruht – abgesehen von der Annahme bitterster Armut – auf mehreren miteinander verknüpften Fakten.

An erster Stelle steht Hitlers Meldezettel, mit dem er sich am 16. September 1909 als »Unterpartei« aus seinem Mietzimmer[51] abmeldete und »unbekannt« verzog. Laut Auskunft des Wiener Meldearchivs ist die Reihe der Meldezettel für diese Zeit nicht vollständig erhalten. Hitler könnte auch bei Bekannten gewohnt haben. Dafür kamen seine Taufpaten, das im dritten Bezirk lebende Lehrerehepaar Johann und Johanna Prinz, in Betracht.[52] Auch die im 15. Bezirk ansässigen Schicklgrubers, Verwandte seines Vaters, hätten ihn wahrscheinlich, zumindest vorübergehend, aufgenommen. Es gab Verwandte der Raubals im 6. Wiener Gemeindebezirk.[53] Denkbar ist auch, dass Hitler umzog, ohne dass ihn sein neuer Quartiergeber anmeldete. Auf jeden Fall lässt das Fehlen eines amtlichen Belegs für die Zeit von Oktober bis Dezember 1909 nicht ohne weiteres auf eine höchst extreme Notsituation, wie sie der Aufenthalt in einem Obdachlosenasyl darstellt, schließen.

Doch es gibt noch einen Zeitzeugen, der angibt, mit Hitler in dem Meidlinger Asyl für Obdachlose zusammen gewesen zu sein. Es ist Reinhold Hanisch, der in seinem zweiseitigen Manuskript ›Meine Begegnung mit Hitler‹ schreibt: »Es war im Herbst 1909 als ich nach langer Irrfahrt auf den Landstraßen Deutschlands und Österreichs als müder Handwerksbursch das Asyl für Obdachlose in Meidling aufsuchte. Zur linken auf der Drahtpritsche war ein magerer junger Mensch mit ganz wund gelaufenen Füßen. Da ich noch Brot von den Bauern hatte, teilte ich mit ihm …«[54] Reinhold Hanisch kam tatsächlich aus Deutschland. Vermutlich müde, aber sicher nicht als »Handwerksbursch«. Er kam als entlassener Sträfling mit langem Vorstrafenregister. So hatte er in Berlin 1907 drei Monate wegen Diebstahls und 1908 sechs Monate wegen Urkundenfälschung im Gefängnis verbracht.[55]

Hanisch stellt sich als Mentor Hitlers dar, der den unerfahrenen, ärmlich gekleideten, schüchternen und völlig mittellosen Jugendlichen in der rauen Welt der Obdachlosen unter seine Fittiche nahm. Das Asyl sei für ihn eine völlig neue Welt gewesen, in der er sich nicht zurechtfinden konnte. Der junge Mann habe einen traurigen Eindruck gemacht, sein Anzug hatte vom Regen und der Desinfektion (im Asyl) eine lila Farbe angenommen. Die aus Linz mitgebrachten Habseligkeiten seien schon längst verkauft gewesen. Außer schäbigen Kleidern trug er daher nichts am Leib. Hitler habe keinen Wintermantel besessen, erbärmlich gefroren und gehustet. Kumpane schenkten ihm Brot, ein alter Bettler gab ihm Tipps, wo kostenlos Suppe zu bekommen war. Hanisch will den lange zögernden Hitler überredet haben, einen Bittbrief an seine Verwandten zu schreiben. Diese schickten 50 Kronen.

Die klischeehafte Schilderung des notorischen Lügners Reinhold Hanisch ist ungereimt und widersprüchlich, lässt viele Fragen offen und hält einer kritischen Analyse nicht stand. War Hitler trotz Waisenrente und Darlehen tatsächlich so verhungert, dass er dankbar für ein Stück Brot war? Hanisch übersah, dass Brot im Asyl gratis und in ausreichender Menge verteilt wurde. Vor allem mussten Hitlers monatliche 25 Kronen an Waisenrente zumindest das Essen abdecken – im Restaurant gab es dafür 62 (!) Mittagessen, in Garküchen kostete es nur einen Bruchteil davon. Unklar ist auch, wie Hitler, der größten Wert auf ein gepflegtes Äußeres legte und bis zum Oktober 1909 die passende Kleidung zum Besuch der Hofoper besaß, innerhalb von einem Monat zum abgerissenen Bettler verkommen konnte. Wieso sollte er »wund gelaufene Füße« haben? Und seit wann brauchte er, um seine »Hani-Tante« anzupumpen, Ermunterung und Zuspruch? Im übrigen hätten die von Hanisch erwähnten, von Verwandten geschenkten 50 Kronen fünf Monate Miete eines billigen Untermietzimmers bestritten.

Vor allem jedoch ist das Bild vom mickrigen, schüchternen, bei einem Vorbestraften Rat suchenden Hitler nicht mit seiner Persönlichkeit in Einklang zu bringen – schon in der Schule galt Hitler als renitenter, dominanter Rädelsführer, der keinen Widerspruch duldete. Hanisch jedoch erzählt: »Ich habe niemals eine solche hilflose Ergebung in das Unglück erlebt.« Vielmehr dürfte Hitler in der Beziehung zu Hanisch den Ton angegeben haben. Genauso wie er in den ersten Monaten in Wien seinen Freund August Kubizek dominierte. Später sollte er den Handlungsgehilfen Rudolf Häusler dazu bringen, mit ihm nach München zu ziehen.[56]

Tatsächlich war mit dem selbstbewussten Hitler nicht zu spaßen. Bereits im August 1910 verklagte er Hanisch, der im Laufe seiner kriminellen Karriere zusammen mit Hitler im Männerheim in der Meldemannstraße, einer Musteranstalt für unverheiratete Männer, wohnte. Hanisch nannte sich dort – um der Justiz zu entgehen – Fritz Walter, fälschte zu diesem Zweck seine Ausweise und versah sie mit erfundenen Geburtsdaten und Heimatorten. Zu Hitler, den der Umgang mit kriminellen Elementen auch später nie störte, hielt er eine florierende Geschäftsbeziehung aufrecht: Der verhinderte Kunststudent malte Bilder, der Betrüger verkaufte sie. Den Erlös teilte man 50:50. Als Hanisch mit einem großflächigen Bild des Wiener Parlaments verschwand, zögerte der »schüchterne« Hitler nicht. Er klagte beim Brigittenauer Bezirksgericht. Hanisch wurde am 11. August 1910 zu sieben Tagen Arrest verurteilt. Als der Richter im Zuge der Verhandlung fragte, woher er den Beklagten kenne, antwortete Hitler: »Ich kenne den Hanisch vom Asyl in Meidling, wo ich ihn einmal traf.« Diese Aussage Hitlers im Verfahren gegen den betrügerischen Kompagnon[57] ist der einzige authentische schriftliche Beleg zu dem Problem »Hitler und das Obdachlosenasyl Meidling«. Der auf die Initiative seines Geschäftspartners hin verurteilte Hanisch, der nach dem Aufstieg Hitlers seine Bekanntschaft mit dem »Führer« vermarktete, ist keine seriöse Quelle. Er dürfte aus Rache – und später aus Sensationslust und Geldgier – seine eigenen Erfahrungen als die Hitlers vermarktet und die Zeit der Bekanntschaft in dem Männerheim Brigittenau einfach auf das Meidlinger Obdachlosenasyl ausgedehnt haben – einen weiteren Zeugen, der Hitler in diesem Asyl sah, gibt es nicht. Alle Aussagen von Hanisch, die überprüfbar sind, beziehen sich auf das Männerheim. Manchmal haben auch Journalisten, denen er bereitwillig gegen Entgelt Interviews gab, die Erzählungen von Hanisch eigenmächtig um pikante Details bereichert.

Bleibt Hitlers Aussage vor dem Bezirksrichter. Vollständig wiedergegeben, lautet sie: »Es ist nicht richtig, daß ich dem Hanisch den Rat gegeben habe, er solle sich als Fritz Walter anmelden, ich habe ihn überhaupt nur als Walter Fritz gekannt. Da er mittellos war, gab ich ihm die Bilder, die ich malte, damit er sie verkaufe. … Seit ungefähr zwei Wochen ist Hanisch ins Männerheim nicht zurückgekehrt und hat mir das Bild ›Parlament‹ im Werte von 50 K und ein Aquarellbild im Werte von 9 K veruntreut … Ich kenne den Hanisch vom Asyl in Meidling, wo ich ihn einmal traf.«[58]

Die Frage ist, was Hitlers letzter Satz beinhaltet. Sicher ist, dass Hitler das bezeichnete Asyl aufgesucht hat. Was tat er dort? Studierte er – an seiner letzten Adresse nennt er als Beruf Schriftsteller – die sozialen Zustände? Sein Freund Kubizek, mit dem er die ersten Monate in Wien verbrachte, berichtet, dass sie beide auf Hitlers Anregung hin ein Asyl besucht hätten. Oder war Hitler, aus welchen Motiven auch immer, tatsächlich ein Insasse? Wieso traf er besagten Hanisch? Aus Zufall oder zu einem bestimmten Zweck? Legt man die Betonung auf das »einmal«, dann darf man tatsächlich von einem nur einmaligen Treffen ausgehen. Hanisch jedoch spricht von einer längeren, intensiven Bekanntschaft an diesem tristen Ort. Zu bedenken ist, dass Hitlers finanzielle Situation ihn niemals gezwungen haben kann, ein Obdachlosenasyl aufzusuchen. Wäre ihm ein billiges Untermietzimmer aus irgendwelchen Gründen zu teuer gewesen, hätte er sich einen Mitbewohner zur Teilung der Kosten suchen können. War auch das unerschwinglich, gab es die Möglichkeit des »Bettgehers«, die fast nichts kostete. Auch die Annahme einer Arbeit wäre nahe liegend gewesen.

Menschen ändern ihre persönlichen Gewohnheiten nur selten. Wie aus späteren Berichten bekannt, liebte der pedantische Hitler korrekte Kleidung. »Seit Beginn seiner [politischen] Laufbahn ist er angezogen wie aus einem Journal«, schrieb eine Zeitung 1922.[59] »Zunächst mit bescheidenen Mitteln, später elegant, aber sehr normal. Es ist kein günstiges Zeichen für einen Menschen, wenn im Gesamteindruck die Kleidung sich hervordrängt und über Gesicht und Figur dominiert; an Hitler, namentlich in den früheren Jahren, fallen der korrekte weiche Kragen und der korrekte Schlips, das korrekte zweireihige Sakko, auch der korrekte braune Mantel und die korrekten langen Hosen dermaßen auf, daß der erste Eindruck der eines korrekten unbedeutenden Herrn ist.« Ein weiteres ausgeprägtes Charakteristikum Hitlers war seine übertriebene Sauberkeit. Wenn er jemandem die Hand gab, wusch er sie anschließend.[60] Die panische, hypochondrische Angst vor ansteckenden Krankheiten war eine dominierende Eigenschaft im Leben Hitlers, der in seiner Jugend an einer Erkrankung der Bronchien, vielleicht auch an einer der Lungen litt. Als »Führer« sollte er sich weigern, seinen langjährigen Vertrauten Heinrich Hoffmann zu empfangen, als man ihm von dessen möglicherweise ansteckenden Krankheit berichtete.

In den meisten der zahlreichen Wiener Obdachlosenasyle herrschten jedoch schreckliche Zustände. Suchten doch wegen der Überfüllung der Wiener Spitäler auch viele Kranke in diesen städtischen Notquartieren Zuflucht. Zu einer Zeit, als die Tuberkulose in der Residenzstadt als Volksseuche grassierte, war dies – lange vor der Entdeckung und allgemeinen Anwendung des Penicillins (ab 1940) – eine tödliche Gefahr. Die Barrieren, die Hitler mit seiner hypochondrischen Disposition von einem Obdachlosenasyl mit kranken, bresthaften, vor Schmutz starrenden, zur Entlausung angestellten, oft renitenten und aggressiven Menschen trennten, waren gewaltige.

Auf jeden Fall kann die erwähnte Aussage vor dem Bezirksrichter keinesfalls als »amtliche Bestätigung, daß es Hitler im Herbst 1909 so schlecht geht, daß er im Obdachenlosenasyl übernachten mußte«, gedeutet werden.[61]

Im Juli 1933 wurde Hanisch in Wien wegen Fälschung verurteilt. Dies hinderte ihn nicht daran, mit – um immer neue Details bereicherten – Interviews über Hitlers Wiener Zeit an die Öffentlichkeit zu treten. Eines davon erschien unter dem Titel »Hitler als Bettler in Wien«.[62]

Der damals bereits zum »Führer und Reichskanzler« mit Sondervollmachten avancierte Hitler riet dem Besitzer eines gefälschten Hitler-Bildes zur Klage[63]. Er selbst unternahm in dieser Angelegenheit nichts. Zu diesem Zeitpunkt bildete die seit 19. Juni 1933 in Österreich verbotene NSDAP nicht nur einen mächtigen politischen Faktor[64], sie überschwemmte auch das ganze Land mit einer Welle von Gewalt. Sprengstoffattentate forderten Tote und Verletzte. Politische Morde schwer bewaffneter österreichischer NS-Legionäre, die – nach einer militärischen Schulung im Lager Lechfeld bei Augsburg – allnächtlich über die Grenze aus Bayern einsickerten, waren an der Tagesordnung. Theodor Habicht und seine NS-Genossen leiteten den Kampf aus München, dem Sitz der verbotenen österreichischen NSDAP. Dieser gipfelte in der Ermordung des österreichischen Bundeskanzlers durch Mitglieder der SS-Standarte 89 am 25. Juli 1934.[65] Es steht außer Zweifel, dass Hitlers fanatisierte Anhänger es als Ehre angesehen hätten, den unliebsamen Hanisch, der am Image des »Führers« kratzte, auf einen Wink aus Hitlers Umgebung hin zu beseitigen. Doch der

Wink unterblieb. Hitler hat weder auf die Enthüllungen seines einstigen Geschäftspartners noch auf die Bilderfälschungen reagiert. Hanisch betrieb, unbehelligt von Gestapo und SS, sein lukratives Fälscherhandwerk samt gelegentlichen Hitler-Interviews bis zu seinem Tod.

1935 hat der Hitler-Biograf und erbitterte Hitler-Gegner Konrad Heiden Hanisch gegen Entgelt befragt. Er nahm dessen Enthüllungen als willkommene, bare Münze und als Grundlage seines Buches. So teilte ihm Hanisch mit, dass Hitler schon in Linz im Haushalt seiner Mutter – und auch später – als Bilderfälscher tätig gewesen sei: »Hitler malte kleine Landschaften in Ölfarbe, röstete sie dann im Backrohr und es gelang ihm wirklich einige Male, dies Bilder als alte, wertvolle Stücke bei Trödlern zu verkaufen.« Auch hier schildert Hanisch sein eigenes Leben, das er ab Anfang der dreißiger Jahre mit dem Verkauf der – von ihm selbstfabrizierten – Hitler-Bilder bestritt.

Es war die österreichische Polizei, die Hanisch am 16. November 1936 erneut wegen Fälschung von Hitler-Bildern – er signierte sie mit den eigenen Initialen (R. H.), die wie A. H. aussahen – verhaftete. Er wurde zu einer Gefängnisstrafe verurteilt und ins Wiener Landsgericht eingeliefert. Dort starb er im Februar 1937 an einem Herzschlag.[66] Wie wenig Interesse man in der Berliner Parteizentrale der NSDAP dem Kleinkriminellen Hanisch entgegenbrachte, zeigt das noch 1944 kursierende Gerücht, Hanisch habe sich nach der Besetzung Österreichs erhängt.[67]

Die Hanisch-Fälschungen behielt man jedoch im Auge. Im Februar 1944 vermerkte Martin Bormann, der mächtige Leiter der Parteikanzlei und Sekretär des »Führers«, das Auftauchen eines weiteren Falsifikats, das aus dem Verkehr gezogen wurde.[68]

Die Erinnerungen des Fälschers an seine angebliche oder tatsächliche Zeit mit Hitler im Meidlinger Obdachlosenasyl zogen nach seinem Tod weite Kreise. Sie erschienen 1939 in einer dreiteiligen Serie unter dem Titel »I was Hitler's Buddy«[69].

Die spärlichen, dubiosen Angaben zu Hitlers Asylaufenthalt zeigen, auf welch dünnem Eis die Hitler-Forschung zur Frühzeit des Diktators wandelte. Sie beschränkten sich auf drei Quellen:

1) Das Fehlen eines Meldebelegs von Oktober bis Dezember 1909.
2) Die Aussagen eines Kriminellen und notorischen Lügners, der überdies auf Betreiben Hitlers wegen Diebstahls und Betrugs sieben Tage im Gefängnis saß. 3) Hitlers Aussage auf die Frage des

Kaiser Franz Joseph I. besichtigt am 7.11.1905 das neu erbaute Männerwohnheim in Wien 20, Meldemannstraße 27, in dem Hitler von 1910 bis 1913 wohnte.

Bezirksrichters: »Ich kenne den Hanisch vom Asyl in Meidling, wo ich ihn einmal traf.«

Diese mageren, vielfältigst interpretierten Quellen lieferten für die gesamte Hitler-Literatur sinngemäß unverrückbare Tatsachen. »Von November bis Mitte Dezember 1909 übernachtete er [Hitler] im Meidlinger Obdachlosenasyl«, heißt es in einer Hitler-Biografie[70], während eine andere diese karge Tatsache bereits lebhaft ausschmückte. »Im Sommer konnte Hitler im Freien schlafen … zu Beginn des Herbstes bekam er ein Bett im Obdachlosenasyl Meidling …«[71] Die nochmals erweiterte Version heißt dann: »… im Frühjahr schlief Hitler im Freien auf Bänken und unter Torbögen

… als die Nächte empfindlich kalt wurden … ins Asyl für Obdachlose in Meidling.«[72] Konrad Heiden, Hitlers erster Biograf,[73] wiederum verwechselt das triste Meidlinger Obdachlosenasyl mit dem Musterheim für allein stehende Männer in der Brigittenau: »Drei Jahre lang: Männerasyl in Wien-Brigittenau. Auf harter Drahtpritsche, als Kopfkissen die eigenen Kleider, links und rechts in langer Reihe die Genossen des gleichen Elends – so verbringt Adolf Hitler sein Leben vom zwanzigsten bis zum zweiundzwanzigsten Jahr. Im Kloster in der Gumpendorfer Straße ißt er täglich die Armensuppe; im Winter schaufelt er Schnee, gelegentlich bettelt er Vorübergehende an.«

Wohnhaus Hitlers während seines Aufenthaltes in Wien 10, Humboldtgasse 36, mit bekränztem Eingang, Aufnahme 1938.

Obwohl Hitlers Wohnungen in Wien – mit Ausnahme der fraglichen Zeit von Oktober bis Dezember 1909 – lückenlos dokumentiert sind, gibt es überaus fantasievolle Versionen, die Hitler als verkommenen Vagabunden jahrelang zerschlissen durch Wien streifen sahen. Besonders Kühne ließen Hitler aus Geldmangel vier Jahre lang ausschließlich in Obdachlosenasylen leben.[74] Nichts davon ist belegt.

Eine bisher nicht beachtete oder falsch gewertete in der Wiener Nationalbibliothek aufliegende Quelle trägt zur Klärung der Situation bei. So verwahrt das Bildarchiv ein Foto aus dem Jahre 1938 mit der Aufschrift: »Das Haus in Wien 9 [9. Wiener Gemeindebezirk], Simon-Denk-Gasse 11, in dem Hitler vom 16. September – November 1909 als Untermieter wohnte.« Eine Aufnahme zeigt das Haus, eine weitere sogar sein Kabinett im 3. Stock. Das Mobiliar der winzigen Kammer bestand aus einem Bett, Kasten,

Tisch und Stuhl.[75] Ein weiteres Foto trägt folgende Beschriftung: »Wohnhaus Hitlers während seines Wiener Aufenthalts in Wien X [10. Wiener Gemeindebezirk], Humboldtgasse 36. Eingang bekränzt.«[76]

Die Fotos sind die »missing links«, die fehlenden Bindeglieder, für die Zeit von Oktober bis Dezember 1909. Hitlers Wiener Zeit ist damit lückenlos dokumentiert.

Nach der Annexion Österreichs, dem »Anschluß« an das Deutsche Reich, weitete sich der in Deutschland bereits bestehende und exzessiv betriebene Hitler-Kult sofort auf die nunmehrige »Ostmark« aus. Nach dem Münchner Vorbild wurden Gedenkstätten mit Bezug auf den »Führer« eingerichtet. Wien, wo Hitler, eigenen Angaben zufolge, seine »Lehr- und Leidensjahre« verbracht hatte, stand dem »Altreich« nicht nach. Recherchen stellten die letzten zwei privaten Unterkünfte Hitlers – Simon-Denk-Gasse 11, Humboldtgasse 36 – fest. Die schäbigen Zinskasernen illustrierten eindringlich, dass der »Führer«, wie die Propaganda betonte, als »einfacher Arbeiter« die Not und das Leiden der armen Wiener Bevölkerung am eigenen Leib kennen gelernt hatte. Hitlerjugend stand dann vor dem mit einem »Führer-Porträt« bekränzten Eingang des Hauses in der Simon-Denk-Gasse 11 Wache. Aus dem einzigen Fenster des von Hitler bewohnten Kabinetts hing eine Hakenkreuzfahne. Die Zeitungen berichteten ausführlich: »In diesem Haus hat einst der Führer gewohnt. Eine Gedenkstätte an den seinerzeitigen Wiener Aufenthalt des Führers stellt das Wiener Haus Simon-Denk-Gasse 11 auf dem Alsergrund [9. Wiener Gemeindebezirk] dar, wo einst der heutige Führer des deutschen Volkes als schlichter und unbekannter Arbeiter wohnte. Im dritten Stockwerk dieses Hauses hatte er damals – es war im Jahre 1909 – entsprechend der harten Zeit, die er durchzumachen hatte und die er so eindrucksvoll in seinem Buch ›Mein Kampf‹ schildert, eine kleine, bescheidenst eingerichtete Wohnung inne. Heute ist dieses Haus für jeden Deutschen ein denkwürdiges Gebäude geworden, und Hitlerjugend hält vor seinem Tor die Ehrenwache. Ueber dem Tor hat die dankbare Bevölkerung ein mit Blumen, Girlanden und Hakenkreuzen geschmücktes Bild des Führers angebracht.«[77] Die Simon-Denk-Gasse Nr. 11 war nicht die einzige gefeierte Hitler-Wohnung.[78]

Auch das ärmliche Zinshaus in der Humboldtgasse 36 im Arbeiterbezirk Favoriten (10. Wiener Gemeindebezirk), wo Hitler nach der Simon-Denk-Gasse wohnte, also kurz vor seiner Übersiedlung in das Männerheim, wurde dekoriert – Kränze schmückten den Eingang.

Heinrich Hoffmann gab anlässlich der Annexion Österreichs den Band ›Wie die Ostmark ihre Befreiung erlebte‹ heraus[79], der nicht nur Hitlers Werdegang schildert. Vielmehr konnten begeisterte NS-Genossen das Buch selbst illustrieren, indem sie in die im Text vorgesehenen Lücken Bilder klebten und sich damit ihr ganz persönliches ›Führergedenkbuch‹ schufen. Erhältlich waren sie in Trafiken, wo jede Zigarettenpackung der Marke »Korso« kleine Gratisbildchen enthielt.[80] Porträts beliebter UFA-Stars und Episoden aus

Das zur NS-Gedenkstätte erklärte Haus Simon-Denk-Gasse 11, in dem Hitler vom 16. September 1909 bis November 1909 als Untermieter wohnte.

dem Leben des »Führers« regten zum Sammeln an.[81] Ob die für Seite 15 des ›Hitlergedenkbuchs‹ vorgesehene Abbildung Nr. 34: »Die ärmliche Wohnung des Führers in seiner Wiener Zeit. Simon-Denk-Gasse 11« ein begehrtes Tauschobjekt war, ist nicht bekannt. Sicher ist jedoch, dass von dem 1938 entstandenen Foto des Hitler-Kabinetts Zehntausende Reproduktionen im Umlauf waren.

Bei der Auswahl der Hitler-Gedenkstätten ist die NSDAP sehr genau und penibel verfahren. Weder aus München, wo man vor Gedenktafeln an den schäbigen Wohnhäusern, in denen Hitler billige Untermietzimmer bewohnte, nicht zurückschreckte, noch bei

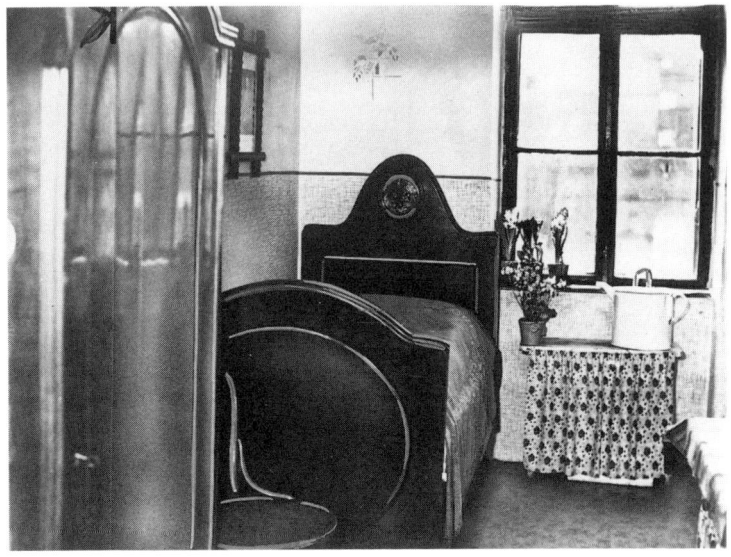

Hitlers Untermietzimmer im 3. Stock des Hauses Simon-Denk-Gasse 11, Aufnahme 1938.

anderen Kultstätten leistete man sich im Hinblick auf Zeitzeugen Irrtümer, nie bezeichnete man falsche Lokalitäten. Es kann daher als sicher gelten, dass Hitler – auch wenn Belege der Meldebehörde fehlen – in den betreffenden Häusern gelebt hat. Und zwar in dem einzig möglichen frei bleibenden Zeitfenster seines Wien-Aufenthaltes, nämlich von Oktober bis Dezember 1909. Zieht man trotzdem Manipulation in Betracht, so stellt sich die Frage, wozu man bewusst ein falsches oder ungesichertes Domizil wählen, dies verbreiten und bei NS-Pilgern, die diese Örtlichkeiten in Scharen aufsuchten, sowie NS-Sammlern eine Blamage riskieren sollte. Standen doch noch mehrere andere ebenso schäbige Wohnhäuser zur Verfügung, in denen Hitlers Anwesenheit durch Meldezettel belegt war. Vor allem jedoch wünschte der »Führer« keine Vertuschung der bescheidenen Verhältnisse seiner Wiener Zeit, die er nicht als Schande empfand. Ganz im Gegenteil. Sein phönixgleicher Aufstieg vom einfachen Mann des Volkes zum »Führer« der Deutschen konnte nicht genug betont werden.

Hitlers eigene Erinnerungen an die »Wiener Lehr- und Leidensjahre«[82] variieren. In fließenden Übergängen wechseln viele Lügen mit wenig Wahrheit. Mitleid heischend schildert er, wie er als 18-Jähriger aus der Provinz allein nach Wien kommt, um die Aufnahmeprüfung in die Allgemeine Malerschule der Akademie der Bildenden Künste abzulegen. Er besteht den ersten Teil, fällt beim zweiten Teil durch. Enttäuscht kehrt er nach Linz zurück, wo er Krankheit, Operation und Tod seiner Mutter erlebt. Sein Vater ist bereits 1903 gestorben. Im Februar 1908 zieht er ganz nach Wien, wiederholt die Prüfung und versagt neuerlich. Eine ungeheuer schwierige Zeit mit Hunger, Not und Entbehrungen – »die väterlichen Geldmittel waren bald verbraucht« – beginnt. Die spendierfreudige »Hani-Tante« erwähnt der undankbare Neffe nie. Als Hilfsarbeiter am Bau will er die Nöte der Arbeiter kennen gelernt haben. Daneben eignet er sich im Selbststudium politische Kenntnisse an, entlarvt er Sozialdemokraten und Bolschewisten, erfasst er die Nachteile des demokratischen Systems, wird er zum – innerlichen – Revolutionär. Für Hitlers Leidensweg, der in ihm die Fähigkeit zum »Führer« reifen ließ, gibt es keine Beweise.

Obwohl Hitler-Anhänger und Hitler-Gegner in den zwanziger Jahren brennend gern Näheres über diese mysteriöse Wiener Zeit erfahren hätten, ließen sich keine seriösen Zeugen aus der Baubranche auftreiben. Den kargen, gesicherten Unterlagen zufolge, hat sich Hitler nach dem Scheitern seiner frühen Berufspläne in Wien jedoch ganz geschickt arrangiert, sich als freiberuflicher Maler und Grafiker mit mäßigem Erfolg etabliert und eine bescheidene Dutzend-Existenz geführt. Kurz nach seinem 24. Geburtstag, eine Woche nach Auszahlung seines väterlichen Erbteils in Höhe von 819 Kronen und 98 Heller,[83] ist Hitler am 24. Mai 1913 nach München übersiedelt. »Mit herzlicher Freude bin ich nach München; drei Jahre wollte ich noch lernen; mit 28 Jahren dachte ich als Zeichner zu Heilmann & Littmann zu gehen«, erzählte er im Oktober 1941 eine seiner biografischen Geschichten.[84] Manchmal gab er auch politische Gründe für seine Übersiedlung nach Deutschland an.

Mit fortschreitendem Alter redete der »Führer« immer öfter über die »Wiener Notjahre«, wobei er sich allerdings manchmal selbst widersprach. So meinte er einmal voll Selbstmitleid: »Wer weiß, wenn meine Eltern vermögend genug gewesen wären, mich die Akademie besuchen zu lassen, so wäre ich wohl nicht in die Lage gekommen, die soziale Not von Grund auf kennen zu lernen ...«[85]

Nicht auf alle Fragen lassen sich Antworten finden. Sicher ist jedoch, dass sich der dramatische Tiefpunkt in Hitlers Wiener Zeit nicht mit der Flucht vor dem Militärdienst oder mit Armut erklären lässt. Es scheint vielmehr, dass der Aufenthalt Hitlers in einem Obdachlosenasyl gar nicht stattgefunden hat.

Warum löschte Hitler die Spuren seiner Herkunft?
Der Truppenübungsplatz im Ahnengau

»Das Döllersheimer Ländchen ist die Ahnenheimat des vierten Teiles der Vorfahren unseres Führers und Reichskanzlers«, wusste eine NS-Publikation nach dem »Anschluß« Österreichs stolz zu berichten.[1] Als »Ahnengau« gepriesen, erlangte dieser Teil des niederösterreichischen Waldviertels in der NS-Welt Berühmtheit. Gleichzeitig rissen Gerüchte über Hitlers verzweifelte Versuche, die Spuren seiner Herkunft nicht nur zu vertuschen, sondern auch auszulöschen, nicht ab. Sie ziehen sich durch die gesamte Hitler-Literatur.

Als die Deutsche Wehrmacht kurz nach der Besetzung Österreichs im März 1938 ausgerechnet im »Ahnengau des Führers« den größten Truppenübungsplatz Europas errichtete, schien dies die Bestätigung aller Vermutungen zu sein. Die brutale Zerstörung vieler Dörfer, in denen Hitlers Vorfahren gelebt hatten, konnte kein Zufall sein: Der »Führer« wollte die Erinnerung an sie tilgen! Viele Historiker[2] waren davon überzeugt, dass zu diesem Zweck eine ganze Region devastiert und die Bevölkerung abgesiedelt wurde. So heißt es in einer Publikation: »Döllersheim und dessen weitere Umgebung existieren nicht mehr! Es wurde zu einem großen Truppenübungsplatz umgewandelt; dieses einst blühende und fruchtbare Land ist heute eine verwahrloste Stätte des Grauens, wo überall der heimtückische Tod in Form von Blindgängern lauert, die einstigen Bewohner sind in alle Winde zerstreut. Hitler konnte noch durch mehrere Jahre den Triumph auskosten, daß die Geburtsstätte seines Vaters und die Grabstelle seiner Großmutter von seiner Wehrmacht zerschossen und niedergewalzt wurden. Ob für die Auswahl gerade dieser Gegend militärische Gründe den Ausschlag gaben, muß man bezweifeln, zumal einwandfrei feststeht, daß der Befehl zur Bodenschätzung bei den Grundbuchämtern … schon Mitte Mai 1938, also knapp zwei Mo-

nate nach der Besetzung Österreichs vorlag ... es hat ganz den Anschein, daß die Vernichtung Döllersheims direkt über Auftrag des
Führers erfolgte – aus irrsinnigem Haß gegen seinen Vater, der
vielleicht einen Juden zum Vater hatte.«[3] Viele Biografen vertraten
die Ansicht, dass Hitler seine Herkunft »mit den dunklen Punkten« verschleiern wollte, um »die eigene Person zu verhüllen, wie
zu verklären«.[4]

Schon in der NS-Zeit wurde kolportiert, wie »unangenehm«
dem »Führer« der im Waldviertel um seine Ahnen betriebene Kult
sei. In Bezug auf die gewaltsame Natur der NS-Diktatur gab man
sich keinen Illusionen hin – dem Regime traute man ungeheure
Brutalität aus nichtigem Anlass zu. Den Zeitgenossen erschien es
durchaus plausibel, dass Hitler dem unerwünschten Treiben ein
radikales Ende bereitete.

Im Banne des Hitler-Kults hatte die kleine Gemeinde Groß-
Poppen – sie wurde 1938 für das Truppenübungsgelände ausge-
löscht – bereits 1932 (14.8.1932) auf Antrag des Gastwirtes August
Weber den einstimmigen Beschluss gefasst, Adolf Hitler »als Zeichen unwandelbarer Treue« das Ehrenbürgerrecht zu verleihen.
Der Beschluss wurde dem »Führer« auf kostensparende Weise
mitgeteilt – man schickte ihm vom nächstgelegenen Postamt aus
ein Telegramm mit 14 Wörtern.[5] Andere Gemeinden folgten dem
Beispiel, bis zu ihrem Leidwesen die niederösterreichische Landesregierung einschritt. Mit der Begründung, dass Hitler seit dem
30. April 1925 kein österreichischer Staatsbürger mehr sei, wurden
die Verleihungen als gesetzeswidrig außer Kraft gesetzt.[6]

Den Aufwärtstrend der NSDAP stoppten derartige Maßnahmen nicht. Bei den Landtagswahlen des Jahres 1932[7] verdoppelten die Nationalsozialisten im Waldviertel ihren bisherigen Stimmenanteil. Sie erreichten 20 % der Stimmen (26 649 Wähler). In
Gmünd stellten sie den Bürgermeister. Die Ernennung Adolf Hitlers zum deutschen Reichskanzler im Januar 1933 löste bei den
Waldviertler Nationalsozialisten Begeisterungsstürme aus. Nach
dem Berliner Vorbild wurden auch in Krems, Horn und Zwettl
Fackelzüge abgehalten. In anderen Gemeinden gab es feierliche
Kundgebungen.

Ab Juni 1933 konnte die Waldviertler NSDAP zu ihrer großen Empörung nur mehr illegal wirken. Nachdem Nazis bei Krems eine Handgranate – sie forderte einen Toten und 30 Verletzte – auf eine Kolonne »christlich-deutscher Wehrturner« geschleudert hatten, erließ die österreichische Regierung noch am selben Tag ein Verbot der radikalen Partei und all ihrer Formationen. Sämtliche NSDAP-Mandate im Nationalrat, in den Landtagen, den Bezirksausschüssen und den Gemeinderäten erloschen.

»In völliger Verkennung der tatsächlichen Volksstimmung steigerte die Dollfuß-Regierung ihre Verfolgungsmaßnahmen. Kirchtage in Groß-Poppen, Allentsteig und Zwettl mußten deshalb als unauffällige Treffpunkte der ›Illegalen‹ herhalten«, erinnerten sich die Volksgenossen später an diese Zeit.[8] Mit dem »Anschluß« Österreichs an das Deutsche Reich im Jahr 1938 änderte sich alles schlagartig. Der Stolz auf den »großen Sohn des Waldviertels« durfte wieder offen zur Schau getragen werden.

Aus dem ganzen Deutschen Reich pilgerte man zu den Hitler-Gedenkorten; bald gab es organisierte Wallfahrten. Gefördert wurde dies von einer rührigen NS-Kreisparteileitung in Zusammenarbeit mit den Ortsgruppen, die voll Bauernschläue Kapital aus den »Wurzeln« des »Führers« im nunmehrigen »Niederdonau« (Niederösterreich) schlugen. Neben Vorteilen für die eigene Person hoffte man auf eine Sonderstellung der ganzen Region. Die zurückgebliebene Provinz an der Peripherie sollte ins »geistige Zentrum« des Deutschen Reiches rücken.[9] Von hohen Erwartungen beflügelt, trat der Waldviertler Hitler-Kult mit den bereits 1933 eingerichteten Parteigedenkstätten in München, der »Hauptstadt der Bewegung«, in Konkurrenz. Als Vorbild galt Oberösterreich, wo man in Braunau am Inn, in Leonding und Fischlham der Kindheit und Jugend des »Führers« gedachte, die NSDAP Hitlers Geburtshaus in Braunau am Inn gekauft und unter Denkmalschutz gestellt hatte.[10] Der NS-Reichsjugendführer Baldur von Schirach bestimmte Braunau zum »Wallfahrtsort der deutschen Jugend«.[11] Ein amerikanischer Staatsbürger wollte 1938 sogar das »Elternhaus des Führers« in Leonding erwerben, abtragen und in den USA als Attraktion vermarkten. Loyale Parteigenossen konnten dies nur mit Mühe verhindern. Leonding wurde zum NS-Wallfahrtsort, besucht von Tausenden aus aller Welt, für die ein Gedenkbuch zur Verewigung der NS-Pilger auflag. Darin verfasste man pseudoreligiöse Texte und gelobte Adolf Hitler Treue bis in den Tod.[12]

Bei dem im Waldviertel zügig geschaffenen Mythos vom »Ahnengau des Führers« paarte sich Lokalstolz mit historischem Sendungsbewusstsein: »In ihrem Enkel – der auch äußerlich schon einen echten Waldviertler Typus darstellt – sind alle diese [guten Waldviertler] Eigenschaften zusammengeballt lebendig geworden. So konnte er der Schmied des neuen großdeutschen Volksreiches werden …«[13]

Bereits im April 1938 wurde Hitlers Geburtstag in dem – wenig später entsiedelten – Dorf Franzen mit großem Pomp begangen. Und der kurz darauf ebenfalls vernichtete, winzige Ort Strones sah sich voll Stolz in das Zentrum der nationalsozialistischen Welt gerückt: »Von Äckern und Wäldern friedlich umgeben, … liegt das bescheidene Dörfchen Strones. Seine Einwohner sind ausschließlich deutsche Bauern, welche nur durch unermüdlichen Fleiß kaum das Notwendigste zum Leben ernten, denn der Waldviertler Boden ist nicht ertragreich. Geht man aber heute durch den Ort, so sieht man die Häuser festlich geschmückt, denn dieser Ort birgt jenes Haus [Strones Nr. 13], in welchem jener Mann 1837 geboren, auf dessen Sohn alle Welt bewundernd blickt … so zeigt Strones mit Stolz und Freude das Geburts- und Stammhaus von Hitlers Vater … das stets vergessene Waldviertel dünkt sich nun reich, es ist ja die Heimat von Hitlers Vorfahren … Heil Hitler!«[14] Das girlandengeschmückte Geburtshaus von Hitlers Vater diente als Schauplatz zahlreicher Gedenkfeiern.

Im Sommer 1938 erregte ein archäologischer Steinfund die Gemüter von NS-begeisterten Waldviertlern. »In nächster Nähe des Fundortes liegen die Dörfer, wo die Vorfahren des Führers lebten. Im Ahnengau Hitlers, der uns das Hakenkreuz als Symbol gab, wurde das älteste Hakenkreuz gefunden. Diese Tatsache scheint mehr als ein Symbol zu sein«, schrieb eine Lokalzeitung.[15] Auch Dr. Hugo Jury, der Gauleiter von Niederdonau, spann seine Gedanken um den wunderbaren Fund aus. Bald schien es zwingend logisch, dass das Waldviertel die wahre Heimat des Nationalsozialismus sei.

Die von der niederösterreichischen Landesregierung 1932 mit ihrem Begehren abgewiesenen Gemeindevertreter von Groß-Poppen witterten nach der Annexion Österreichs Aufwind. Sie richteten an die Privatkanzlei des »Führers« im fernen Berlin die untertänige Bitte, ob man Adolf Hitler das Ehrenbürgerrecht verleihen dürfe. Man durfte. Das Waldviertler Dorf Ottenschlag wollte nicht nachstehen, und bei der Sonnwendfeier 1938 verlas der Bürgermeister mit vor Erregung zitternder Stimme eine besondere Überraschung. Der »Führer« habe seine Zustimmung zur Umbenennung des Marktplatzes in »Adolf-Hitler-Platz« gegeben und gleichzeitig die ihm angetragene Ehrenbürgerschaft angenommen.

Der Ort Döllersheim vor seiner vollständigen Zerstörung. Aufnahme ca. 1935.

Döllersheim, das sich stolz »Die Vaterstadt des Führers« nannte, feierte den Einmarsch der Deutschen mit einem großen Fackelzug. Nach dem Vorbild von Ottenschlag wurde der Hauptplatz in »Alois-Hitler-Platz« umbenannt. Der von den Parteistellen arrangierte Heroenkult ging so weit, dass am Schulgebäude eine Tafel mit der Aufschrift prangte, dass Alois Hitler, der Vater des »Führers«, hier zur Schule gegangen war. Oberlehrer Seitner, der letzte Schuldirektor von Döllersheim, gestaltete einen künstlerischen Hitler-Stammbaum, der als Postkarte reißenden Absatz fand. Vor allem jedoch hatte es Hitlers Großmutter, Mariana (Maria Anna) Hiedler geb. Schicklgruber, den Parteigenossen angetan. Hastig errichtete man an der Kirchenmauer des Döllersheimer Friedhofs ein Ehrengrab – ihre ursprüngliche Grabstelle war nicht mehr auffindbar. Die in der Eile erhobenen Daten waren falsch. Die Inschrift: »Hier ruht Maria A. Schickelgruber, geb. 17.4.1795 zu Strones, gest. 7.1.1847 zu Kl. Motten«, betraf teilweise ihre Schwester.[16]

Dies störte niemanden und die geringe Investition zahlte sich aus. Scharen von NS-Pilgern strömten herbei, viele davon aus dem Altreich. Ein Zeitzeuge erinnerte sich: »Einmal kamen zwanzig stramm aussehende Soldaten anmarschiert. Es waren SS-Leute. Ich war allein auf der Straße, da fragte mich der Kommandant: ›Junge, wo ist das Grab der Großmutter unseres Führers?‹ Sie stellten sich vor dem Grab auf und fotografierten …«[17] Zahlreiche HJ-(Hitlerjugend-)Gruppen erschienen mit ihren Führern.

»Ahnenkult um Hitler«.
Das Ehrengrab von Maria Anna Schicklgruber (verh. Hiedler) auf dem Friedhof von Döllersheim.

Alle Waldviertler Orte begingen den Geburtstag des »Führers« (20. April). Eine zeitgenössische Zeitung berichtete: »Wie überall wurde auch in unserem Dörfchen [Franzen] Hitlers Geburtstag freudig gefeiert. Vormittags lauschten die Schüler in der Schule mit ihren Lehrpersonen der Rede des Reichsministers Rust, dann wurden bei nicht enden wollendem Fackelzug mit Musik zwei Hitler-Eichenbäume zur Seite des Heldendenkmales mit einer Ansprache des SA-Führers Mahorka gesetzt, hierauf das Freudenfeuer … entzündet. Schaurig schön leuchtete dasselbe weit hinaus, Zeugnis gebend von deutscher Lieb und Treu zu Volk, Reich und Führer. Heil Hitler!«[18]

Adolf Hitler selbst hatte zum Waldviertel, in dem sowohl sein Vater als auch seine Mutter aufgewachsen waren, keine engen Beziehungen. Das bäuerliche Milieu, aus dem seine Eltern stammten, war dem im Innviertel (Braunau/Inn, Passau und Leonding) und Linz aufgewachsenen Sohn eines gehobenen Zollbeamten fremd. Als Kind besuchte er in Begleitung seiner Eltern mehrmals – wie seine Schwester Paula angab – die Waldviertler Verwandten in Niederösterreich.[19]

Auf den Buben aus Oberösterreich müssen die eher ärmlichen Dörfer einen sonderbaren Eindruck gemacht haben. Während nämlich auf den fruchtbaren Böden seiner Innviertler Heimat stattliche Einzelgehöfte selbstbewusster und reicher Großbauern auf weithin sichtbaren Kuppen thronen, ducken sich im Waldviertel die ebenerdigen Häuser kleiner Orte in die Senken waldbedeckter Hügel. Die um eine Kirche gruppierten, oft nur aus einem Dutzend Häusern bestehenden Dörfer waren zu Hitlers Zeit bescheiden und blieben dies bis zum heutigen Tag. Auch die Bauernhöfe sind klein – eine durchschnittliche Landwirtschaft ist selten größer als 20 Hektar. Die Feldwirtschaft produziert Getreide, Hafer, Kartoffeln und Mohn. Eine Haupteinnahmequelle bildet der Wald.

Geprägt wird das Waldviertler Hochplateau einerseits vom Granit, der in monumentalen, flachen Kuppen aus Äckern und Waldböden ragt, und andererseits von den ausgedehnten, in Monokulturen angelegten Nadelwäldern, die der Landschaft einen herben Reiz verleihen. Im eiskalten Winter wirkt sie düster-drohend, im kühlen Sommer herb-lieblich. Immer aber still und einsam, verbunden mit der Vergangenheit. Traditionen bleiben lange bestehen, am Hergebrachten wird festgehalten. Das Mittelalter scheint zum Greifen nah. Die Rodung und Besiedelung des ursprünglichen und urwaldartigen Waldgebiets, des »silva norticus« (Nordwald), liegt im Bewusstsein der Bevölkerung nicht weit zurück. Sie erfolgte ab dem 11. Jahrhundert durch Siedler aus Bayern und Franken. Mehr als 300 Schlösser, Burgen und Ruinen zeugen von der kriegerischen Geschichte des Grenzgebietes, das vielen Heeren als Durchzugs- und Aufmarschgebiet gegen Böhmen und Mähren diente.

In scharfem Kontrast zu den Bewohnern der südlich davon gelegenen, lieblichen und reichen Weinbaugebiete der Wachau gelten die Waldviertler als zurückhaltend und verschlossen. In der österreichisch-ungarischen Monarchie zählte ihre Region zu den wirtschaftlich unterentwickelten Gegenden. An diesem Zustand änderte sich mit dem Zusammenbruch des Kaiserreichs im Jahre

Klein-Motten Nr. 4 – das Wohn- und Sterbehaus von Hitlers Großmutter Maria Anna Schicklgruber. Klein-Motten wurde im Zuge der Errichtung des größten Truppenübungsplatzes in Europa entsiedelt und zerstört.

1918 nichts. In der Notzeit nach dem Ende des Ersten Weltkriegs und der Ausrufung der Ersten Republik trat kein Aufschwung ein und die landesweite Arbeitslosigkeit verschärfte die Probleme des Waldviertels. Die daraus resultierende Abwanderung war groß. Wie seit Generationen begab man sich in die ca. 130 Kilometer entfernte Landeshauptstadt Wien auf Arbeitssuche.

Bei den Vorfahren Hitlers aus dem »Döllersheimer Ländchen« handelt es sich durchwegs um alteingesessene Bauerngeschlechter, deren Besitz meist in unmittelbarer Erbfolge vom Vater auf den Sohn weitergegeben wurde.[20]

Die Matrikeln der Waldviertler Pfarren enthalten zahlreiche Eintragungen von Geburten, Eheschließungen und Todesfällen der Hitler-Ahnen, die ab ca. 1600 im Waldviertel nachweisbar sind. Ihre – für bäuerliche Verhältnisse – lange Ahnenreihe stammt aus der Zeit der Anlage der ersten Kirchenbücher Niederösterreichs.

Vorgeschrieben wurde den Pfarren die Führung von Tauf-, Heirats- und Sterbematrikeln bereits vom Konzil von Trient (1545–1564). Lückenlos umgesetzt konnten die Vorschriften jedoch erst mit dem Sieg der Gegenreformation nach dem Ende des Dreißigjährigen Kriegs (1648) werden.

Zur Zeit der Errichtung des Truppenübungsgeländes und auch später munkelte man, dass der »Führer« die Auslöschung der Region benutzte, um in unauffälliger Weise auch die Kirchenbücher zu vernichten.

Hitlers erster – belegbarer – Besuch im Waldviertel erfolgte im Herbst 1905, als der 16-Jährige wegen eines Lungenleidens die ungeliebte Realschule in Steyr verlassen musste. Wie er selbst schreibt, kam ihm dies sehr gelegen: »Da kam mir plötzlich eine Krankheit zu Hilfe und entschied in wenigen Wochen über meine Zukunft und die dauernde Streitfrage des väterlichen Hauses. Mein schweres Lungenleiden ließ einen Arzt meiner Mutter raten mich später … unter keinen Umständen in ein Bureau zu geben. Der Besuch der Realschule mußte ebenfalls auf mindestens ein Jahr eingestellt werden …«[21] Seine verwitwete Mutter beschloss, ihren Sohn zu ihrer jüngsten Schwester Theresia[22] zu schicken. Theresia hatte 1894 in ihrem Heimatort Spital bei Weitra den Bauern Anton Schmidt geheiratet, der den großen Hof Spital Nr. 24 bewirtschaftete. Klara Hitler hoffte, dass die gute, herbe Luft des Waldviertels ihrem kranken Sohn helfen würde. Sie fuhr dann mit Adolf per Bahn von Linz nach Gmünd, wo sie Schwager Anton mit seinem Ochsengespann abholte. Bei seiner Tante Theresia nahm Hitler eine Sonderstellung ein. Die bäuerlichen Verwandten, die selbst nie einen Arzt aufsuchten, ließen den verwöhnten Jugendlichen von Dr. Karl Keiss aus dem nahen Weitra behandeln. Der 16-Jährige erholte sich rasch. Er trank viel Milch, aß gut, spielte Zither, las und zeichnete.[23] Am Sonntag begleitete Hitler, der später eine höchst religionsfeindliche Politik betrieb, ohne zu murren Tante, Onkel und deren Kinder zur Messe in die spätromanische Dorfkirche. Mit seinen Cousins[24] und der Cousine Maria vertrug er sich gut. Zu der Dorfjugend blieb der »Student« auf Distanz.

Die im Waldviertler Vergleich sehr stattlichen, benachbarten Anwesen, in denen seine Mutter Klara Pölzl (Spital Nr. 37) und sein Vater Alois Hitler (Nr. 36) aufgewachsen waren, gaben ihm einen guten Eindruck von dem Milieu, aus dem seine Eltern stammten.

Trotzdem ist Hitler später nicht müde geworden, seine ärmliche Abstammung von »kleinen Häuslern« zu betonen.

1908 lebte Adolf Hitler bereits ständig in Wien. Dass er im Sommer 1908 einen längeren Besuch in Spital vorhatte, geht aus seinem Brief vom Juli 1908 an einen Jugendfreund hervor: »… wann ich abfahre, schreibe ich Dir. Habe gar keine Lust, wenn meine Schwester auch kommt …«[25] Der 19-Jährige war sichtlich nicht sehr erfreut, dass auch seine jüngere, damals 12-jährige Schwester Paula anwesend sein würde. Hitler blieb trotzdem bis Ende August 1908 im Waldviertel, wo er abgesehen von vielen entfernten Verwandten zwei Schwestern seiner Mutter hatte: Tante Theresia (geb. Pölzl, verheiratet mit Anton Schmidt) und Tante Johanna (Johanna Pölzl, 1863–1911). Johanna war leicht verwachsen und unverheiratet. Nachdem sie im Auftrag von Hitlers Vater in dem Ort Wönharts eine Bauernwirtschaft geführt hatte, war Johanna zu ihrer Schwester Klara nach Oberösterreich gezogen. Jahrelang lebte sie mit den Hitlers, wobei sie ihre Schwester bei der Führung des Haushalts und der Betreuung der Kinder unterstützte. Nach dem Tod von Klara Hitler zu Weihnachten 1907 ist sie ins Waldviertel zurückgekehrt.

Im Ersten Weltkrieg diente Hitler als Freiwilliger im bayerischen Reserve-Infanterie-Regiment Nr. 16. Während seines Militärdienstes bekam er zweimal Fronturlaub, den er jedes Mal zur Gänze im Waldviertel verbrachte – vom 30. September bis 17. Oktober 1917 und im letzten Kriegsjahr vom 10. bis 27. September 1918. Das Verhältnis zu den bäuerlichen Verwandten muss demnach harmonisch gewesen sein. Er gab die Anschrift seines Onkels Anton Schmidt, den er als »Gutsbesitzer« bezeichnete, sogar als Heimatadresse an. Bei Missstimmigkeiten oder fehlender Sympathie wäre Hitler sicher nach München gefahren, wo er in der Person des Schneidermeisters Popp, bei dem er vor dem Krieg als Untermieter gewohnt hatte und mit dem er während seiner Mili tärzeit rege korrespondierte, einen guten Bekannten gefunden hatte. Als »Führer und Reichskanzler« wollte sich Hitler nicht mehr an die Waldviertler Fronturlaube erinnern und münzte sie in eine Bildungsreise um. »Während des Krieges hatte ich zweimal zehn Tage Urlaub. Ihn in München verleben? … Beide Male ging ich nach Berlin, und von der Zeit her kenne ich die Berliner Museen und Sammlungen.«[26]

Im Oktober 1920, zwei Jahre nach Kriegsende, kam Adolf Hitler neuerlich in die Heimat seiner Ahnen. Diesmal bereits aus politischen Motiven. Im September des Vorjahres war er der DAP (Deutsche Arbeiterpartei) beigetreten, nachdem er sich, wie er schrieb, »entschlossen hatte, Politiker zu werden«. Die winzige, kurz darauf in NSDAP umbenannte Splitterpartei setzte ihn – Hitler hatte noch während seiner Militärzeit einen Rhetorikkurs besucht – als Redner ein. In dieser Eigenschaft tourte Hitler von August bis Oktober 1920 durch Österreich.[27] Er warb um Stimmen für die bei den Nationalratswahlen (17.10.1920) erstmals kandidierende NSDAP. Nach Vorträgen in Wien fuhr er knapp vor dem Urnengang nach Gmünd im Waldviertel, um dort ein kleines Grüppchen von Parteigenossen der ersten Stunde zu betreuen. Ob er seinen sozialen Aufstieg dem Onkel und der Tante – Spital lag auf der Strecke – vorgeführt hat, ist nicht bekannt. Immerhin reiste der nunmehrige »Propagandaleiter der DAP« in Begleitung zweier Mitarbeiter im eigenen Dienstwagen der Marke SELVE samt Chauffeur (Ernst Haug). Die Grenzstadt Gmünd war das Zentrum des Nationalsozialismus im Oberen Waldviertel. Ein bereits vor dem Ersten Weltkrieg bestehender »Nationaler Arbeiterverein« hatte sich im März 1919 der kurz davor in München gegründeten Deutschen Arbeiterpartei angeschlossen. 1920 gab es dann eine ca. ein Dutzend Mitglieder zählende Ortsgruppe der NSDAP. Bald folgten andere Waldviertler Orte dem Beispiel.[28]

Am 10. Oktober 1920 sprach Hitler vor nationalsozialistischen und sozialistischen Zuhörern.[29] Eine örtliche Zeitung[30] erinnerte sich: »Im Kinosaal Gmünd erschien der damals noch unbekannte Adolf Hitler als Redner. Hitler sprach damals über die Versklavung des deutschen Volkes durch die Friedensverträge und die über uns gekommene Zinsknechtschaft. In seiner wuchtigen Art schlug er die zahlreich erschienenen Sozis völlig in seinen Bann; der sozialdemokratische Gegenredner Richard Forbelsky erlitt damals eine klägliche Abfuhr.«[31] Die Atmosphäre war emotionsgeladen, da erst am 31. Juli 1920 – auf Grund der Bestimmungen des Friedensvertrages von St. Germain – der Hauptbahnhof von Gmünd, zwei Nachbargemeinden und acht deutschsprachige Orte an die neu gegründete Tschechoslowakische Republik gefallen waren. Die aus ihren Häusern vertriebenen Flüchtlinge lebten in Barackenlagern nahe Gmünd. Sie stellten für die notleidende Stadtgemeinde ein schweres Problem dar.[32] Die Bürger von Gmünd, durch deren Ort plötzlich die Staatsgrenze verlief, erwiesen sich daher für Hitlers revanchistische und nationalistische Parolen zu den »Schandverträgen von St. Germain und Versailles« sehr empfänglich. Auch seine Ausfälle gegen »jüdische Ausbeuter, die ganze Wirtschaftszweige beherrschten« hörte man gern.

Nach dem großen Erfolg in Gmünd sollte Hitler am 11. Oktober, wie geplant, in Groß-Siegharts, einem kleinen Waldviertler Marktort, sprechen. »Die Roten ließen ihn aber nicht mehr reden, weil er ›Ausländer‹ war. Ihre Führer witterten die Gefahr«, klagten seine Anhänger.[33]

Georg von Schönerer, dem Idol seiner frühen Jugend, hat Hitler keinen Besuch abgestattet.[34] Schönerer, der Führer der antihabsburgischen, antikatholischen und antisemitischen »Alldeutschen Bewegung«, lebte damals schon seit vielen Jahren zurückgezogen auf seinem in der Nähe von Weitra gelegenen Besitz Schloss Rosenau, wo ihn die Bevölkerung als verschrobenen Einsiedler kannte. Bei Fahrten im offenen Wagen warf er der Dorfjugend Münzen zu und erwartete, dass sie »Heil, Schönerer!« riefen.[35] Sein extremes Programm (»Mein Programm«, 1879) hatte Hitler – bevor er Karl Lueger verehrte – beeinflusst. Darin heißt es: »… gegen die Interessen des beweglichen Kapitals, gegen die semitische Herrschaft des Geldes sind die Interessen des Grundbesitzes und der produktiven Arbeit zu stellen …«[36] Der Politiker stritt für ein Großdeutschland unter preußischer Führung. Daneben zählte er zu den engagierten Anhängern der antiklerikalen »Los-von-Rom-

Bewegung«. 1888, ein Jahr vor Hitlers Geburt, hat Schönerer samt Konsorten die Redaktion der Zeitung ›Das Neue Wiener Tagblatt‹ überfallen. Verurteilt wegen exzessiver Gewalttätigkeit, verlor er seinen Adelstitel und sein Reichstagsmandat. Fast zehn Jahre blieb er von der politischen Bühne verbannt. Am 14. August 1921 ist Schönerer, dessen skurriles Motto »Durch Reinheit zur Einheit« lautete, verbittert auf Schloss Rosenau gestorben.

Die Waldviertler Nationalsozialisten schätzten Schönerer als einen Wegbereiter ihrer Bewegung: »Wenn auch der Tätigkeit Schönerers bei seinem Kampf gegen Judentum, Klerikalismus und habsburgische Entdeutschungspolitik überragende Erfolge nicht beschieden gewesen sind, so ist es seinem Wirken doch zu danken, daß die Erkenntnis der Schädlichkeit des Judentums in weite Volkskreise eindrang …«[37]

Nach dem verhinderten Auftritt in Groß-Siegharts sprach Hitler am 13. Oktober 1920 mit großem Erfolg vor der Ortsgruppe der NSDAP in Krems an der Donau. »Beim großen Zusammenbruch im Herbst 1918 rissen zunächst Juden und andere ortsfremde Elemente die Führung … in Krems an sich. Der Retter von Krems aus dieser schmählichen Lage wurde aber Adolf Hitler selbst, der durch seine Rede am 13. Oktober 1920 im Hirschensaale das nationale Fühlen und Handeln wieder zum Durchbruch brachte …«, schrieb eine örtliche Zeitung.[38]

Hitlers Propagandareise durch das Waldviertel gibt einen guten Einblick in die Frühzeit der NSDAP – nichts ließ vermuten, dass diese winzige Splitterpartei je zu einer Massenbewegung anschwellen würde. Bei den Nationalratswahlen am 17. Oktober 1920 errangen die Nationalsozialisten in Niederösterreich 1,5 % der Stimmen[39], im Waldviertel jedoch 4,5 % (5078 Personen). Die durch den Friedensvertrag von St. Germain bedingten Gebietsabtretungen an die Tschechoslowakei, das damit verbundene Aufflammen des Nationalismus sowie Hitlers persönlicher Einsatz hatten den Ausschlag dafür gegeben. Im Übrigen war der »Ahnengau« mit seiner überwiegend katholisch-konservativen Bevölkerung eine Domäne der Christlichsozialen Partei, die 60 % der Stimmen erhielt. Von Allentsteig aus wurde ab 1925 rege NS-Propaganda betrieben, und es formierten sich kleine Ortsgruppen. »Aber es waren anfangs nur wenige, die sich beherzt um das Hakenkreuzbanner scharten und allen Spott, allen Haß ... über sich ergehen ließen«, erinnerten sich alte Parteigenossen später.[40] Auch nach zehnjähriger, von Deutschland aus massiv unterstützter Werbetätigkeit betrug der Anteil der Waldviertler Nationalsozialisten 1930 nur 10% (13 347 Personen).[41] In den folgenden Jahren ist dann die gesamte deutsch-nationale Wählerschaft zur NSDAP übergegangen, die 1932 nur einen Stimmenanteil von über 20% der Wählerschaft hielt. Hitlers Waldviertler Verwandte sind erst 1938 der NSDAP beigetreten.[42]

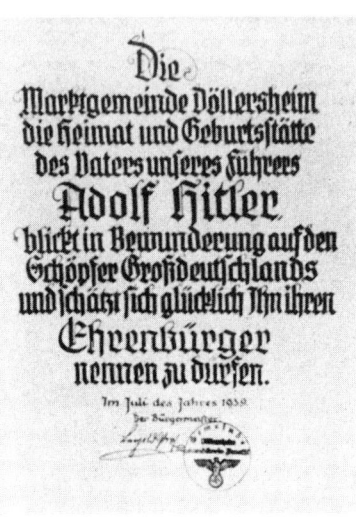

Der »Führerkult« im Waldviertel. Ehrenbürgerbrief von Adolf Hitler im Juli 1939, kurz vor der Räumung des Gebiets.

Anlässlich der »Heimführung Österreichs [dann ›Ostmark‹] ins Deutsche Reich« am 12. März 1938 besuchte Hitler seinen Geburtsort Braunau a. Inn. »Langsam fährt der Wagen des Führers vorbei an jenem Haus, in dem er vor 49 Jahren dem deutschen Volke geboren wurde«,[43] lasen die Parteigenossen des »Ahnengaus« neidvoll und hofften, Hitler ebenfalls begrüßen zu dürfen. Inzwischen begeisterten sich die Bewohner des Ortes Franzen bei einer von der NSDAP organisierten Filmvorführung für jene Stellen, die den »Führer« zeigten, »da ihn ja der Großteil der Dorfbewohner nur von Abbildungen kennt«.[44]

Auch Hitlers Cousins und seine Cousine konnten sich an ihren berühmten Vetter nur mehr dunkel erinnern. Im Namen der übrigen Verwandten machten sie sich am 12. März 1938 auf den Weg nach Wien. Schüchtern fragten sie beim Eingang zum Luxushotel Imperial nach dem »Führer«, wurden jedoch abgewiesen. Gesehen haben sie ihn trotzdem, am Heldenplatz zusammen mit hun-

derttausend anderen.[45] Und die SA des »Döllersheimer Ländchens« fuhr bewaffnet nach Wien, um »vor dem Führer aufzu-
marschieren, ihm aus übervollem Herzen zu danken und ein ju-
belndes Bekenntnis unverbrüchlicher Treue abzulegen«.[46]

Vom 1. bis zum 20. Oktober 1938 erfolgte die Umsetzung der im
Abkommen von München ausgehandelten Angliederung der Sudetengebiete an das Deutsche Reich (Sudetengau). Ein Teil der
nach dem Ersten Weltkrieg an die Tschechoslowakei abgetretenen
deutschsprachigen Grenzgebiete Südböhmens und Südmährens
kam zum Gau Niederdonau (Niederösterreich).

Am 26. November 1938 durchquerte der »Führer« auf seiner
Reise in die südmährischen Gebiete des »Sudetengaus« auch das
Waldviertel. Halt machte er dabei keinen, was seine Anhänger bitter enttäuschte. Selbst über die Reiseroute informierte man die
»Ahnengauler« – vermutlich aus Sicherheitsgründen – nicht. In
den Orten Raabs und Karlstein erfolgte Hitlers Durchfahrt derar-
tig »überraschend und unvorbereitet«, dass der Freudentaumel
erst einsetzte, als alles vorbei war. In Schwarzenau musste die
frühmorgens aufmarschierte Hitlerjugend nach stundenlangem
Warten enttäuscht und unverrichteter Dinge wieder abtreten –
Hitlers Konvoi hatte eine andere Strecke gewählt. Nur die Schul-
kinder von Riegers berichteten Positives: Sie hatten den »Führer«
gesehen. Freudestrahlend erzählten sie, wie er mit ihnen gesprochen hätte. Sie durften ihm Auskunft über ihren Schulort und den
Schulweg geben. Die SA-Führer des Ortes Dobersberg neideten
ihnen dieses Glück: »Wie leid tut es uns allen, daß Adolf Hitler in
unserer Nähe war und wir ihn nicht sehen konnten. Aber stolz
sind wir, daß er den Weg durch Dobersberg nahm und wir hoffen,
ihn doch einmal sehen zu können.«[47]

Diese Hoffnung blieb unerfüllt – Hitler widmete sein Leben
dem deutschen Volk. Er interessierte sich weder für das Schicksal
der Familie Schmidt, seiner nächsten bäuerlichen Verwandten,
noch für die Heimat seiner Vorfahren. Das Waldviertel hat er nie
mehr betreten. Er vermied jeden persönlichen Kontakt mit den
Cousins und der Cousine. Verleugnet hat er seine Anverwandten
jedoch nicht. Vielmehr fürchtete er, von ihnen um Gefälligkeiten

gebeten zu werden. Gab es im Waldviertel Familienfeste, so stellte sich Hitlers Halbschwester Angela Raubal mit kleinen Geschenken ein. Diese wohnte auch dem Begräbnis von Hitlers Tante Theresia Schmidt im August 1938 bei. Im Namen des »Führers« überreichte sie den Hinterbliebenen einen Geldbetrag in Höhe von 600 RM, der nach dem Ende des Dritten Reichs schreckliche Folgen haben sollte.

Auch eine zweite Hoffnung sollte sich 1938 als trügerisch erweisen: der »Führer« räumte dem Waldviertel keine Sonderstellung ein – aus dem »Ahnengau« ließ sich kein wirtschaftliches Kapital schlagen. Was jedoch in den nächsten Jahren kam, übertraf alle Vorstellungen.

Sofort nach der Besetzung Österreichs hatte die Suche nach einem geeigneten Standort für einen »Reichsschießplatz« eingesetzt. Der vom Wehrkreiskommando XVII der Deutschen Wehrmacht vorgefundene Platz bei Bruck an der Leitha südöstlich von Wien reichte nur für Kompagnieübungen. Für moderne, weitreichende Waffengattungen und größere Heeresverbände erwies er sich als völlig ungeeignet. In der Ostmark sollte demnach – nach der Eingliederung des Bundesheeres in die Wehrmacht – ein großer Truppenübungsplatz für den Heeresaufbau geschaffen werden. Die gebirgigen Gegenden Österreichs kamen dafür nicht in Frage. Anfangs stand das Marchfeld im Weinviertel, eine flache, ertragreiche Gegend nordöstlich von Wien zur Diskussion. Die örtlichen Politiker protestierten jedoch heftig. »Geht's doch ins Waldviertel hinauf«, lautete ihr Argument. »Dort wächst ohnehin wenig.« Ins Treffen geführt wurde auch das erst 1937 vom österreichischen Bundesheer abgehaltene Waldviertel-Manöver – die Militärs hatten dem hügeligen und waldreichen »Döllersheimer Ländchen« hervorragende Eignung bescheinigt. Bald wurde dieses allen militärischen Erfordernissen entsprechende Gelände bei Allentsteig weiter erkundet. Offiziere der Deutschen Wehrmacht trafen ein, nahmen Messungen vor und fotografierten die Dörfer. Vergeblich argumentierte die verschreckte Bevölkerung, dass ihre Heimat für Militärzwecke zu schade wäre. Die tiefgründigen Böden seien wesentlich fruchtbarer als die benachbarte karge Zwettler Gegend.

Zwar sei die Bauernschaft arm, aber nicht so verschuldet wie die großen Landwirte Oberösterreichs, wo Hitler aufgewachsen war.

Lokale Gau-Politiker, die sich profilieren und Verdienste um das Regime erwerben wollten, unterstützten das Projekt der Reichs-

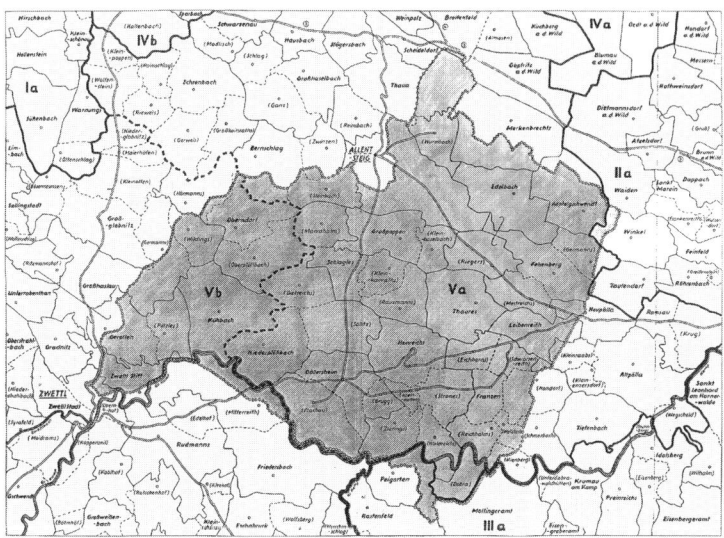

Landkarte Niederösterreichs: Ausschnitt Truppenübungsplatz. Waldviertel 1941.

regierung. In dem Glauben, dass sich alles den Zielen des NS-Regimes unterzuordnen hätte, begrüßten sie die Idee, ihre Heimat für den größten Truppenübungsplatz Europas zu opfern. Sie wurden später mit besonders hohen Ablösen bedacht.

Die endgültige Entscheidung fiel jedoch in Berlin. Hitler, dem die Angelegenheit vorgetragen wurde, zeigte hinsichtlich der beiden Alternativen Wald- oder Weinviertel – die kurz erwogene flache Gegend des mittleren Brandenburg kam nicht mehr in Betracht – keine Präferenz für ein Gebiet. Er überließ die Auswahl des Standortes der Obersten Heeresleitung. Diese wählte, auch im Hinblick auf die geplante Invasion der Tschechoslowakei, das grenznahe »Döllersheimer Ländchen« in »Niederdonau«. Hitler machte keine Einwendungen und akzeptierte dies kommentarlos.

Von der Möglichkeit, die Stätten seiner Ahnen ein letztes Mal in intaktem Zustand zu besichtigen, machte er keinen Gebrauch.

Bereits am 20. Juni 1938 befahl der Oberbefehlshaber des Heeres Walther von Brauchitsch dem Chef der Wehrkreisverwaltung

Die Häuser der Schicklgrubers in dem geschliffenen Ort Strones. Nr. 12, das Geburtshaus von Hitlers Vater Alois Hitler, geb. Schicklgruber ...

XVII[48], die auch in anderen Teilen des Reichs tätige »Deutsche Ansiedlungsgesellschaft« (DAG) mit der Beschaffung eines »allen militärischen Forderungen für einen Truppenübungsplatz entsprechenden Geländes im Waldviertel« zu beauftragen. Schon am darauf folgenden Tag, dem 21. Juni 1938, nahm eine Geschäftsstelle der DAG in Allentsteig ihre Arbeit auf.

Ein Zeitzeuge berichtet aus seiner Kindheit: »Die erste Nachricht über die geplante Aussiedlung ist im Juni 1938 an die Öffentlichkeit gekommen, nachdem dies schon längere Zeit geheim gehalten wurde. In der Schule sagte uns der Lehrer, daß ein schwerer Schicksalsschlag über die Gegend kommen würde – ohne uns Genaueres zu sagen. Als dieser Plan durchsickerte und auf den Kirchenplätzen dann offiziell kundgemacht wurde, war natürlich die größte Unruhe in der Gegend – man konnte und wollte es nicht glauben, daß man fort müsse, man konnte sich dies gar nicht vorstellen. Ein Waldviertler soll seine Heimat verlassen? Kaum waren die Sieg-Heil-Rufe verstummt, kam die Tragik der Aussiedlung.«[49]

… Nr. 26, das Anwesen der Familie Schicklgruber.

Am 27. Juli 1938 gab es in dem kurz davor noch vor NS-Begeisterung strotzenden Ort Groß-Poppen ein traurig-makabres Fest. Die Dorfbewohner feierten vor dem Verlassen ihrer Höfe den letzten gemeinsamen Kirtag. Der zuständige Diözesanbischof nutzte die Gelegenheit zur Entweihung der romanischen Pfarrkirche. Von dem Gotteshaus sollte nichts bestehen bleiben. Wie überhaupt von dem schönen Ort mit seinem großen Schloss heute nur mehr wild überwucherte kärgliche Mauerreste erhalten sind.

Bis zum 5. August 1938 mussten die ersten acht Ortschaften geräumt sein.[50] Um die Bevölkerung vom Ernst der Lage zu überzeugen, wurde fast täglich auf dem projektierten Truppenübungsplatz mit scharfer Munition geschossen. Bald bot der neu geschaffene »TÜPL-Döllersheim« mit seinen rasch errichteten Baracken tausenden Soldaten Unterkunft. Bei der Inbesitznahme des Sudetengaus sollte er seine erste militärische Funktion erfüllen. Die Bauern der ersten Zone des Aussiedlungsgebietes durften nach der Ernte im Herbst 1938 keine Felder mehr bestellen. Das Vieh musste zu niedrigen Preisen, oft unter dem Marktwert, verkauft werden.

Die Räumung des »Döllersheimer Ländchens« verlief in drei Etappen.[51] Die vielen Orte mit Bezug auf die Geschichte des »Führers« erhielten dabei keinen Sonderstatus, ihre Bewohner – darunter viele entfernte Verwandte Hitlers – wurden in keiner Weise geschont oder bevorzugt behandelt. So wurde auch das Dorf Strones mit den Häusern der Schicklgrubers (Hitlers Vater war ein geborener Schicklgruber) geräumt. Dieser kinderreiche, weit verzweigte Clan – für 1815 sind vier Familien Schicklgruber bezeugt – war seit Generationen als Bauern und Weber in dem kleinen Ort ansässig. Adolf Hitlers Urgroßvater wurde in Strones Nr. 29 geboren. Auch Adolf Hitlers Großmutter Mariana lebte in dem Ort und brachte dort 1837 ihren Sohn Alois (Hitlers Vater) zur Welt. Das idyllisch gelegene, von drei Bächen durchflossene Breitstraßendorf lag auf einer von waldigen Hügelketten begrenzten Hochebene. In Kirchenangelegenheiten gehörten die Bewohner zur Pfarre Döllersheim. 1830 bekamen sie eine eigene Kapelle. 1938 bestand Strones aus 39 Häusern.[52] Noch im März dieses Jahres hatte in Strones Hochstimmung geherrscht. Das führende Lokalblatt schrieb dazu: »Ging man durch den Ort, so sah man alle Häuser festlich geschmückt … so zeigt Strones das Geburts- und Stammhaus von Hitlers Vater. In beiden wohnten einst bescheidene Menschen und alle hatten im Jahre 1938 nur den einen Wunsch im innersten – ihren Führer Adolf Hitler begrüßen zu dürfen.«[53]

Die Familien Schiedl, Kherler und Gnedl, alle Nachkommen der Schicklgrubers, mussten – zusammen mit den über eine Seitenlinie mit den Urgroßeltern des Adolf Hitler verwandten Sillips – in der dritten und letzten Aussiedlungsetappe wegziehen.[54] Die Räumung der letzten Ortschaften erfolgte mit »größtem Nachdruck.«[55] Anfang 1941 hatte die Bewohner von Strones ein kurzes und lapidares Schreiben der DAG erreicht: »Sie haben innerhalb von sechs Wochen Ihren Hof zu räumen. Ihr Grund wird zu dem von Experten berechneten Preis abgelöst werden. An den bestehenden Bauten darf nichts geändert oder zerstört werden.«[56]

Bei der Räumung von Strones gaben die Bewohner – wie alle anderen Betroffenen – nicht nur ihr Vieh, sondern auch den Großteil ihres Hausrats vor ihrer Abreise zu Dumpingpreisen ab. Dieser wurde an – meist aus Wien angereiste – Händler verschleudert.

Dabei tauchten Gegenstände aus dem Besitz der Mariana Schicklgruber auf. Der lokale NS-Kreisbauernführer entdeckte sie bei einem Rundgang durch das Dorf im Hause des Wirtschaftsbesitzers Johann Weissinger. Dieser erzählte ihm, dass seine Eltern die betreffenden Gegenstände aus dem Schicklgruber-Nachlass vom Erben Alois (Alois Hitler), dem Sohn der Mariana Schicklgruber und Vater des »Führers«, erworben hatten. Die »Möbel der Eltern Hitlers« schienen dem NS-Funktionär zu kostbar, um wie der andere bäuerliche Hausrat verschleudert zu werden. Der pflichtbewusste NS-Funktionär hat daraufhin die Kultobjekte angekauft. Während die Evakuierung von 7000 Menschen in Gang war, sorgte sich der Bauernvertreter um den Nachweis der Echtheit der Hitler-Möbel. Schließlich ließ der rührige Beamte für jedes Stück Zertifikate erstellen, die keine Zweifel an der Authentizität der Gegenstände ließen.

Vier Zeugen gaben zu Protokoll, dass die aufgefundenen Objekte tatsächlich einmal »Eigentum des Vaters unseres Führers und Reichskanzlers« gewesen waren. Der Bürgermeister des Ortes Heinreichs bestätigte die Richtigkeit der Unterschriften. Darüber hinaus wurden genaue Beschreibungen der Kultgegenstände angefertigt. Der Garser Tischlermeister Raffler lieferte zu dem bemalten Bauernkasten, dem wertvollsten Teil der kleinen Sammlung, sogar eine zweiseitige Expertise. Auch die übrigen Gerätschaften wurden genau vermessen, beschrieben und dann dem Heimatmuseum von Horn übergeben. Bezüglich des Kastens verfügte der Kreisbauernführer die Aufstellung – bis auf Widerruf – in den Räumen der Kreisbauernschaft.

Aufgelöst wurde auch das an einem kleinen Bach an der Straße nach Döllersheim gelegene Dorf Klein-Motten, von dessen Anhöhe man bis nach Stift Zwettl sehen konnte. Selbst für Waldviertler Verhältnisse war der Ort winzig. Zur Zeit der Entsiedlung bestand er aus zwölf Häusern. Der Konnex zu Adolf Hitler bestand wieder über seine Großmutter, seinen Großvater und seinen Urgroßvater.

Der ansehnliche, 1143 erstmals erwähnte Markt Döllersheim war mit 118 Häusern die größte der zerstörten Ortschaften. Während alle anderen Dörfer gänzlich vom Erdboden verschwunden sind, existieren von Döllersheim noch Ruinen der einst stattlichen Pfarrkirche mit romanischem Kern, Reste des Bürgerspitals aus dem 16. Jahrhundert und Mauern anderer bemerkenswerter Bauten.

In Döllersheim, wo der Hitler-Kult seinen Höhepunkt erreicht hatte, lebten 1938 die mit den Hitlers seit Generationen eng verschwägerten Familien Prinz und Zauner. Johann und Johanna Prinz[57] waren sogar Adolf Hitlers Taufpaten. In Döllersheim stand die Schule von Hitlers Vater. Und auf dem um die Kirche angelegten Friedhof befand sich das zur Kultstätte gewordene Grab seiner Großmutter.

Auch in dem entvölkerten Dietreichs hatte es Hitler-Ahnen gegeben – Theresia Pfeisinger, Adolf Hitlers Urgroßmutter, stammte aus dem Ort, der bei seiner Entsiedlung 25 Häuser umfasste.

Dem Truppenübungsplatz weichen musste auch die Schloteinmühle am Kamp, in der Hitlers Großvater als Müllergeselle gewerkt hatte.

Parallel zur DAG hat bereits im Frühjahr 1938 eine so genannte »Arbeitsgemeinschaft Waldviertel« ihre Tätigkeit aufgenommen.[58] Sie sollte, wie es in den Statuten heißt, »in dem Gebiet ... alle historisch wichtigen Gebäude festhalten und von der Bevölkerung Erinnerungsbilder für ein Erinnerungsbuch anfertigen«. Die Leiterin der Gruppe bekam ein eigenes Auto zur Verfügung gestellt und heuerte Hilfskräfte an. Außer Studenten der Medizin, Anthropologie, Kunstgeschichte und Bodenkultur stellten sich die örtlichen BdM-Führerinnen zur Verfügung. Alle Staats- und Parteistellen im Waldviertel sicherten ihre Unterstützung zu.[59]

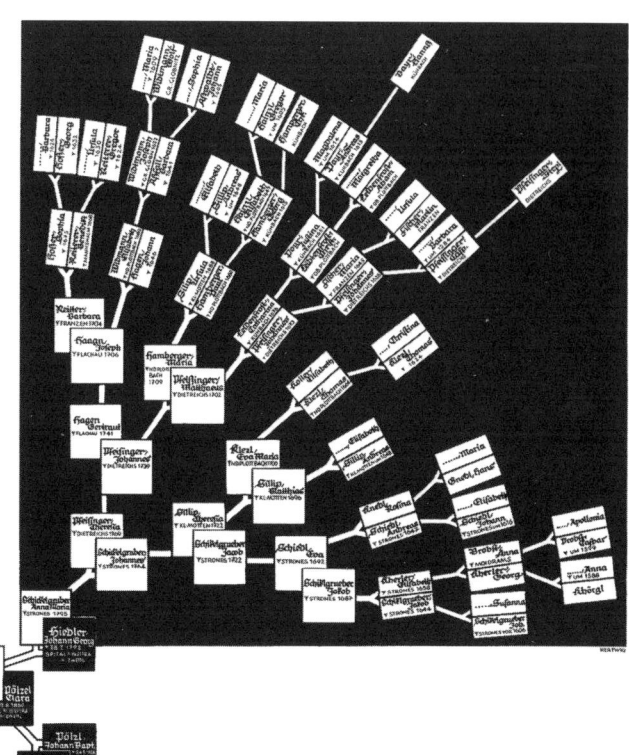

»Die Blutslinien des Führers im Döllersheimer Ländchen«. Bei der Räumung des Döllersheimer Gebietes erhielt jeder Aussiedler eine Kopie des Hitler-Stammbaumes.

Die Ergebnisse der Recherchen flossen dann in das aufwändig gestaltete Werk ›Die alte Heimat‹ ein.[60] Jede Aussiedlerfamilie erhielt dieses Buch bei der Ausreise feierlich überreicht. Der Unkostenbeitrag betrug 3 RM. Weitere Exemplare konnten zum Vorzugspreis bestellt werden.

Geboten wurde den Aussiedlern ein Abriss der österreichischen Geschichte mit besonderer Berücksichtigung ihrer Heimat aus

185

dem nationalsozialistischen Blickwinkel. So heißt es zum Jahr 1848: »... in falsch verstandener Menschlichkeit hatte man 1848 den Juden die volle Gleichberechtigung gewährt. Die Gleichstellung bedeutete den Beginn einer jüdischen Unterwanderung, die sich in kürzester Zeit auf allen Gebieten der Wirtschaft, in der Presse und im Staatsleben unerfreulich bemerkbar machte. Auch das Döllersheimer Ländchen bekam die Segnungen der jüdischen Gleichberechtigung zu spüren. Bald zählte man, ... wo vordem nur wenige Juden ansässig gewesen, weit über zweihundert dieser neuen Staatsbürger, die zum Schaden des Landvolkes vor allem den Viehhandel, ... an sich brachten.«[61]

Man rekapitulierte die Geschichte der nationalsozialistischen Bewegung des Waldviertels ab 1920 und die Leiden ihrer (1933) verbotenen Anhänger: »... besonders fahndete man nach den Übeltätern, die durch Aufmalen von Hakenkreuzen an Hauswänden, durch Flüsterpropaganda und durch das Verstreuen von papiergeschnittenen Hakenkreuzen ... Opposition kundtaten.« Stolz berichtete man, dass die Weihe einer »gehässigen Gedenktafel auf dem Friedhofe von Groß-Poppen zur Erinnerung an den ›von brauner Mörderhand‹ gefallenen Dollfuß«[62] an dem mannhaften Verhalten des Pfarrers, eines illegalen Nazis, scheiterte.

Das Buch gab auch eine genaue Aufstellung der zum Zeitpunkt der Aussiedlung im Döllersheimer Ländchen ansässigen Nachfahren des »Führers und Reichskanzlers«.

An Hand eines »Schaubildes« erläuterte man in pädagogischer Weise die Erstellung eines Ahnennachweises. Als Beispiel diente dafür kein Geringerer als Adolf Hitler: »Dieses Verfahren findet bei den nachstehenden Daten über die Vorfahren des Führers aus dem Döllersheimer Ländchen Anwendung.« Bezüglich der übrigen Waldviertler Ahnen Hitlers wies man »ausdrücklich« darauf hin, dass auch diese bodenständige Bauern gewesen seien.

Die Arbeitsgemeinschaft fertigte eine Liste aller in den Orten vorhandenen Kirchenmatrikeln an, um »eine Grundlage für die Sicherstellung zu schaffen«. Hauptsächlich jedoch, um die Erstellung der Ahnennachweise der Aussiedler zu gewährleisten. In einem Zusatz heißt es: »Es wäre beim Landesarchiv des Gaues

Niederdonau [Niederösterreich] anzuregen, daß dieses gesamte Material in einer eigenen Abteilung dieses Archivs in Wien gesammelt und aufgestellt wird.«

Die Arbeitsgemeinschaft fotografierte alle »Hitler-Häuser«. Sie führte auch Ahnenforschung bezüglich der Familien Hitler und Schicklgruber durch, durchforstete die lokalen Archive und begutachtete die Zeugnisse von Hitlers Vater in der Schule von Döllersheim.

Die geheime Hauptaufgabe der Arbeitsgruppe bestand jedoch in »anthropologischen« Forschungen, die sich auf die Feststellung der Verwandten Hitlers und ihre »rassische Reinheit« konzentrierten. Zu diesem Zweck erließ der Bürgermeister des Ortes einen Aufruf an »die Volksgenossen von Strones«, am 27., 28. und 29. Juni 1938 vollzählig zu Fotoaufnahmen zu erscheinen.[63]

Alle Aussiedler wurden genau fotografiert und vermessen. Man bedauerte, dass »der Waldviertler trotz der Abgeschiedenheit der Dörfer kein einheitliches Rassenbild zeigt« – die slawische Blutbeimischung sei nachhaltig und vielfach unverkennbar. Auf Grund der Untersuchungen und mit Hilfe der ›Rassenkunde des deutschen Volkes‹[64] kam man dann zu dem Schluss, dass die Bewohner des »Döllsheimer Ländchens«, somit auch die »Sippe des ›Führers‹«, der in den österreichischen Alpenländern sowie Süd- und Mitteldeutschland weit verbreiteten arisch-dinarischen Rasse zuzurechnen seien. Zur Verdrängung etwaiger Kritik an ihren – unerwünschten – slawischen Ursprüngen, wurde betont, dass ihre wertvollen dinarischen Rasseelemente noch wertvollere nordische Einschläge enthielten. Nach der Typologie von Hans Friedrich Karl Günther, dem »Rassenguru« des Dritten Reichs, sind die Dinarer hoch gewachsen, langbeinig und schlank mit kurzem Schädel. Ihr schmales Gesicht wird durch die kräftige, hervorspringende Nase unterstrichen. Braun sind die Augen, schwarzbraun bis schwarz die Haare. »Überall, wo der dinarische Mensch hinkommt, hängt er mit großer Treue an der Heimat …«, lehrte Professor Günther in seinen Vorlesungen. Da er jedoch seine Werteskala lange vor der Untersuchung der Wurzeln des »Führers« erstellt hatte, reihte er die dinarische Rasse – in Betreff auf ihre Intelligenz – hinter die nordische. Er sprach auch eine Warnung aus: Der dinarische Mensch neige zu Jähzorn und Gewalttätigkeit! In der Verbrechensstatistik weise der dinarisch besiedelte Teil Deutschlands hohe Ziffern für gefährliche Körperverletzungen auf![65]

Die Mitarbeiter der »Forschungsgemeinschaft Waldviertel« haben die Ergebnisse ihrer Studien gewissenhaft in dafür erarbeitete Fragebögen eingetragen und sie dann zur Auswertung weitergegeben. An wen das Material gelangte und welchem Zweck es diente, ist unbekannt.

1988 wurde die nunmehr betagte, ehemalige Leiterin der Arbeitsgemeinschaft befragt. Sie erinnerte sich nur vage, dass ihre Recherchen von einem »Amt für Volksgesundheit« angeordnet worden waren.

Wer hinter den Sondierungen zur »Sippe des Führers« tatsächlich steckte, ist bis zum heutigen Tag ungeklärt. Am ehesten kommt für die Aktion das »Ahnenerbe der SS« in Betracht. Die 1935 gegründete Forschungsgemeinschaft erkundete mit willfährigen Wissenschaftlern die »arisch-nordische Rasse«. Sie stand unter der persönlichen Leitung des Reichsführers SS Heinrich Himmler, der sich brennend für den Stammbaum Hitlers interessierte und eine streng geheime »Führermappe« anlegen ließ.[66]

Auf jeden Fall leistete die »Arbeitsgemeinschaft Waldviertel« mit ihren »anthropologischen« Studien über die Verwandten Hitlers im »Döllersheimer Ländchen« Pionierarbeit.

Wenig später nahm das Amt für »Sippenforschung«, das ehemalige anthropologische Institut der Universität Wien, seinen Betrieb auf, um im Zweifelsfall Menschen mittels pseudowissenschaftlicher Methoden in Arier und Nichtarier einteilen zu können. Bei jenen, die man der minderwertigen »Fremdrassigkeit« verdächtigte oder von diesem Vorwurf reinigen wollte, wurden durch Blutproben und Schädelvermessungen nichtarische und jüdische Merkmale geortet, um dann entsprechende Maßnahmen ergreifen zu können.[67]

Als die »Deutsche Ansiedlungsgesellschaft«, Abteilung Ostmark[68], mit Hauptsitz in Berlin, von der viele bitter meinten, dass der Name »Aussiedlungsgesellschaft« treffender wäre, ihr mit systematischem Feuereifer betriebenes Zerstörungswerk 1941 abschloss, konnte sie auf eine beachtliche Bilanz zurückblicken. 42 Orte, 35 Kirchen und Kapellen, ein Dutzend Schlösser und ehemalige Adelssitze, sechs Einzelgehöfte und zehn Mühlen – insgesamt 1389 Gebäude – waren zwischen 1938 und 1941 geräumt worden. 6800 Bewohner hatte man abgesiedelt. 1941/42 umfasste der Heeresgutsbezirk mit 13,97 Quadratkilometern die Größe des Fürstentums Liechtenstein.

Die Schicksale der Aussiedler gestalteten sich sehr verschiedenartig. Manche konnten ihre Situation verbessern, viele fanden gleichwertige Bedingungen vor und manche wurden praktisch um ihren gesamten Besitz gebracht. Hat man die ersten Aussiedler anfangs noch mit großzügigen Höfen entschädigt, so änderte sich dies mit Kriegsbeginn. Die Hitler-Verwandten fügten sich – wie die meisten – in ihr Schicksal und sahen von einem direkten Appell an den »Führer« ab. Nur vereinzelte Mutige beschritten den Rechtsweg. Ein Gastwirt, der alle Rechtsmittel gegen seine Enteignung ausschöpfte, landete schließlich im KZ Mauthausen, wo er umkam.[69]

Für eine Errichtung des »TÜPL-Döllersheim« aus anderen als militärischen Überlegungen bestehen daher keine Anhaltspunkte. Der »Führer« selbst hat in keiner Phase der Planung und Entstehung Einfluss genommen. Seine Vorfahren, ihre Lebensumstände und ihr Nachlass haben ihn in keiner Weise interessiert. Und am Schicksal der Nachkommen seiner Ahnen hat er keinen Anteil genommen. Mitleid für die Aussiedler war ihm fern. In seinen Augen erbrachten sie – wie die Südtiroler – selbstverständliche Opfer zum Wohle des deutschen Volks.

Die leer stehenden Häuser der entsiedelten Dörfer wurden im Dritten Reich für militärische Zwecke genutzt, aber nicht demoliert. Auch die Wohnstätten der Hitler-Verwandten standen, für jedermann sichtbar, noch 1945. Ihre vollständige Zerstörung geht auf das Konto des österreichischen Bundesheeres nach 1955, die Verhinderung der Rückkehr der Aussiedler auf das der Politik der Österreichischen Republik.

Die Matrikeln der »Hitler-Gemeinden« wurden zwar nicht, wie angeregt, geschlossen dem Niederösterreichischen Landesarchiv eingegliedert, sondern auf vier benachbarte, in dem Buch ›Die alte Heimat‹ zwecks Ahnenforschung für Ahnenpässe genau bezeichnete Pfarren aufgeteilt. So heißt es zum Beispiel: »Die Matrikeln der Pfarre Döllersheim befinden sich im Gewahrsam der Kirche in Rastenfeld (Kreis Zwettl. Nieder-Donau.)« Zu keinem Zeitpunkt ist jedoch die Vernichtung von Unterlagen über die Ahnen Hitlers erwogen worden. Es gibt keine Hinweise dafür, dass Akten heimlich beiseite geschafft worden wären.

Das Buch ›Die alte Heimat‹ enthält Fotos der »Hitler-Häuser« und Dokumente über seine Ahnen. Die Privatkanzlei des »Führers« unterstützte die Recherchen. Hitler bekam das Werk vorgelegt, studierte es genau und hatte gegen den Inhalt nichts einzuwenden. Die Publikation mit dem beigelegten, künstlerisch gestalteten, zum Rahmen bestens geeigneten Hitler-Stammbaum erhielt seine Genehmigung. Auch die in Strones geborgenen Gerätschaften der Schicklgrubers, Beweisstücke der Lebensumstände von Hitlers Großmutter, wurden nicht vernichtet. In einem Waldviertler Museum[70] überdauerten sie sogar den Zweiten Weltkrieg.

Eine Ausnahme bildet nur das großmütterliche Spinnrad. Es ist verschollen. Vermutlich hat es ein Sammler von NS-Devotionalien in der Hoffnung auf spätere Verwertung an sich genommen. Passte doch das Spinnrad von Hitlers Großmutter sehr gut zu der NS-Ideologie, die den Frauen die Rückkehr zu »Scholle, Herd und Spinnrad« geraten hat. Die Herkunft der übrigen Hitler-Realien geriet allmählich in Vergessenheit. So glaubten die Erben des verstorbenen NS-Kreisbauernführers Maders, dass der schöne bemalte Bauernkasten zu seinem Nachlass gehörte. Sie nahmen ihn an sich und transportierten ihn nach München. Dort wurde er von der Leitung des Heimatmuseums aufgespürt, für sich reklamiert und der Rücktransport in das Waldviertel veranlasst.

Spital bei Weitra, das kleine Dorf, Stammort der Familie Hitler, wo heute noch Hitler-Nachkommen leben, befand sich nicht auf dem Areal des TÜPL. Es wurde daher auch nicht zerstört. Nachdem das »Reichsschießgelände« um Döllersheim Sperrgebiet und für Zivilisten nicht mehr öffentlich zugänglich war, blieb den NS-Pilgern nur mehr Spital bei Weitra. Dort jedoch stand der »Führer-Kult« während des ganzen Dritten Reichs in voller Blüte. Man besichtigte die nebeneinander liegenden »Hitler-Häuser«. »Ergriffen von der Kleinheit des Raumes und der Größe des Enkels trugen sich die NS-Funktionäre in das Gästebuch ein«, heißt es von den Teilnehmern eines NS-Kreisparteitages. Die Familie Schmidt konnte sich der zahlreichen, ungebetenen Gäste kaum erwehren. »In einem stattlichen Anwesen ... besuchen wir auch den Bauern Schmidt, dessen Frau eine Schwester von Hitlers Mutter ist. Wir werden mit großer Gastlichkeit aufgenommen und Frau Schmidt zeigt uns noch den Tisch, an dem Adolf Hitler als 17-jähriger mit seinen Büchern und Zeichenmaterialien gesessen hat. Während die Tante ihren Neffen als einen bescheidenen Jungen schildert, sagt sein Onkel, daß er ein ›forscher Bursche‹ gewesen ist«, berichtet ein Kunstmaler auf den Spuren des »Führers«.[71]

Abgesehen von einer gewissen lokalen Popularität, genossen die Schmidts während des Dritten Reichs keinerlei Vorteile. Hitler war der Meinung, dass niemand aus der Verwandtschaft mit ihm Nutzen ziehen dürfe. Trotzdem büßten Hitlers Blutsverwandte und ihre angeheirateten Partner nach dem Ende des Zweiten Weltkriegs stellvertretend für den »Führer«. »Hitler-Blut kaputt!«, meinten jene russischen Soldaten, die, aufgeklärt von willigen Denunzianten, Hitlers Cousine Maria Koppensteiner geb. Schmidt am 30. Mai 1945 beim Brotbacken in ihrem Heimatdorf verhafteten.[72] Ihr Ehemann Ignaz, der seine Frau nicht allein lassen wollte, ging freiwillig mit. Vier Kinder, die niemals mehr von ihren Eltern hörten, blieben allein zurück. Maria Koppensteiner hatte ihren Cousin Adolf als Neunjährige 1908 zum letzten Mal gesehen, Ignaz Koppensteiner kannte ihn nicht persönlich. Als »deutschfaschistische Verbrecherin« wurde Hitlers Cousine nach fünf Jahren Untersuchungshaft zu 25 Jahren Haft verurteilt. Im Urteil heißt es: »Als Hitlers Verwandte ist Koppensteiner Maria mit ihm in Kontakt gestanden, hat von ihm Geldmittel erhalten und seine gegen die UdSSR und andere friedliebenden Staaten gerichteten verbrecherischen Pläne unterstützt.« Sie stelle eine »soziale Gefahr« da. Sie starb 1953 in der Strafanstalt Werche-Uralsk im Alter von 54 Jahren an Herzversagen. Ihr Mann war bereits im Juli 1949 im Moskauer Lefortowo-Gefängnis an Herzlähmung gestorben. Auch Marias Brüder, Hitlers Cousins, entgingen der Sippenhaft nicht. Johann Schmidt wurde im Juni 1945 zu Tode geprügelt. Alle anderen wurden abtransportiert und erhielten lange Haftstrafen. Der zu 25 Jahren Haft verurteilte Eduard Schmidt starb 1951 im Lagerkrankenhaus von Werche-Uralsk. Von Hitlers von den Sowjets abgeholten Verwandten hat der 1925 geborene Johann Schmidt jr. als Einziger den sowjetischen Lageraufenthalt überlebt. Obwohl man ihm keinerlei persönliche Schuld vorwarf, war er zu 25 Jahren Sondergefängnis verurteilt worden. 1955 kam er durch Begnadigung frei.

Anfang April 1998 wurden Hitlers Verwandte auf Antrag des österreichischen Ludwig-Boltzmann-Instituts für Kriegsfolgen-Forschung von der russischen Militärstaatsanwaltschaft rehabilitiert. In der Zeitung ›Komsomolskaja Prawda‹ erschien daraufhin ein Artikel mit dem Titel »Hitlers Brut rehabilitiert – ist nun Hitler dran?« Russische Kriegsveteranen bekundeten ihre Entrüstung.[73]

Warum hat niemand Hitler umgebracht?
Die Sicherheit des »Führers« – unbekannte Attentate auf Hitler

Auf Hitler wurden mehr Anschläge geplant und ausgeführt als auf jeden anderen Politiker in der Geschichte der Welt. Die Tatsache, dass im Dritten Reich immer neue Mordkomplotte gegen den »geliebten Führer« aufgedeckt wurden, haben die NS-Sicherheitsbehörden jedoch höchst effizient zu verbergen gewusst. Nur zwei Attentate gelangten an die breite Öffentlichkeit: Das lange und sorgfältig vorbereitete des Einzelgängers Georg Elser, der in monatelanger Kleinarbeit (1938/39) eine Zeitbombe in einen Pfeiler des Münchner Bürgerbräukellers platzierte, vor dem das Pult für Hitlers jährliche Rede am 8. November zum Gedenken an die »alten Kämpfer« zu stehen pflegte. Und jenes des deutschen Generalstabs, durchgeführt vom hoch dekorierten, körperlich schwer behinderten Oberst Claus Schenk Graf von Stauffenberg. Dieser wollte Hitler am 20. Juli 1944 während einer Besprechung im ostpreußischen Führerhauptquartier »Wolfsschanze« in die Luft sprengen.[1] Beide Attentate kamen dem Erfolg sehr nahe. Da sie auch Dimensionen hatten, die selbst eine rigorose NS-Pressezensur nicht vertuschen konnte, stellte man sie als isolierte Taten von Wahnsinnigen hin. Die raffinierte Propaganda von Goebbels benutzte sie sogar in perfider Weise zur weiteren Anheizung des »Hitler-Kults«.

Die zahlreichen anderen Versuche zur Eliminierung Adolf Hitlers wurden streng geheim gehalten. Nach 1945 stellte man erste, vorsichtige Schätzungen an, die ca. ein Dutzend Attentate ergaben. Bald revidierte man die Zahl auf 40. Mit der sukzessiven Öffnung der Archive, der Rückgabe der von den Alliierten beschlagnahmten Aktenbestände sowie der Veröffentlichung zahlreicher Memoiren sind es nach derzeitigem Wissensstand – nicht berücksichtigt ist die hohe Dunkelziffer jener Konspirationen, die über ein frühes Planungsstadium nicht hinauskamen – hunderte Kom-

plotte, die meisten davon selbst in Fachkreisen vollkommen unbekannt. Ihr Bekanntheitsgrad erhöhte sich selbst dann nicht, als
Peter Hoffmanns spektakuläre Forschungsergebnisse vorlagen.[2]
Sie waren ein unpopulärer Teilaspekt der NS-Geschichte. Die Beschäftigung mit den in Deutschland gegen Hitler geschmiedeten
Komplotten galt lange Zeit als »deutsches Feigenblatt«, als ver-
werfliches Bemühen, den Deutschen die moralische Verantwortung am Werdegang des »Führers« und am Zustandekommen des
Dritten Reichs abzunehmen. Erforschte man dennoch das Schicksal jener Menschen, die trotz größtem Terror den Kampf gegen
Hitler und den Nationalsozialismus gewagt hatten, dann stand die
Frage nach ihren Motiven und nicht die Anzahl der verübten Attentate im Vordergrund.[3]

Der erste Anschlag auf Hitlers Leben erfolgte bereits im Jahr
nach seinem Eintritt in die Politik. Den Anlass dazu bot jene auf-
reizende Rede, die er als NSDAP-Vorsitzender im November 1921
über den Mordversuch auf einen sozialdemokratischen Abgeordneten hielt. Hinter dem Anschlag vermutete jedermann die
NSDAP. Während sich Hitler provokant unwissend stellte und in
höhnischer Manier »Wer sind die Mörder?« fragte, rüstete sich das
überwiegend feindliche Auditorium mittels steinerner Bierkrüge
und Knüppel für eine Diskussion. Mehrere politische Gegner
nutzten jedoch die Gelegenheit und gaben gezielte Schüsse auf
den als demagogische Urkraft Gefürchteten ab. Hitler blieb unverletzt. Seine Leibwächter nahmen sofort die Verfolgung auf. Die
Täter konnten in dem Getümmel unerkannt entkommen.

Politisch motivierte Überfälle und Attentate stellten am Beginn
der Weimarer Republik keine Seltenheit dar. Neben den offiziellen
Parteien existierten zahlreiche illegale, höchst gewaltbereite para-
militärische Verbände und Bürgerwehren. Es gab Aufstände und
Putschversuche in Berlin, Hamburg und München. Untergrund-
organisationen torpedierten die Arbeit des Alliierten Kontrollrats.
Allein zwischen 1919 und 1922 wurden an die 370 politische Morde verübt. Vier Monate nachdem er die Republik ausgerufen hatte, wurde der bayerische Ministerpräsident Kurt Eisner ermordet.
Die Kommunisten Rosa Luxemburg und Karl Liebknecht fielen

ebenso der Gewalt zum Opfer wie der katholische Politiker Matthias Erzberger und der deutsche Außenminister Walther Rathenau. Bedingt durch die Ohnmacht des Staates, griffen sämtliche politische Gruppierungen zum Selbstschutz. So besaß der »Sozialdemokratische Verein« eine Ordnertruppe, hielt sich der »Republikanische Reichsbund« einen Schlägertrupp und hatte sich der »Bund jüdischer Frontsoldaten« einen Versammlungsschutz geschaffen.

Als Chef einer aggressiven und provokanten Partei, die darauf brannte, den Kampf gegen den »roten Terror der Straße« aufzunehmen, initiierte auch Hitler den Aufbau einer eigenen NS-Schlägertruppe. Sein damaliger bester Freund, Emil Maurice – er sollte später auch zum Mitbegründer der SS werden –, schuf umgehend die gewalttätige SA (Sturmabteilung), von der Hitler in ›Mein Kampf‹ verlangte: »… daß unserer Ordnertruppe der Ruf schon vorangehen müsse, kein Debattierklub, sondern eine zum Äußersten entschlossene Kampfgemeinschaft zu sein.«[4] Aus den Reihen der SA wählte sich der Vorsitzende der NSDAP seine erste persönliche Leibgarde: die »Stabswache« und später den »Stoßtrupp Hitler«, beide Keimzellen der SS (Schutzstaffel). Darüber hinaus bewaffnete sich Hitler selbst. In der Anfangsphase von DAP und NSDAP, der so genannten »Kampfzeit der Bewegung«, führte er stets eine Pistole mit sich. Zur Abwehr von Angreifern trug er in der Öffentlichkeit eine Peitsche in der Hand. Selbst seine bei ihm lebende Nichte hielt Hitler zu Schießübungen an. »Wenn du bei einem Politiker wohnst, mußt du mit Anschlägen rechnen«, meinte er und ließ Geli Raubal auf einem Schießplatz in der Nähe Münchens den Umgang mit einer Walther-Pistole vom Kaliber 6,35 üben.[5]

Beim »Deutschen Tag« in Coburg im Oktober 1922 kam es zwischen Nationalsozialisten, Kommunisten und Sozialdemokraten zu wüsten Straßenkämpfen. Gegner aus den Reihen der Marxisten attackierten Hitler persönlich, wobei sie offen Morddrohungen ausstießen. 1923 wurde in Thüringen aus der Menge heraus auf Hitler geschossen. Und auf seinen Fahrten zu Wahlveranstaltungen, die er im eigenen Luxus-Mercedes absolvierte, erlebte der

»Führer« nicht nur, wie die Propagandabilder des NS-Fotografen Heinrich Hoffmann insinuierten, jubelnde Begeisterung, sondern auch wütende Ablehnung. Noch Jahre später klangen Hitler die Rufe: »Mörder, Banditen, Hitler-Banditen, da drin sitzt er selber!«, bedrohlich im Ohr. 1942 erinnerte er sich: »Damals war das nicht zum Lachen, wenn man durch eine Meute durchfahren mußte.«[6]

Die Attacken auf Hitler ließen erst nach, als die Partei nach den Reichstagswahlen 1927/28 (2,8 % der Stimmen) in die Bedeutungslosigkeit versank. Als die NSDAP jedoch 1932 große Gewinne (37,3 % der abgegebenen Stimmen) erzielte und sich die Anzeichen für eine Regierungsbeteiligung der rechtsradikalen Partei mehrten, stiegen die Bemühungen – meist anonym bleibender – Hitler-Gegner zur Beseitigung der NS-Leitfigur sprunghaft an. So feuerten Unbekannte am 15. März 1932 Schüsse auf ein Fenster des Zuges München–Weimar ab, hinter dem sie Hitler, Goebbels und Frick vermuteten. Im Juni 1932 versuchte man Hitlers Mercedes bei Stralsund in einen Hinterhalt zu locken, im Juli 1932 beschossen ihn Unbekannte, als er in Nürnberg eine Straße überquerte, und im August 1932 erlitt er Verletzungen durch Steinbrocken, die man ihm auf seiner Fahrt nach Freiburg im Breisgau in den offenen Wagen schleuderte.

Nach der Ernennung Hitlers zum Reichskanzler einer Koalitionsregierung (30.1.1933) lag die offizielle Verantwortung für die Sicherheit des »Führers« beim deutschen Staat, der seit der Ermordung des Außenministers von Rathenau verschärfte Bestimmungen zum Schutz seiner höchsten Repräsentanten erlassen hatte. Demnach bewachte eine Gruppe von elf Beamten der politischen Sektion (IA) der Berliner Kriminalpolizei die Reichskanzlei rund um die Uhr. Vier waren ständig im Einsatz. Sie patrouillierten im Garten, behielten das Gebäude selbst und die umliegenden Straßen im Auge. Bei Autofahrten des NS-Politikers saß zur Dirigierung des sichersten Kurses eine Eskorte neben dem Fahrer. Seit der Gründung des Deutschen Reichs hatte es nicht an Gefahren für Kanzler gemangelt. Otto von Bismarck wurde von einem Attentäter Unter den Linden beinahe erstochen, Reichskanzler Brüning hatte 1931 ein Bombenpaket erhalten. In der Amtszeit des Franz von Papen verhaftete man eine Frau in den Gängen der Reichskanzlei, die unbemerkt durch einen Seiteneingang eingedrungen war. Sie trug einen Dolch bei sich.

Doch Hitler zog mehr Attentäter an als alle seine Vorgänger zusammen. Er war sich, wie er meinte, sehr wohl bewusst, »wie leicht der Tod einen Staatsmann treffen kann«. Besonders fürchtete er Anschläge von Juden, Kommunisten und Katholiken, deren Verfolgung er häufig angekündigt hatte. Reichskanzler Adolf Hitler verließ sich daher nicht auf die wenig effizienten Polizeibehörden, sondern vertraute seinem lang bewährten SS-Begleitkommando.[7] Bereits im Frühjahr 1933 entstand aus den Rängen der SS die SS-Leibstandarte »Adolf Hitler«, eine Eliteeinheit, aus der Hitler dann seine SS-Eskorte wählte. Ein weiteres Führerschutzkommando bildete man aus Kriminalbeamten des NS-Reichssicherheitsdienstes. Daneben gab es zur Bewachung Hitlers diverse Sonderschutzkommandos, SS-Ordonnanzoffiziere und SS-Adjutanten.

Unmittelbar nach der Machtergreifung der Nazis trafen mehrere, an Hitler persönlich adressierte Briefe mit Morddrohungen ein, eine Serie, die sich ständig steigerte und bis 1945 nicht mehr abriss. Auch an das Reichssicherheitshauptamt ergoss sich eine Flut anonymer Schreiben mit wüsten Drohungen. Nach Einschätzung der Staatspolizei waren im Jahr 1933 zehn darunter, die man ernst zu nehmen hatte, 1934 waren es vier. Einige davon stammten allerdings nicht von NS-Gegnern. Vielmehr hatte sie – wie sich später herausstellte – niemand Geringerer als der Reichsführer SS Heinrich Himmler verfasst, der mit diesem plumpen Trick auf die wichtige und unentbehrliche Rolle seiner SS hinweisen wollte. Fürchtete er doch, bei der Verteilung hoher Ämter ins Hintertreffen zu geraten.

Die Spitzel der Staatspolizei erfuhren von mörderischen Plänen jeder Art, von vergifteten Füllfedern, Sprengkörpern in Blumensträußen und Gift-Bonbonnieren, die erfindungsreiche NS-Gegner für den nunmehrigen »Führer und Reichskanzler« parat hielten.[8] In hunderten Briefen und Telegrammen wurde Hitler gedroht. Manchmal trafen auch Warnungen ein. So lautete das an

Hitler persönlich adressierte Telegramm eines Lehrers vom 9. Februar 1933: »Höre soeben, daß an Eure Exzellenz ein Paket mit Gift in die Reichskanzlei geschickt wurde.«[9]

Im Februar 1933, nur wenige Tage nach der Ernennung Hitlers zum Reichskanzler, begannen Königsberger Kommunisten unter der Führung des Schiffszimmermanns Kurt Lutter mit der Planung eines Sprengstoffattentats. In zwei geheimen Besprechungen einigte man sich über die Vorgangsweise zur schnellen Beseitigung des »Führers«. Als Zeitpunkt wählte man Hitlers Wahlkundgebung am 4. März 1933 in Königsberg, die einen Tag vor den entscheidenden Reichstagswahlen stattfand.

Die Pläne wurden verraten und die Verschwörer knapp vor der Veranstaltung verhaftet. Auf Antrag der Justiz fand eine reichsgerichtliche Voruntersuchung »wegen eines geplanten Anschlages auf den Herrn Reichskanzler« statt.[10] Doch die Verdachtsmomente reichten zu einer Verurteilung nicht aus. Aus Mangel an Beweisen ist Lutter gegen Ende 1933 »außer Verfolgung« gesetzt worden.

Knapp bevor die neue deutsche Koalitionsregierung am 21. März 1933 mit dem »Tag von Potsdam« den Reichstag eröffnete, meldete ein Wahrsager, dass jede Nacht an einem Gang unter der für die feierliche Zeremonie auserkorenen Potsdamer Garnisonskirche gegraben werde. Die Staatspolizei ging dem Hinweis des dubiosen Mannes nach und entdeckte tatsächlich einen weit fortgeschrittenen Tunnel. Mit einem Sack Dynamit sollten der Reichskanzler und der greise Reichspräsident Paul von Hindenburg, die gesamte Regierung und die zahlreichen Ehrengäste in die Luft gesprengt werden! Selbst die Funkverbindung zur Meldung des Erfolgs war bereits verlegt. Zum großen Ärger der Gestapo konnten die Täter niemals ausgeforscht werden.[11]

Wenig später fing der Sicherheitsdienst den Brief eines deutschen Ex-Kommunisten und Ex-Nazis aus dem französischen Palaiseau ab. Darin versprach jemand, den man bald als Ludwig Assner identifizierte, nicht eher ruhen zu wollen, bevor er Hitler erschossen habe. Er kenne diesen Mann, schrieb er. Französische Polizeikollegen observierten den als Sonderling geltenden Briefschreiber, der in aller Öffentlichkeit Geld für sein Vorhaben sammelte. Vorsorglich übermittelte man seine genauen Personalien der deutschen Grenzpolizei.[12] Diese willige Kooperation ausländischer Geheimdienste zum Schutz Hitlers stellt keinen Einzelfall dar. Während nämlich Assner in seinen Drohbriefen hellsichtig schrieb, dass »dieser Mann [Hitler] die Deutschen und Deutschland in den Abgrund stürzen werde«, genoss das NS-Regime in den ersten Jahren seines Bestehens große internationale Reputation.

War Hitler demnach – trotz aller Mängel seines Regimes – ein großer Deutscher? Die Repressalien gegen Regimegegner und Juden sah man als vorübergehende Maßnahmen an, die es notgedrungen in Kauf zu nehmen galt. Nur wenige ausländische Politiker glaubten an den bitteren Ernst der von NS-Kreisen angedrohten Maßnahmen. Hitler und sein Regime würden sich nach einer – zugegebenermaßen diktatorischen Anfangsphase – konsolidieren! Die anfänglichen großen außenpolitischen Erfolge Hitlers entmutigten und demoralisierten viele seiner Gegner in Deutschland. »Vielleicht hatten all die vielen Deutschen und Ausländer Recht, die in dem Nationalsozialismus, der mir fremd war, das Gute sahen?«, fragte sich ein Hitler-Gegner. »Vielleicht gehörte ich tatsächlich nur zu einer ›hauchdünnen Schicht‹?[13] Vielleicht lag es an einem Charakterfehler in meinem Wesen, daß ich an dieser Freude und Begeisterung innerlich keinerlei Anteil hatte!«[14]

Wer wollte in einer Situation, als Deutschland endlich Anerkennung fand, abseits stehen, zum Vaterlandsverräter werden oder sich gar an dem umjubelten Schöpfer des fulminanten Aufstiegs vergreifen?

Viele wollten es. Doch die Chancen für Attentäter verringerten sich nach der Machtübernahme der Nazis schlagartig. Auf Grund jahrelang angelegter und mit Akribie geführter Fahndungslisten wurden bereits im Februar 1933 erste Säuberungswellen durchgeführt. Viele, die sich in der Weimarer Republik offen als Hitler-Feinde deklariert und dies mit Worten und Taten unterstrichen hatten, fanden sich auf Grund der dehnbaren Paragrafen des »Schutzhaftgesetzes« zuerst in unbefristetem Polizeigewahrsam und dann im KZ wieder.

Nach dem Tod Hindenburgs übernahm Hitler auch das Amt des Reichspräsidenten. Diesen weiteren Schritt zur totalen Macht nutzte er, um einen geistigen Schutzwall um seine Person zu ziehen. Am 2. August 1934 befahl er, die gesamte Reichswehr neu zu vereidigen, und zwar nicht, wie es das bisherige Gesetz vorsah, auf Volk, Vaterland und Verfassung, sondern allein auf seine namentlich genannte Person.[15] Demnach gab es keine Vaterlandstreue mehr, sondern nur mehr »Führertreue« – eine weitere Barriere für jene Hitler-Feinde aus den Reihen der Militärs, die einen Eid unter allen Umständen als heilige Verpflichtung ansahen. Hitler selbst meinte dazu stolz: »In der Zukunft wird es wohl niemals wieder einen Mann geben, der mehr Autorität hat als ich. Mein Dasein ist also ein großer Wertfaktor.« Dann fügte er einschränkend hinzu: »Ich kann aber jederzeit von einem Verbrecher, einem Idioten beseitigt werden.«[16]

Zu Jahresbeginn 1935 wurde der jüdische Architekturstudent Helmut Hirsch aktiv. Er stammte aus Stuttgart, war in der völkischen Jugend tätig gewesen und 1933 nach Prag emigriert. Dort knüpfte er Kontakte zu Otto Strasser, Hitlers unterlegenem Rivalen im Kampf um die Parteiführung und nunmehrigem Todfeind sowie zu dessen Organisation »Die Schwarze Front«. Es dauerte nicht lange, bis der 20-jährige, gutgläubige Student von den großen Chancen und Vorteilen einer Machtübernahme Strassers in Deutschland überzeugt worden war. Man versicherte ihm, dass sich in diesem Fall das Los der Juden Deutschlands schlagartig verbessern würde. Hirsch fühlte sich gegenüber seinen Glaubensgenossen verantwortlich. Er wollte auch Mut beweisen. Auf jeden Fall ließ er sich zu einem Sprengstoffanschlag – und zwar wahlweise gegen die Person Hitlers oder gegen ein Gebäude des Nürnberger Parteitagsgeländes – überreden. Die wahren Motive Strassers, der seinen 1934 von den Nazis ermordeten Bruder zu rächen gedachte, hat man ihm wohlweislich verborgen. Am 20. Dezember 1936 fuhr Helmut Hirsch nach Stuttgart, quartierte sich in einem Gasthof ein und wartete auf den Boten mit dem Sprengstoff. Da er beim gewissenhaften Ausfüllen des Meldezettels seinen richtigen Namen angegeben hatte, war seine Verhaftung nur eine Frage von Stunden.

Der als Bote eingesetzte Mitverschwörer benahm sich so auffällig, dass er bereits beim Grenzübergang festgenommen wurde. Außer dem Sprengstoff gab er der Gestapo auch jede verlangte Auskunft. Der Student und sein Helfer wurden im März 1937 zum Tode verurteilt und im Juni 1937 in Plötzensee enthauptet.[17] Otto Strasser fungierte noch bei weiteren Fällen als Hintermann und treibende Kraft von Mordanschlägen auf das Leben Hitlers. So erfuhr die Gestapo im März 1937, dass ein Maurer namens Max Kostriba aus der Tschechoslowakei demnächst mit einschlägigem Auftrag nach Deutschland reisen würde. Um Ausstellung eines Passes hätte er bereits angesucht. Kostriba wurde observiert, sofort nach Überschreiten der Grenze verhaftet, verhört und hingerichtet.[18]

Als Reaktion auf die Maßnahmen der Nazis gegen deutsche Juden befassten sich in mehreren europäischen Ländern – voneinander unabhängige – Geheimorganisationen mit der Anwerbung von Attentätern und der Ausarbeitung von Mordplänen gegen Hitler, Himmler, Göring und anderen führenden Persönlichkeiten des Dritten Reichs. Anfang April 1938 erhielt die Polizeileitstelle in Koblenz Kenntnis davon, dass »gewisse jüdische Kreise Elemente anwerben, die bereit sind, im Reich gegen Hitler selbst vorzugehen«. Man fahndete dann nach 24 namentlich genannten Juden, die aus der Tschechoslowakei einreisen wollten.[19] Aus Paris wiederum kam die Nachricht, dass von den französischen Behörden verhaftete Rechtsbrecher die Namen von nicht weniger als 22 Personen genannt hätten, denen nur eines gemein war – der Wunsch, Hitler zu töten.

Auch in Deutschland gab es zahlreiche Gruppen mit dem Ziel der Beseitigung der alles dominierenden NS-Leitfigur. So entstand auf Initiative des pensionierten Staatssekretärs Dr. Wilhelm Abegg das »Comité A«, dessen Statuten nicht nur die Ermordung des »Führers«, sondern in deutscher Gründlichkeit auch die Beseitigung aller – für den Fall seines Todes – designierten Stellvertreter vorsahen. Zu diesem Zweck warb man zehn preußische oppositionelle Polizeioffiziere an, die mit Hilfe schweizerischer Lösegelder aus deutschen Konzentrationslagern befreit worden waren. Die Attentäter sollten sich als italienische Kurieroffiziere verkleiden und wichtige, persönliche Nachrichten des Duce vortäuschen. Unentdeckt von der Gestapo, mühte sich die Gruppe jahrelang vergebens mit der Herstellung geeigneter Bomben. Als sie zufällig erfuhr, dass auch die Wehrmacht derartige Pläne hatte, legte man die Angelegenheit in die Hände des – wie man glaubte – kompetenteren Militärs.[20]

Als die Agenten der Gestapa (Geheimes Staatspolizeiamt) einer für sie erschreckend hohen Zahl von Mordkomplotten auf die Spur kam, ersann man immer neue Maßnahmen zum Schutz des »Führers«. Auf Grund der strengen Vorschriften schafften es dann manche potenzielle Attentäter trotz größter Bemühungen nie, bis zu Hitler vorzudringen. Der Medizinstudent David Frankfurter, Sohn eines jüdischen Geistlichen, hat schließlich (4.2.1936) an Stelle des »Führers« in Davos Wilhelm Gustloff, den Landesgruppenleiter der NSDAP in der Schweiz, ermordet.[21] Das Attentat konnte nicht verhindert werden, obwohl die NS-Behörden Warnungen aus jüdischen Kreisen bekamen. Zu dieser Zeit pflegte nämlich die Abteilung II des RSHA (Reichssicherheitshauptamt) in dem Bestreben, die jüdische Auswanderung nach Palästina zu fördern, regen Kontakt zu zionistischen Kreisen. So erhielt SS-Hauptscharführer Adolf Eichmann von Feifel Polkes, einem Mitglied der Hagana[22], beunruhigende Hinweise. Im Zuge seiner Palästinareise traf er sich dann mit dem Informanten in Kairo, um »mehr über die vielen Drohungen gegen das Leben unseres Führers« zu erfahren. Tatsächlich bestätigte ihm Polkes, dass Frankfurters Attentat von der Pariser »Alliance israélite universelle« in Auftrag gegeben worden war. Zu diesem Zeitpunkt war Gustloff allerdings bereits tot. Der Prozess gegen seinen Mörder fand am 9. Dezember 1936 in Chur statt. Dabei sagte Frankfurter aus, »er habe gezögert, als ihm Frau Gustloff geöffnet habe, ihm sei zum erstenmal der Gedanke gekommen, ein verheirateter Mensch, ein Mensch … Dann habe er Gustloff am Telefon sprechen hören: ›Diese Schweinejuden!‹, und nun habe er geschossen.«[23]

1937, am Todestag des von einem »feigen Juden« getöteten Gustloff, hielt SA-Chef Lutze eine Gedenkrede über den »abgrundtiefe[n] Haß des niederrassigen [jüdischen] Volkes«.[24]

Der Obersalzberg, des »Führers« idyllisches Refugium in den bayrischen Bergen, hoch über Berchtesgaden, schien mit seinem alpinen, unüberschaubaren Gelände große Möglichkeiten für Mordwillige zu bieten. Außerdem zeigte sich Hitler, der in seinem Wochenend-Domizil als jovialer Privatmann auftrat, in den ersten Jahren des NS-Regimes noch relativ ungeschützt in der Umgebung seines Hauses. Manchmal unternahm er kleinere Ausflüge, meist ging er nur spazieren. Im Anschluss an seine Mittagsrast, kurz nach 15 Uhr, sah man ihn häufig in Begleitung einiger Getreuer auf dem Weg zum Mooslanderkopf. Oft blieb er stehen, wechselte mit Passanten leutselig ein paar Worte und ließ sich mit Kindern fotografieren. Er benützte stets die gleichen Routen, und Attentäter hätten sich dem Objekt ihrer Begierde – zumindest zu Beginn der NS-Ära – leicht nähern können. Deckung bot auch die Masse der Hitler-Verehrer, die sich in den billigen Pensionen der Region einquartiert hatten. Täglich sammelten sich bis zu 5000 NS-Wallfahrer an der Auffahrt zum »Berghof«. Später sollten sich Sprechchöre formieren: »Unser Führer Ostmarksohn, komm heraus auf den Balkon!« Martin Bormann, dem Beauftragten für den Ausbau des Obersalzberges, war das regelmäßige Bad des »Führers« in der Menge unheimlich. Er platzierte daher Sicherheitswachen, die entlang der Wege ein Spalier bildeten. Beim Herannahen des »Führers« sollten sie sich »unsichtbar« machen. Hitler bemerkte dann, wie sich die SS-Wachen hinter den Bäumen versteckten, und gab seinem Unmut Ausdruck. Bald wurde klar, dass der Schutz seiner Privatsphäre ohne aufwändige Investitionen nicht bewerkstelligt werden konnte. Bormann kaufte oder enteignete daher große Gebiete um den »Berghof« und setzte die SS-Leibwache zur Bewachung ein. Das Dorf Obersalzberg ließ er vollständig einebnen. Neben Wirtschaftsgebäuden, Straßen und Garagen entstanden Baracken für Hitlers Leibstandarte. Bald gab es in der idyllischen Berglandschaft ein gewaltiges, in Sektoren gegliedertes Sperrgebiet mit mehrfachen Stacheldrahtzäunen, Toren und Wachtürmen, das nur mit den entsprechenden Ausweisen betreten werden durfte.

Dies war die Situation, die der schweizerische, katholische Theologiestudent Maurice Bavaud vorfand, nachdem er sich im

Frühjahr 1938 entschlossen hatte, Hitler gemäß den Statuten seines Vereins aus dem Weg zu räumen. Bavaud gehörte nämlich zur »Compagnie du Mystère«, einer Gruppe naiver Fanatiker, die den Sturz des Kommunismus betrieb. Bavaud sollte Hitler zum sofortigen Angriff auf die Sowjetunion bewegen oder ihn, wenn dies nicht gelänge, töten. Ersteres überstieg die Möglichkeiten des weltfremden Bavaud. Es blieb also nur mehr Mord. Auf der Suche nach einer passenden Gelegenheit reiste Bavaud nach Bayern, wo er wochenlang den Obersalzberg erkundete. Er gab sich dabei als Journalist und glühender Nationalsozialist aus. Sein pathetisch geäußerter Wunsch, doch nur einmal den »Führer« bei einer NS-Veranstaltung ganz aus der Nähe sehen zu dürfen, bewog schließlich einen NS-Funktionär, dem jungen Mann eine Eintrittskarte zu den alljährlich am 8. und 9. November in München stattfindenden NS-Gedenkfeiern zu schenken. Bavaud kaufte sich daraufhin eine Pistole und lernte am Ammersee Zielschießen, konnte seine neu erworbenen Fähigkeiten allerdings nicht zum Einsatz bringen. Die SA bildete bei den Veranstaltungen einen derart dichten Kordon, dass der Attentäter nicht den Arm heben, geschweige denn zielen konnte. In der Hoffnung auf eine zweite Chance ist Bavaud dann Hitler sehr lange – bis zur Erschöpfung seiner Geldmittel – durch Deutschland gefolgt. Schließlich wurde er ohne Fahrkarte, aber mit Pistole in einem Zug bei Augsburg aufgegriffen. Er verwickelte sich in Widersprüche, die Gestapo erzwang ein Geständnis, und ein Volksgerichtshof verurteilte ihn in aller Stille zum Tode. Hitler erfuhr nur, dass ihm jemand »drei Monate lang nachgestellt habe«.

Zu der Zeit, als Maurice Bavaud um den Landsitz des »Führers« auf dem Obersalzberg strich, erhielt Alexander Foote, ein englischer Spion im Dienst des sowjetischen Geheimdienstes, den Auftrag, im Hinblick auf ein Attentat, Hitlers Münchner Lebensgewohnheiten zu erforschen. Er besuchte daher die »Osteria Bavaria«, ein gutbürgerliches Restaurant, in dem der »Führer« regelmäßig mit seinem kleinen Kreis von engen Mitarbeitern gemütlich beisammen saß. Sein Stammtisch befand sich in einem Nebenzimmer, das, wie Foote erfreut feststellte, nur durch eine dünne

Garderobenwand vom Korridor getrennt war. Leicht könnte man dort eine Aktentasche mit Sprengstoff unter den Mänteln verbergen. Selbst die Aufmerksamkeit der Sicherheitsbeamten, die Hitler in die Gastwirtschaft begleiteten, haben Foote und ein Mitspion (Bill Philips) im Winter 1938/39 getestet. Die neuen Stammgäste standen – wie an vielen anderen Tagen – in der Wirtsstube der »Osteria«, als Hitler nahe an ihnen vorbeiging. Foote griff auffällig in seine Tasche, wo er vorsichtshalber ein Zigarettenetui trug. Nichts geschah, die angeregt plaudernden Leibwächter schenkten ihm keine Aufmerksamkeit. Der englische Agent hielt danach auch ein Pistolenattentat für empfehlenswert. Footes Auftraggeber verfolgten ihre Mordpläne jedoch nicht weiter. [25]

In München besaß Hitler eine Wohnung am Prinzregentenplatz (Nr. 16). Er hatte sie bereits 1929 gemietet, behielt sie auch nach seiner Ernennung zum Reichskanzler und benutzte sie für gelegentliche Besuche in der »Hauptstadt der Bewegung«. Umfangreiche Sicherheitsmaßnahmen für dieses Domizil gab es erst ab 1933. Scharfschützen hielten die umliegenden Dächer besetzt, Kriminalbeamte beobachteten das Haus. In die Kamine baute man Schutzvorrichtungen ein, vor dem Eingang stand ein Posten des SS-Begleitkommandos, in den Korridoren ging ein Polizist auf und ab. Im Erdgeschoss befand sich ab 1933 ein Wachraum, von dem aus man den Hausflur überwachte. Wurden die umliegenden Straßen gesperrt und die Gehsteige gesichert, dann war dies für jedermann ein Zeichen, dass Hitlers Ankunft unmittelbar bevorstand. Schaulustige strömten herbei. Die unkontrollierbaren Massen, unter denen sich ein potenzieller Attentäter verbergen konnte, wurden demnach erst durch die Schutzvorkehrungen angelockt. Ein weiteres großes Risiko bildeten die Hausbewohner am Prinzregentenplatz 16 selbst. Sie waren allesamt keine Parteimitglieder. Abgesehen von einer gekündigten jüdischen Familie, wurden sie, auch nachdem Hitler die gesamte Liegenschaft (1938) angekauft hatte, nicht zum Ausziehen genötigt. Für die Zeit der Anwesenheit des »Führers« hat man sie nur gebeten, doch keine unnötigen Besuche zu empfangen. Bekannte und Verwandte benötigten zum Eintritt gültige Personalausweise. Man kontrollierte, ob der Betreffende zu Hause war. Dass sich Hitler-Feinden mannigfache und verlockende Gelegenheiten boten, blieb dem Bewachungspersonal keineswegs verborgen. Diesem wurden jedoch von allerhöchster Stelle aus die Hände gebunden. In sentimentaler Weise wünschte der »Führer« keine Umsiedelung, Einschränkung oder Belästigung der Mieter, die er seit vielen Jahren persönlich kannte!

Hitlers Neunzimmerwohnung mit dem großbürgerlichen Ambiente eignete sich bestens zum Empfang offizieller, halboffizieller oder auch privater Besucher. Hier frühstückte Hitler anlässlich des »Münchner Abkommens« im Herbst 1938 mit dem englischen Premierminister Chamberlain, hier empfing er seine englischen Verehrer Lord und Lady Redesdale samt ihren Töchtern Unity und Diana. Jessica, eine weitere Tochter, blieb der Einladung fern. Sie wälzte – wie sich erst viel später herausstellte – dunkle Pläne. Im Gegensatz zu ihren Schwestern Unity und Diana war Jessica keine Nationalsozialistin und keine Verehrerin Hitlers. Als überzeugte, fanatische Kommunistin betrachtete sie den »Führer« als Erzfeind, den es zu beseitigen galt.

In ihren Erinnerungen hat Jessica Mitford ihre Überlegungen ausgeführt: »Eine Möglichkeit kam mir immer wieder in den Sinn: Ich könnte meine plötzliche Bekehrung zum Faschismus vortäuschen, Unity nach Deutschland begleiten und dem Führer von Angesicht zu Angesicht gegenübertreten. In diesem Augenblick würde ich eine Pistole ziehen und ihn erschießen. Natürlich wäre ich von seinen Leibwächtern niedergestreckt worden, aber hätte sich das nicht gelohnt? ... als Jahre später die entsetzliche Wahrheit über Hitler und sein Regime vor aller Welt offenbar wurde und Europa halb vernichtet war, habe ich meinen Mangel an Mut oft bereut ...«[26]

Tatsächlich hätten Jessica Mitfords Pläne größere Erfolgschancen gehabt als viele andere. Als Schwester von »Hitlers englischer Freundin« wäre ihr ein herzlicher, von jedem Protokoll, aber auch von jeder Kontrolle ungestörter Empfang bereitet worden.

In der Hauptstadt des Deutschen Reichs wiederum hegte Jessicas Landsmann, Oberst Noel Mason-MacFarlane, der britische

Militär-Attaché in Berlin, Mordpläne. In seinem Schreiben an das Foreign Office in London, wenige Wochen vor Ausbruch des Zweiten Weltkriegs, heißt es unverblümt: »Meine Residenz [Sophienstraße 1] ist kaum 100 Yards von der Stelle entfernt, wo Hitler sämtliche Paraden abzunehmen pflegt. Alles, was notwendig ist: Ein guter Schütze mit einem Gewehr mit Zielfernrohr und einem Schalldämpfer. Die Schüsse können von meinem offenen Badezimmerfenster abgegeben werden. Die dröhnende Musik, die Begeisterungsschreie der Menge, der Lärm marschierender Truppen werden alles übertönen …«[27]

Mason-MacFarlanes Vorschlag wurde als unrealistisch abgetan. Einer, der solcherlei Pläne für überaus Erfolg versprechend hielt, war Hitler selbst, denn der »Führer« gab sich im Hinblick auf seine Überlebenschancen keinen Illusionen hin.

»Es ist Dummheit oder Stumpfsinn, wenn solche Leute [Männer von politischem Format] nicht die elementaren Sicherheitsvorkehrungen treffen und etwa, um Mut zu zeigen, im offenen Wagen fahren«,[28] räsonierte Hitler bei einem seiner nächtlichen Monologe. Trotzdem durchbrach er selbst oft dieses Gebot. Er setzte sich enormen Gefahren aus, wenn er sich – um die Wirkung seiner Persönlichkeit zur Geltung zu bringen – unter die Volksgenossen begab, wenn er Hände schüttelnd in einem offenen Wagen stand, der sich als gute Zielscheibe langsam einen Weg durch die jubelnde, Blumensträuße werfende Menge bahnte.

Umsturzpläne des deutschen Militärs, dem Hitler stets misstraute, gab es im Dritten Reich schon sehr früh. Bis Mitte September 1938 waren die meisten Verschwörer – führende Köpfe waren unter anderen General von Witzleben und der Chef des Generalstabes des Heeres General Halder – jedoch der Meinung, Hitler im Rahmen eines Staatsstreichs ohne Blutvergießen zum Rücktritt bewegen zu können. Man wollte keinen Märtyrer schaffen.[29] Auch die Tatsache, dass die Reichswehr auf Hitler persönlich vereidigt wurde, spielte eine große Rolle. »Ich schwöre bei Gott diesen heiligen Eid, daß ich dem Führer des Deutschen Reiches und Volkes Adolf Hitler, dem Oberbefehlshaber der Wehrmacht, unbedingten Gehorsam leisten und als tapferer Soldat bereit sein will, jederzeit für diesen Eid mein Leben einzusetzen«, lautete die Formel, an die sich viele Soldaten selbst dann noch gebunden fühlten, als sich Hitler schon hundertfach als Verbrecher entlarvt hatte. Eine kleine Gruppe Militärs unter Führung von Oberstleutnant Oster und Major Heinz verwarf die moralischen Bedenken ihrer Mitverschwörer – Tyrannenmord sei das Gebot der Stunde! Am 20. September 1938 vereinbarte man insgeheim, Hitler im Zuge des geplanten gewaltlosen Umsturzes ein gewaltsames Ende zu bereiten. Die Aktion hätte folgendermaßen ablaufen sollen: Besetzung von Berlin durch die Truppen des Generalkommandos des III. Armeekorps auf Befehl des Generals von Witzleben. Witzleben dringt in Begleitung von Offizieren – unter ihnen Oster und Heinz – in die Reichskanzlei ein. Er verhaftet Hitler und zwingt ihn zum Rücktritt. Oster und Heinz jedoch kamen überein, den »Führer« bei einem provozierten »Zwischenfall« zu erschießen. Dieser Zusatzplan blieb General von Witzleben unbekannt.

Das von Chamberlain, Mussolini und Daladier initiierte »Münchner Abkommen« vom 29. September 1938 sprach Hitler, der die tschechische Frage »so oder so« zu lösen drohte, die deutschsprachigen Sudetengebiete zu. Es rettete damit – für kurze Zeit – den Frieden. Es entzog auch den militärischen Verschwörern für längere Zeit die Basis.

Bei Ausbruch des Zweiten Weltkriegs hatte Hitler bereits eine große Anzahl von Attentatsversuchen ohne einen Kratzer überstanden. Ohne größeren Schaden sollte er auch alle, die im Laufe des Krieges geplant wurden, überstehen – es waren Dutzende, die oft gleichzeitig geschmiedet wurden.

Einer, der sich von Hitlers oft bekundetem Willen zum Frieden nicht täuschen ließ, war der aus Königsbrunn in Schwaben stammende Möbeltischler Johann Georg Elser. Mit der Beseitigung Hitlers wollte der wortkarge Einzelgänger »eine große, gute Tat« vollbringen, den Diktator und seine ganz offensichtlich auf Krieg ausgerichtete Politik stoppen. Bald nach dem Abkommen von München machte sich der schmächtige 36-Jährige ans Werk.

Elser, der keinerlei Verbindung zur militärischen Opposition hatte, ging sehr systematisch vor. Den Sprengstoff (Donarit) entwendete er in einem Steinbruch, in dem er nur zu diesem Zweck bereits im Herbst 1938 Arbeit angenommen hatte. Zusätzlich benutzte er den Inhalt von 7,5-cm-Granaten sowie Schwarzpulver.

Als Tatort wählte er den Münchner Bürgerbräukeller, wo Hitler alljährlich am 8. November vor den »alten Kämpfern« sprach. Diese Veranstaltung bildete den Höhepunkt der großen Feiern zur Erinnerung an den NS-Putsch von 1923, der als Meilenstein in der Geschichte des Nationalsozialismus galt. Ab Herbst 1938 besuchte Elser häufig spätabends den Bürgerbräukeller, versteckte sich, wenn die Sperrstunde nahte, und ließ sich einsperren. Dann ging er an die Arbeit. Insgesamt verbrachte er 35 Nächte in dem Lokal. Fast geräuschlos baute der geschickte Bastler eine Sprengkammer in jene Säule, vor der Hitlers

Der Attentäter Georg Elser im November 1939.

Rednerpult stand. Beim Morgengrauen, wenn das erste Personal erschien, verließ er das Lokal durch einen Seiteneingang. Jedes Mal tarnte er die Baustelle auf das Sorgfältigste, kein Stäubchen Schutt blieb zurück. Er kam auch nicht jede Nacht, sondern legte zwischen den nervenaufreibenden Arbeitsnächten Pausen ein. Elsers Tätigkeit war in mannigfacher Weise lebensgefährlich. Zum einen drohte die Entdeckung mit all ihren Konsequenzen, zum anderen bestand akute Einsturzgefahr. Der Attentäter wusste nämlich nicht, dass seine Stemmarbeiten langsam, aber stetig eine tragende Stütze des Hauses aushöhlten. Am 6. November 1939 hatte Elser den Einbau der Bombe plangemäß beendet. Am 7. November kontrollierte er sein hinter einer Metallplatte verborgenes Werk, legte das Ohr an den Pfeiler und erfreute sich am Ticken des Zeitzünders. Am 8. November 1939 detonierte die Höllenmaschine des Georg Elser wie vorgesehen um 21.20 Uhr. Es gab acht Tote und 63 zum Teil schwer Verwundete. Hitler blieb unverletzt. Er hatte seinen Vortrag um 20.10 Uhr begonnen, wider Erwarten bereits um 21.07 Uhr beendet und das Lokal abrupt verlassen.

Ein Krankenhausbesuch am Vormittag hatte den Programmablauf des Festtages gestört. »Der Führer besucht Frl. Mitford in der Klinik«, schrieb der Leiter der Parteikanzlei in sein Tagebuch. Die Höflichkeitsvisite galt Lady Unity Mitford, Hitlers britischer Freundin, die sich nach der Kriegserklärung Englands eine Kugel in den Kopf geschossen hatte. Erst am Nachmittag fand der durch den Zeitdruck bereits irritierte Hitler Gelegenheit, seinen abendlichen Auftritt vorzubereiten. Den Umständen entsprechend kürzte er seine Rede. Als dann noch Hitlers Pilot infolge des schlechten Wetters von einem Rückflug nach Berlin dringend abriet, strich Hitler das gemütliche Beisammensein mit den »alten Kämpfern«. Im D-Zug erfuhr er von dem Attentat. Joseph Goebbels, der ihm die Nachricht überbrachte, schrieb: »In Nürnberg kommt eine Hiobsbotschaft, ich muß dem Führer ein Telegramm überreichen, nach dem kurz nach unserem Verlassen des Bürgerbräus dort eine Explosion stattfand … Tote und … Verletzte. Das ganze Gewölbe heruntergestürzt. Das ist ungeheuerlich. Der Führer hält die Nachricht zuerst für eine Mystifikation … Ein Attentat, zweifellos in London erdacht … Der Führer und wir alle sind wie durch ein Wunder dem Tode entronnen. Wäre die Kundgebung wie alle Jahre vorher programmäßig durchgeführt worden, dann lebten wir alle nicht mehr … Er steht doch unter dem Schutz des Allmächtigen. Er wird erst sterben, wenn seine Mission erfüllt ist …«[30] Hitler diktierte noch in Nürnberg ein Communiqué zu dem Vorfall. Er sinnierte auch über die Fügungen des Schicksals: »Wie leicht kann einen Staatsmann der Tod treffen.«

Bis die Schuld des Attentäters feststand – Elser wurde bereits wenige Stunden nach der Explosion an der Schweizer Grenze verhaftet –, vermutete man den britischen Geheimdienst hinter dem Anschlag. Nachdem die Gestapo die Leiter des britischen Intelligence-Service für Europa (Best und Stevens) am 9. November an der deutsch-holländischen Grenze festgenommen hatte, triumphierte der ›Völkische Beobachter‹: »Chamberlains frommer Wunsch ging nicht in Erfüllung. Die wunderbare Errettung des Führers.«[31] Die Meldung erwies sich als falsch. Sie leistete jedoch der Deutung Vorschub, dass Hitler in wunderbarer Weise von der Vorsehung geschützt werde. »Hitlers Reden werden neuerdings fromm«, bemerkte ein Zeitzeuge im März 1940.[32] »Erst sprach er von seinem Glauben an die Vorsehung. Am Heldengedenktag hoffte er demütig auf die Gnade der Vorsehung.«

Als die Vorbereitungen für den Angriff auf Frankreich, der durch die neutralen Länder Belgien und die Niederlande erfolgen sollte, auf vollen Touren liefen, schmiedete man in den gut informierten, oppositionellen Armeekreisen neue Umsturzpläne. Viele glaubten, dass Deutschland eine vernichtende Niederlage bevorstehe. Wiederum erwog man zur Verhinderung der Offensive einen Staatsstreich, wiederum klammerte man die Ermordung Hitlers, dem man persönlich einen Eid geschworen hatte, aus. Und wieder formierte sich eine kleine Gruppe von Militärs mit der Überzeugung, dass eine sich anbahnende Katastrophe nur durch Hitlers Tod abgewendet werden könne. Am 1. November 1939 sagten die Verschwörer zu Dr. Erich Kordt, dem Vortragenden Legationsrat im Auswärtigen Amt: »Wir haben niemanden, der die Bombe wirft, um unsere Generäle von Skrupeln zu befreien.« Worauf Kordt meinte: »Ich bin gekommen, Sie darum zu bitten.«[33] Seine Stellung ermöglichte dem Legationsrat jederzeit freien Zutritt zur Reichskanzlei. Unkontrolliert konnte er im großen Vorraum auf Hitler warten. Um die Wachen an seine Anwesenheit zu gewöhnen, hielt er sich in der folgenden Zeit häufig im Empfangssaal der Reichskanzlei auf. Mit Kordt stand dann zwar ein Attentäter auf Abruf bereit, die Beschaffung des nötigen Sprengstoffs aus den streng kontrollierten Militärdepots stieß jedoch auf ungeahnte Schwierigkeiten. Der Termin musste 17 Mal verschoben werden. Als Georg Elsers Bombe explodierte, verfügten die Militärs noch immer über kein Dynamit. Am darauf folgenden Tag, dem 10. November 1939, kam man dann überein, die Aktion auf Grund der verschärften Wachsamkeit, die dem Elser-Attentat folgte, abzublasen. Am 23. November desselben Jahres meinte

Hitler: »Die Attentatsversuche können sich jederzeit wiederholen.« Er sprach auch die Überzeugung aus, »daß gegen einen idealistisch gesinnten Attentäter, der für seinen Plan rücksichtslos sein Leben aufs Spiel setze, kein Kraut gewachsen sei«.[34]

Elsers Mordversuch beschäftigte Hitler noch Jahre später. Am 7. September 1941 kam er dann zu der Überzeugung, dass er seine Rettung dem Umstand verdankte, »daß im letzten Augenblick wegen des schlechten Wetters die Benutzung des Flugzeugs unterblieb und dafür entsprechend früher mit dem Sonderzug gefahren wurde«.[35]

Kurz nach Ausbruch des Zweiten Weltkriegs gab der britische Premierminister Sir Neville Chamberlain die Gründung einer Spezialeinheit des britischen Geheimdienstes bekannt: Special Operations Executive (SOE) mit Sitz in der Londoner Baker Street war das Amt für Sabotageakte auf feindlichem Territorium. Der Aufgabenbereich umfasste »alle Arten von Unterwanderung oder Sabotage gegen den Feind im Ausland«.[36]

Die Westoffensive im Mai 1940 brachte die Staatsstreich-Pläne der deutschen militärischen Opposition fast gänzlich zum Erliegen. Die inneren und äußeren Voraussetzungen fehlten und auf eine Zusammenarbeit mit dem siegreichen Heer war nicht zu rechnen. Zu den wenigen, die ihr Leben gegen den siegenden Diktator einsetzen wollten, gehörten der ehemalige Mitarbeiter im Außenamt der Evangelischen Kirche Dr. Eugen Gerstenmaier und Fritz-Dietlof Graf von der Schulenburg.[37] Sie bereiteten sich darauf vor, Hitler nach dem Blitzkrieg über Frankreich am 27. Juli 1940 bei der von dem Oberkommando der deutschen Wehrmacht geplanten großen Siegesparade in Paris zu erschießen. Gleichzeitige Planungen der Engländer hatten dasselbe Ziel. Auch in London hegte man – und zwar unabhängig vom SOE – Mordpläne. D. F. Stevenson, ein hoher Beamter des britischen Luftfahrtministeriums, schrieb seinem Vorgesetzten: »Wir könnten versuchen den Führer zu töten. Ohne Zweifel wird sein Standplatz nahe dem Arc de Triomphe sein und niemand kann sagen, was die Wirkung einiger Bombensalvos bei dieser Gelegenheit sein wird ...« Alle Aspekte wurden lange diskutiert, erwogen und schließlich verworfen, da man zu folgendem Schluss kam: »Wir sind gegen eine Attacke gerade bei dieser Gelegenheit. Der Triumphmarsch durch Paris ist in Übereinstimmung mit der militärischen Tradition – wir taten das gleiche nach der Schlacht bei Waterloo.« Alle Überlegungen waren müßig, denn die Parade in Paris wurde aus sicherheitstechnischen Überlegungen kurzfristig (am 20. Juli 1940) abgesagt.

Vollkommen verborgen war jedoch geblieben, dass Hitler – nach der Unterzeichnung des Waffenstillstandsabkommens mit Frankreich – Paris zwei kurze, private und unangemeldete Geheimbesuche abstattete (23. und 28. Juni 1940), die beide sehr ähnlich verliefen.[38] Hitler selbst erinnerte sich: »Ich habe das alles nur in der Frühe gesehen zwischen sechs und neun. Ich wollte die Bevölkerung möglichst wenig erregen. Der erste Zeitungsjunge, der mich erkannt hat, bekam sofort die Mundstarre; ich habe noch das Bild vor Augen einer Französin, die in Lille, am Fenster stehend, meiner ansichtig wird und ›Le diable!‹ [der Teufel] ruft![39] Wir sind zum Schluß dann hinauf nach Sacré Cœur. Schauerlich! Aber alles in allem: Paris ist ein europäisches Kulturdokument.«[40] Auch am 28. Juni 1940 landete Hitler um 5 Uhr morgens mit kleinem Gefolge auf dem Flughafen Le Bourget und machte sofort eine Stadtrundfahrt. Über die Champs-Élysées fuhr er zur Oper, dann zum Louvre und zum Eiffelturm. Im Invalidendom stand er sinnend am Grab Napoleons. Als Cicerone durch die Stadt an der Seine fungierte als Repräsentant der Besatzungsarmee Oberst Hans Speidel, ein ehemaliger großer Hitler-Verehrer, der trotz aller Blitzsiege bereits damals zum Hitler-Gegner mutiert war. Mordpläne, die er zu diesem Zeitpunkt mit großer Leichtigkeit und ebenso großen Erfolgschancen hätte ausführen können, hegte er damals noch nicht. Erst 1943 bis 1944 sollte Speidel zu jener aus hohen Militärs bestehenden Verschwörergruppe gehören, die an der Planung zahlreicher Bombenattentate zur Beendigung der Herrschaft des »Führers« mitwirkte. Hitlers Pariser Aufenthalt am 28. Juni 1940 dauerte kaum drei Stunden. Schon um 8 Uhr war er wieder auf dem Flugplatz. Kurz darauf flog er in sein Hauptquartier »Tannenburg« bei Freudenstadt. Schon während der Rundfahrt in Paris hatte er sich im Gespräch mit seinen Adjutanten gegen die Abhaltung einer Siegesparade entschieden.[41]

Im Mai 1941 plante das Oberkommando des Heeres neuerlich eine Parade deutscher Truppen auf den Champs-Élysées. Die Truppen waren bereits zusammengezogen und die Tribünen waren erbaut, auf denen Hitler von zwei Offizieren erschossen werden sollte. Fehlte die Gelegenheit dazu, wollten Graf Schwerin und der Ordonnanzoffizier bei Witzleben im Flur von Hitlers Hotel eine Handgranate auf ihn werfen. Der »Führer« sagte jedoch in letzter Minute ab. Begründung gab er keine.[42] Auch 1942 versuchten hohe Militärs Hitler zu einem – für ihn tödlichen – Parisbesuch zu überreden. Der »Führer«, der damals fast jeden Monat vor Anschlägen gewarnt wurde, zögerte lange. Am 27. Mai 1942 gelang – vom britischen SOE trainierten – Exiltschechen ein großer Coup. Sie verübten auf Reinhard Heydrich, den stellvertretenden Reichsprotektor für Böhmen und Mähren, in Prag bei einer Fahrt im offenen Wagen ein Attentat, an dessen Folgen er wenige Tage später starb.

Als Hitler vom Mord an seinem Repräsentanten in der Tschechoslowakci erfuhr, sagte er ab – er sollte nie mehr Paris betreten.

Damals räsonierte Hitler über politische Morde: »Männer von solchem Format müssten sich darüber im Klaren sein, dass ihnen wie Wild aufgelauert werde.«[43] Die deutschen Sicherheitsdienste wurden in höchste Alarmbereitschaft versetzt. Sie rechneten – wie sich viel später herausstellte nicht ohne Grund – mit Attentatsversuchen britischer oder sowjetischer Geheimdienste auf die Person des »Führers«, weil dieser »ein Garant des deutschen Sieges sei«. Tatsächlich erkundete die nach ihrem Prager Erfolg bestärkte Sektion X des SOE im Rahmen der »Operation Foxley« Möglichkeiten, Hitler, Göring, Himmler, Ribbentrop und andere NS-Größen umzubringen. Die hochgestellten Ziele lauteten: »Die Ausschaltung Hitlers und jedes hochrangigen Nazi oder Angehörigen des Gefolges des Führers, der bei diesem Versuch anwesend ist.«[44]

Hitler hielt sich zu diesem Zeitpunkt in seinem Hauptquartier »Wolfsschanze« auf. Er weigerte sich, eine lange geplante Reise kurzfristig abzusagen, und traf mit seinem, von einem Flakzug begleiteten Sonderzug am 29. Mai 1942, zwei Tage nach dem Heydrich-Attentat, in Berlin ein. Unter strengster Bewachung fuhr er am 30. Mai kurz vor 12 Uhr von der Reichskanzlei zum Sportpalast, wo er vor etwa 10 000 Personen seine von Rachegelüsten strotzende Rede hielt.[45] Die damals getroffenen Schutzmaßnahmen sprengten alles bisher Dagewesene. 450 Beamte der Staatspolizeileitstelle, unterstützt von hunderten Polizisten, säumten die Strecke und riegelten das Gelände des Sportpalastes vollständig ab. Mit peinlichster Genauigkeit kontrollierte man buchstäblich alles: Hohlräume, Luftschächte, Aufbauten, Briefkästen, Automaten, Hydranten, Feuerlöscher, Gerüste, Denkmäler, Bäume und Zäune – nichts wurde dem Zufall überlassen.

Trotz aller Anstrengungen und extremer Sicherheitsvorkehrungen waren der lückenlosen Überwachung des NS-Diktators enge Grenzen gesetzt. Probleme entstanden durch Überorganisation, Abstumpfung, Bürokratie und Routine. Vor allem spielte jedoch das »menschliche Element« eine unkalkulierbare Rolle. So erzählte Wilhelm Schneider, Hitlers Diener und Mitglied des SS-Führerbegleitschutzkommandos[46], dass seine schöne Verlobte besonderes Interesse für den geheimnisvollen »Führerzug« zeigte. Voll Stolz habe er sie daraufhin – unter Umgehung aller Vorschriften – durch den Sonderzug, der bis zur Kriegserklärung an die USA den Namen »Amerika« trug, geführt und ihr die raffinierten Sicherheitsvorkehrungen im Detail erklärt. Als die Verlobte über Schneiders unregelmäßige Dienstzeiten klagte, erhielt sie die Auskunft, dass Hitler aus Furcht vor Anschlägen seine Reisen nur kurzfristig bekannt gebe. Schneider gelobte jedoch, das Mädchen, soweit es ihm möglich sei, von allen Reiseplänen rechtzeitig in Kenntnis zu setzen. Gegen Aktionen dieser Art halfen die speziell konstruierten Waggons aus Stahl ebenso wenig wie die montierte Flak-Abwehr, ein ständiges Bewachungspersonal von 22 Mann und ein streng geheimer Fahrplan. Die Frage, ob der Zug einem gezielten Sprengstoffattentat[47] – wie es General Halder wünschte – standgehalten hätte, bleibt ungeklärt. Im Laufe des Krieges war nämlich bei dem Chef des Generalstabes des Heeres ein Meinungsumschwung eingetreten. Ein offenes Attentat zur Auslösung eines Staatsstreiches lehnte Halder weiterhin ab. Er plädierte nun für eine unspektakuläre Ermordung Hitlers. Dieser sollte samt seinem Eisenbahnzug in die Luft gesprengt werden. Danach könnte man von einem tragischen Bombenangriff sprechen. Der Idee folgten allerdings keine konkreten Maßnahmen.

Wie beim »Führer-Zug Amerika«, so herrschten strenge Sicherheitsvorkehrungen auch bei Hitlers Flugzeugen[48], die, speziell gewartet und ausgerüstet mit Maschinengewehren, fliegenden Festungen glichen. Direkt unter Hitlers mit 12-mm-Stahlplatten verstärktem Spezialsitz befand sich eine mittels roten Hebels zu öffnende Ausstiegsluke, durch die sich der »Führer« mit seinem Fallschirm in Sicherheit bringen konnte. Die Flugzeuge wurden rund um die Uhr bewacht. Post und Pakete durften nicht mittransportiert werden. Service und Beladung erfolgten unter der Aufsicht einer ausgewählten SS-Mannschaft, die – nach Überprüfung ihrer Lebensläufe – als »politisch höchst korrekt« eingestuft worden war. Jedes Mal, bevor eine Maschine mit Hitler abhob, führte sie – selbstverständlich ohne »Führer« – einen Testflug von 10 bis 15 Minuten in der beabsichtigten Reisehöhe durch. Die mit fingierten Terroralarmen stets aufs Neue getestete Crew – neben dem technischen Personal 76 Mann – hatte sich Tag und Nacht zur Verfügung zu halten, Hitler gab seine Reisepläne erst in allerletzter Minute bekannt. Der Start erfolgte dann ebenfalls innerhalb weniger Minuten. Die damit für den regulären Flugbetrieb verbundenen Gefahren waren enorm und der Kommandant des Flughafens Tempelhof bat Hitlers Chefpiloten Baur im Interesse der allgemeinen Flugsicherheit zu wiederholten Malen vergeblich um Voraus-Informationen. Trotzdem sickerten Hitlers Pläne manchmal auf mysteriöse Weise durch und vom Flugzeug aus erkennbare, riesige Menschentrauben harrten der Ankunft des »Führers«. In solchen Fällen wurde die Maschine umgelenkt, landete unbemerkt auf einem entlegenen Platz und Hitler nahm lange Autofahrten samt großen Umwegen auf sich. Oft wurden bis in alle Einzelheiten programmmäßig festgelegte Feiern aus Sicherheitsgründen verschoben. »Rundfunk hat mitgeteilt, er fliege nach

Frankfurt … dann ist er in Mannheim gelandet und in Auto verladen worden«, stellte ein Zeitzeuge fest.[49]

Trotz aller Vorsichtsmaßnahmen standen Hitlers Flugzeuge im Visier von Attentätern. Ein Plan, bei dem das unberechenbare »menschliche Element« mühelos alle Schutzmaßnahmen ausschaltete, schien sehr Erfolg versprechend. Am 13. März 1943 landete Hitler mit drei Condor-Maschinen in Smolensk, um mit der Armeeführung die Offensive in Kursk zu besprechen. Zu seinem Empfang waren Feldmarschall von Kluge und Generalmajor von Tresckow, die Hauptpersonen einer Verschwörung von Militärs, erschienen. Wie üblich war die kurze Strecke, die der »Führer« vom Flugfeld zum Konferenzraum zurücklegte, hermetisch abgeriegelt. SS-Mannschaften bildeten einen dichten Sicherheitskordon. Während des Mittagessens bat Tresckow ein Mitglied aus Hitlers Begleitmannschaft (Oberst Brandt) höflich um einen kleinen Gefallen. Er möge doch so freundlich sein und zwei Flaschen Cointreau, eine »Wettschuld«, in das Führerhauptquartier mitnehmen. Die von Tresckow zusammengestellte Bombe bestand aus zwei Paaren der englischen Haftmine »Clam«[50], die jeweils mit ihren Magneten aneinander gelegt und zusammengehalten wurden. Das hübsch verpackte Geschenk wurde Brandt kurz vor dem Abflug überreicht. Der Zeitzünder des Sprengsatzes war so eingestellt worden, dass er 30 Minuten später explodieren würde. Hitlers Flugzeug sollte nach etwa 200 Kilometer kurz vor Minsk abstürzen – ein bedauerliches, schreckliches, aber unerklärliches Unglück! Doch die Verschwörer warteten vergebens. Zwei Stunden später landete die Maschine wohlbehalten in Rastenburg. Fieberhaft überlegte Tresckow, wie das Sprengstoffpaket, von dem niemand wusste, ob und wann es doch noch explodieren würde, zurückzuholen sei. Darüber hinaus fürchtete man Entdeckung durch den ahnungslosen Empfänger des Geschenks. Schließlich rief Tresckow Brandt an und bat ihn, das Paket zurückzuhalten – man bedauere, eine Verwechslung sei passiert. Ein Vertrauter flog dann mit dem üblichen Kurierflugzeug nach Ostpreußen, tauschte das Paket gegen echten Cointreau, suchte ein Versteck auf und öffnete mit einer Rasierklinge vorsichtig das Paket. Dabei stellte er fest, dass der Zünder bis zu dem Augenblick richtig funktioniert hatte, in dem der von dem durchfressenen Draht freigegebene Schlagbolzen die Zündkapsel zur Detonation hätte bringen sollen: der Schlagbolzen hatte sie richtig getroffen, das Zündhütchen war verbrannt, der Zünder geschwärzt. Aber der Sprengstoff hatte sich auf Grund der großen Kälte nicht entzündet. Nach 1945 lieferten die Reminiszenzen von Hitlers Chefpiloten Baur die Erklärung: Im Bereich der Fluggäste fiel die Warmwasserheizung manchmal aus. Im Piloten- und im Gepäckraum gab es gar keine Heizungen. Die Aktion selbst konnte bis zum Kriegsende geheim gehalten werden. Die Geheime Staatspolizei blieb ahnungslos, niemand wurde verhaftet. Hitler, der an den Schutz der Vorsehung glaubte, ahnte nicht, dass er der langen Liste seiner Glücksfälle einen weiteren hätte hinzufügen können.

Wenn Hitler an einer öffentlichen Veranstaltung teilnahm, dann lag die Verantwortung für alle Absperr- und Sicherheitsmaßnahmen in der Hand des Reichsführers SS Heinrich Himmler. Dieser sprach sich mit dem zuständigen Gauleiter ab und mobilisierte auch die lokale Schutz- und Kriminalpolizei. Darüber hinaus machte man die Hausbesitzer in den von Hitler passierten Straßen persönlich dafür haftbar, dass ihre Keller während der kritischen Zeit versperrt blieben, dass sich nirgends im Haus Fremde aufhielten. Unbewohnte Häuser wurden kontrolliert und besetzt. Blockleiter oder Zellenleiter der NSDAP nahmen unangemeldet Wohnungsdurchsuchungen vor. Kaum jemand protestierte oder setzte sich zur Wehr, denn die Terrormethoden des Regimes waren bekannt. Hingen doch an allen Litfaßsäulen zur Abschreckung jene berüchtigten roten Plakate, die Todesurteile und ihre Vollstreckung – oft für Lappalien wie die »Verweigerung des deutschen Grußes« – bekannt gaben. Zweifellos diente die menschliche Furcht dem Schutze Hitlers.

Die gesamte Fahrtstrecke von Hitlers Konvoi wurde lückenlos abgesichert, Beamte in Zivil beobachteten die Menschenansammlungen am Straßenrand. Dem Publikum zugewandte SS-Einheiten taten das Gleiche. Ihre Kollegen bewachten die Dächer. Augenzeugen bemerkten mit Befremden, dass die durch die Luft schwirrenden freundlichen Blumengrüße vom Führerbegleitkommando mittels schnell aufgespannter Regenschirme vor ihrem Ziel abgewehrt wurden. Dass man Invalide und ältere Frauen in die erste Reihe hinter den dichten Kordon von SS-Männern platzierte, wurde als höfliche Aufmerksamkeit gewertet und nicht als die Vorsichtsmaßnahme, die sie tatsächlich war.

Die Niederlage von Stalingrad, der negative Kriegsverlauf, das tägliche Sterben an den Fronten und in Deutschland steigerte den Wunsch, den Urheber allen Unglücks zu ermorden, ins Gigantische. Das Glück war Hitler jedoch in unwahrscheinlichem Maße hold. Zum Selbstmord bereite Attentäter mit dem Sprengstoff am Leib oder verborgenen Pistolen im Anschlag passierten zwar unentdeckt alle Kontrollen, wurden dann aber gegen jede Gepflogenheit nicht vorgelassen. Eine Vorführung neuer Armeeuniformen in Anwesenheit des »Führers« – bei der er niedergeschossen werden sollte – wurde abgesagt.[51] Ein Fliegerangriff hatte die Musterstücke vernichtet. Oberst Stauffenberg schmuggelte zweimal Bomben auf den Obersalzberg, zündete sie jedoch nicht, da er Hitler und Himmler nur gemeinsam ermorden wollte. Wie durch ein Wunder überstand Hitler auch Gefahren, die ganz ohne Zutun von Verschwörern entstanden. Dass er in Saporoshe, dem wichtigen Stützpunkt der Deutschen Wehrmacht am Dnjepr-Knie in der Ukraine, fast in die Hände der Sowjets fiel, kristallisierte sich erst nach dem Ende des Dritten Reichs heraus. Am 17. Februar 1943 war Hitler, der kaum zu Frontbesuchen überredet werden konnte, an die Ostfront gereist. Sein langes Zögern hat er selbst erklärt: »… nicht Furcht hält mich von Frontbesuchen ab, sondern die Gewißheit, daß kein anderer die Standhaftigkeit aufbringt, die nötig ist, diesen Krieg [nach meinem Tod] durchzustehen.«[52] Am dritten Tag seiner Anwesenheit in Saporoshe rückten russische Panzer auf jener Straße, die direkt zum Flugplatz führte, zügig vor. Sie waren nur mehr zwei Stunden entfernt, als sich Hitler noch immer bei seiner Lagebesprechung aufhielt. Chefpilot Baur eilte daraufhin in die Stadt, um den »Führer« zur Eile zu drängen. Als die drei Condors mit Hitler an Bord endlich starteten, hatten auch die Russen den Ostteil des Flugplatzes erreicht, wo sie unvermutet stoppten. Knapp vor dem Ziel war ihnen der Sprit ausgegangen![53]

Oft schien es, als entwickle Hitler für gefährliche Situationen einen sechsten Sinn. »... am Morgen dieses Tages hatte ich ein eigenartiges unangenehmes Gefühl, worauf die Fahrt unterblieb«, erinnerte sich Hitler an eine abgesagte Durchquerung des besetzten Rheinlands. Später erfuhr er, dass er dabei mit Sicherheit den Franzosen in die Hände gefallen wäre.[54] Tatsächlich besaß der »Führer« nicht jene hellseherischen oder übernatürlichen Fähigkeiten, die ihm seine engste Umgebung zuschrieb, aber sehr empfindliche und geschärfte Sinne. Nie verließ ihn die Angst, dass er vor der Erfüllung seiner Mission – der Vernichtung der Juden, dem »Germanenzug gegen Osten« und dem Aufstieg Deutschlands zur Weltherrschaft – getötet werden könnte.

Hitler konnte die Stärken, Schwächen und Stimmungen seiner Mitmenschen blitzschnell erfassen und ausnutzen. Dementsprechend mühelos konnte er sich in die Rolle eines Attentäters versetzen, der Adolf Hitler eliminieren wollte – und tat dies auch. Wie dieser entwarf und verwarf er dann raffinierte Pläne, überlegte sich günstige Lokalitäten und plante seine eigene Ermordung. Die Gedanken des »Führers« kreisten oft um dieses für ihn lebenswichtige Thema. Rudolf Diels entwarf dem Chef der preußischen Gestapo gegenüber folgendes Szenario: »Eines Tages wird ein vollkommen harmloser Mann eine Mansardenwohnung in der Wilhelmstraße mieten. Man wird ihn für einen pensionierten Lehrer halten. Ein anständiger Bürger, mit Brille, schlecht rasiert, mit Bart. Er wird niemand in sein bescheidenes Zimmer lassen. Dort wird er sein Gewehr installieren, ruhig und ohne Hast. Mit unheimlicher Geduld wird er auf den Balkon der Reichskanzlei zielen. Stunde um Stunde, Tag um Tag. Und dann eines Tages wird er feuern!«

Am Heldengedenktag des Jahres 1943 (21. März) kam Hitler seinem Ende wiederum sehr nahe. Oberst Freiherr von Gersdorff hatte lange darauf gewartet, um sich mit Hitler in die Luft zu sprengen. Er war verwitwet (seit Januar 1942) und das Opfer des eigenen Lebens schien ihm für die gerechte Sache nicht zu groß.

Die Gelegenheit zur Umsetzung seines Planes bot sich, als bei der Gedenkfeier für Kriegshelden 1943 eine kleine Ausstellung von erbeutetem Kriegsmaterial auf dem Programm stand. Gersdorff hatte an der Zusammenstellung der Exponate selbst mitgewirkt und empfand es als Glück, dass Generalfeldmarschall Walter Model, der Hitler begleiten sollte, auf der Anwesenheit des Experten Gersdorff bestand: »Nicht auszudenken, wenn ich eine Frage des Führers über einen ausgestellten Gegenstand nicht beantworten kann!« In der Nacht vom 20. auf den 21. März händigte man dem Attentäter englische Haftminen aus. Am 21. März, gegen 12 Uhr, begab er sich in das Zeughaus Unter den Linden. Um 13 Uhr erschien Hitler. Ein Orchester spielte den ersten Satz der 7. Symphonie von Anton Bruckner. Dann hielt der »Führer« eine Rede zu dem Thema: »Die Gefahr ist nunmehr gebrochen.« Da Charkow zurückerobert worden sei, könne er nun für ein paar Tage sein Hauptquartier verlassen. Der Sieg über den Bolschewismus, die asiatischen Barbarenhorden, den verbrecherischen Kriegshetzer Churchill und die Juden stünde unmittelbar bevor. Anschließend begab sich Hitler zur Besichtigung der Ausstellung, die als Pausenfüller zwischen zwei Programmpunkten gedacht war. Gersdorff grüßte – wie auch Model – mit erhobenem rechtem Arm. Mit der linken Hand zerdrückte er die Säureampulle des Zünders in seiner Manteltasche. Dabei drängte er sich langsam an Hitler heran. Doch dann geschah etwas Merkwürdiges: Hitler würdigte die Exponate mit keinem Blick. Er blieb nicht stehen, lief durch den Saal und ließ seine Begleitung hinter sich. Das Verhalten des »Führers« schien rätselhaft. Nicht von der Hand zu weisen ist die Möglichkeit, dass sich ihm die Nervosität des Attentäters unbewusst mitteilte. Auf jeden Fall geriet Gersdorff, der vergeblich zu Erklärungen ansetzte, in den Hintergrund. Unter den Organisatoren entstand große Konfusion, als Hitler die Ausstellung in weniger als zwei Minuten wieder verließ. Der Attentatsversuch war misslungen und der Attentäter eilte auf eine Toilette, um den Zünder rasch los zu werden.[55]

Im Frühsommer 1944 gingen auch die in britischen Militärkreisen sehr umstrittenen Planungen des SOE in die konkrete Phase –

die Befürworter einer Ermordung Hitlers hatten sich endlich durchgesetzt. Am 21. Juni 1944 unterrichtete der stellvertretende Verteidigungsminister Sir Hastings Ismay Premierminister Churchill: »Die Stabschefs sind sich darüber einig, dass es vom militärischen Standpunkt aus gesehen fast von Vorteil wäre, wenn Hitler angesichts der Fehler, die er gemacht hat, weiterhin die Kontrolle über das deutsche Militär behalten würde. Von einem übergeordneten Standpunkt aus betrachtet, muß aber gesagt werden: Je früher er aus dem Weg geräumt ist, umso besser.«[56]

Der SOE schien mit seiner »Operation Foxley« Glück zu haben. Bei Kämpfen in der Normandie fiel den Amerikanern nämlich ein langjähriger Angehöriger der »SS-Wachkompanie Obersalzberg« in die Hände. In den Verhören gab der ausgezeichnet informierte Mann, dessen Identität bis heute geheim gehalten wird, sein gesamtes Wissen preis. Auf Grund seiner präzisen Angaben konnte ein 120 Seiten umfassendes Geheimdossier angefertigt werden. Es enthielt genaue Karten des »Führergebietes«, detaillierte Zeichnungen aller Gebäude und Bunkeranlagen, Angaben zu den SS-Wachposten und Patrouillen. Die Briten erfuhren, dass an die 600 Zivilisten auf und um Hitlers Landsitz arbeiteten und hunderte von Fremd- und Zwangsarbeitern zum Bau von Bunkeranlagen eingesetzt waren. Sie erfuhren auch alles aus Hitlers Privatleben: Seinen genauen Tagesablauf vom Wecken bis zur Nachtruhe, seine Essgewohnheiten, die Lagebesprechungen und die routinemäßigen Spaziergänge zum Teehaus auf dem Mooslanderkopf. SOE wusste von Hitlers Geliebter, Eva Braun, deren Existenz vor den deutschen Volksgenossen geheim gehalten wurde. Auf Grund dieser Informationen rechnete man sich gute Chancen für ein Attentat aus und erarbeitete mehrere Varianten. Die erste sah die Ermordung Hitlers auf seinem Spaziergang durch zwei als SS-Wachposten verkleidete Scharfschützen vor. Die zweite fasste einen Anschlag mittels Panzerfaust auf die Wagenkolonne des »Führers« an einer kurvigen Stelle der Zufahrt zum »Berghof« ins Auge. Die dritte Variante war die »Operation Hellhound«, zu der SOE anmerkte: »Vorausgesetzt, dass es möglich wäre, den Aufenthalt Hitlers auf dem Obersalzberg einige Stunden im voraus auszukundschaften, wäre eine kombinierte Operation, bestehend aus einem Bombardement des Berghofs und der SS-Kaserne aus der Luft und das zeitgleiche Absetzen eines Fallschirmspringer-Bataillons am aussichtsreichsten, da hier die besten Chancen bestünden, den Führer und andere führende Nazis … zu eliminieren.«[57] Die Planungen gingen ins Leere. Churchill gab nie den Befehl zum Einsatz. Sie wären auf jeden Fall erfolglos geblieben, denn Hitler hatte den Obersalzberg am 14. Juli 1944 verlassen, um nie mehr zurückzukehren. Das Wissen des SOE in Bezug auf Hitlers Aufenthalte und Reisen blieb auch weiterhin nur schemenhaft. Schließlich bombardierten die Alliierten[58] im vorletzten Kriegsjahr ein Hotel in Mailand, in dem man irrtümlich Hitler vermutete. Angriffe auf die Hauptquartiere des »Führers« gab es keine.

Die meisten Komplotte gegen sein Leben hat man Hitler verschwiegen. Die Zahl derer, von denen er doch erfuhr, war aber so groß, dass der abergläubische »Führer« schließlich fest an die Vorsehung glaubte. Jeder könne sehen, dass ihn das Schicksal begünstige, um ihm die Vollendung seiner großen Sendung zu ermöglichen!

Auch bei dem Sprengstoff-Attentat vom 20. Juli 1944 in der »Wolfsschanze« trug Hitler nur kleinere Verletzungen davon. Sein Überleben deutete der »Führer« als einen Wink des Schicksals zur Fortsetzung seiner Mission zum Segen des deutschen Volkes. Bereits am darauf folgenden Tag konnte er den »Duce« empfangen. Und er nährte den Nimbus seiner Unverwundbarkeit. »Ich bin unsterblich«, triumphierte er. In seinem Brief an Eva Braun, seine Geliebte auf dem Obersalzberg, schrieb er:

»Mein liebes Tschapperl! Es geht mir gut. Mach Dir keine Sorgen, vielleicht ein bisschen müde … Ich habe Dir die Uniform des Unglückstages geschickt. Sie ist der Beweis, daß die Vorsehung mich beschützt und wir unsere Feinde nicht mehr zu fürchten haben …« Eva Braun hat die zerfetzte Uniform des »Führers« als historische Reliquie sorgfältig aufbewahrt. Sie war als Exponat für ein nach dem »Endsieg« geplantes »Führer-Museum« vorgesehen.[59]

Nach dem 20. Juli 1944 ging Hitler kein Risiko mehr ein. Auch den Feiern in München zum alljährlichen Gedenken an den Putsch von 1923 blieb er fern. An seiner Stelle verlas der Reichsführer SS Himmler eine Botschaft des »Führers«, der leider »unabkömmlich« war. Hitler selbst zeigte sich kaum mehr in der Öffentlichkeit. Die meiste Zeit verbrachte er in seinen abgeschirmten, schwer zugänglichen, durch mehrfache Sperrbezirke geschützten Führerhauptquartieren, im Kreis weniger, ergebener Gefolgsleute.

Bei seinen seltenen öffentlichen Auftritten wurde die Sicherheitsschraube derart angezogen, dass die SS-Wachen selbst hohen Militärs in den Arm fielen, wenn diese in Hitlers Nähe nur ein Taschentuch aus der Hose ziehen wollten.

Die Überwachung der Zivilbevölkerung nahm ungeahnte Ausmaße an. Auf kleinste Vergehen stand die Todesstrafe. Sprüche wie: »Eh ick mir hängen lasse, jloob ich an'n Sieg« (Bevor ich mich hängen lasse, glaub ich an den Sieg) führten, ebenso wie das Verbrechen des Abhörens ausländischer Rundfunksender, in den Tod.[60] »An den Redereien ist nur eines erstaunlich«, notierte sich ein Zeitzeuge. »Der Mut oder die Unvorsichtigkeit der Leute, denn die Zeitungen sind voll von Zuchthaus- und Todesurteilen für jede Art von ›Defätismus‹.«[61] Trotzdem kursierten 1944 – für die Erzähler höchst gefährliche – Witze. Der »Führer« hat Recht gehabt, als er verkündete, man werde Berlin in zehn Jahren nicht wiedererkennen, lautete einer. Während ein anderer Napoleon sagen ließ: »Wenn ich Goebbels gehabt hätte, man wüßte heute noch nicht, daß ich die Schlacht bei Leipzig [Völkerschlacht bei Leipzig, 16.–19. Oktober 1813] verloren habe!«[62]

Ganze Scharen weiblicher und männlicher Spitzel mischten sich zum Aufspüren von »Volksschädlingen« unter die Volksgenossen. Szenen wie die Folgenden gehörten zum Alltag: Zwei Damen schimpfen in einem Zugabteil heftig über den »Führer«. Als dies immer wilder wird, meint ein Offizier, sie sollten aufhören. Die Damen geben sich als Beamtinnen der Gestapo zu erkennen: »Schlimm genug, daß Sie als Offizier so lange schweigend zugehört haben. Und die Dame da hat überhaupt nicht protestiert. Sie werden beide angezeigt.« Auch der weitere Vorfall ist verbürgt: Ein

Jude mit Stern »wird auf der Straße insultiert, es gibt einen kleinen Auflauf, einige nehmen für den Juden Partei. Nach einer Weile zeigt der Jude seine Gestapomarke auf der Innenseite der Rockklappe, und seine Parteigänger werden notiert.«[63]

Erhängte »Edelweißpiraten« in Köln-Ehrenfeld

Die jungen »Edelweißpiraten« aus Köln schrieben den Kampf gegen das NS-Regime trotzdem auf ihre Fahnen. Sie planten die Ermordung Hitlers. Erst nach langer Verfolgungsjagd konnte die Gestapo die Jugendlichen Ende Oktober 1944 durch ein eigens eingerichtetes Sonderkommando aufspüren und verhaften. Am 10. November 1944 wurden Passanten im Stadtviertel Köln-Ehrenfeld dann mit Gewalt zur Beobachtung eines grausamen Schauspiels gezwungen, das in der Hüttenstraße (heute Bartholomäus-Schink-Straße) stattfand – die Hinrichtung mittels Strang von Jugendlichen im Alter von 16 bis 20 Jahren. Eine Anklage vor dem Volksgerichtshof hatte es nicht gegeben, Gerichtsurteil lag keines vor. Nachdem die Henker zwei Holzkonstruktionen mit herunterhängenden Stricken errichtet hatten, mussten die Todeskandidaten auf einen Balken treten, der auf Kommando unter ihren Füßen weggerissen wurde. Die meisten Zuseher starrten stumm und entsetzt. Wer dennoch zu fragen wagte, erfuhr, dass hier asoziale und gefährliche Volksschädlinge ihrer gerechten Strafe zugeführt würden.

Noch Mitte Februar 1945 überlegte NS-Rüstungsminister Albert Speer, eigenen Angaben zufolge, das Regime des »Führers« mittels Einleitung von Gas in die Luftschächte des unter der Reichskanzlei gelegenen Führerbunkers zu beenden. Angesichts der großen Zahl von SS- und SA-Wachen kam er von seinem Plan ab. Als enger Vertrauter Hitlers, der jederzeit unkontrolliert zu ihm Zutritt hatte, hätte er ihn jedoch leicht erschießen können. Er wog die Möglichkeiten ab. Schließlich hinderte ihn die – wie er später angab – »magnetische Ausstrahlung und die suggestive Kraft« des Diktators an diesem Schritt, der auch Speer das Leben gekostet hätte.

Am 30. April 1945 erschoss sich Adolf Hitler selbst.

Anhang

Anmerkungen

Wieso begeisterte Hitler so viele Deutsche?
Die Faszination des Bösen

1 Der spätere österreichische Politiker Alfred Maleta. Alfred Maleta, Bewältigte Vergangenheit, Graz 1981, S. 51 f.

2 Elsa Bruckmann (1856–1946), eine geborene rumänische Prinzessin Cantacuzene, war die Gattin des reichen Münchner Verlegers Hugo Bruckmann.

3 Vgl. Max Domarus, Hitler spricht im Sportpalast, Berlin, 18.12.1940. Multimedia-CD-ROM.

4 Vgl. Karl Dietrich Bracher, Das »Phänomen« Hitler. In: Politische Literatur 1952, S. 207 ff.

5 Josef Berchtold im ›Völkischen Beobachter‹ vom 2.5.1924.

6 Victor Klemperer, Ich will Zeugnis ablegen bis zum letzten. Tagebücher 1933–1945. Hrsg. von Walter Nowojski unter Mitarbeit von Hadwig Klemperer, Berlin 1999, Tagebücher 1937–1939, S. 77.

7 Werner Maser, Hermann Göring. Hitlers janusköpfiger Paladin, München 2000, S. 13 ff.

8 Alfred Kube, Pour le Mérite und Hakenkreuz. Hermann Göring im Dritten Reich, München 1987, S. 8.

9 Aussage Hermann Görings in Nürnberg. Der Prozeß gegen die Hauptkriegsverbrecher vor dem Internationalen Militärgerichtshof. Nürnberg 1947, Bd. IX, S. 489.

10 Die Schreibweise variiert zwischen Hess und Heß.

11 Dietrich Orlow, Rudolf Heß – »Stellvertreter des Führers«. In: Die Braune Elite I, S. 84 ff.

12 Zu Heß siehe: Anna Maria Sigmund, Die Frauen der Nazis, München 2005, S. 749.

13 Die bis 2018 geltende Sperrfrist der »Heß Files« im Public Records Office wurde 1992 aufgehoben. Eine Beschreibung der Vorgänge aufgrund neuesten Quellenmaterials bei: Klaus Kellmann, Stalin. Eine Biografie, Darmstadt 2005, S. 179. Rainer F. Schmidt, Rudolf Heß – Botengang eines Toren?, Düsseldorf 1997.

14 Ernst Hanfstaengl, Zwischen Weißem und Braunem Haus. Erinnerungen eines politischen Außenseiters. München 1970, S. 36, S. 39.

15 Die Tagebücher von Joseph Goebbels. Sämtliche Fragmente. Hrsg. von Elke Fröhlich, Teil I: 1924–1941, Bd. 3, München 1987, S. 49.

16 David G. Marwell, Ernst Hanfstaengl – Des »Führers« Klavierspieler. In: Die Braune Elite II. Hrsg. von Ronald Smelser, Enrico Syring, Rainer Zitelmann, Darmstadt 1993, S. 137.

17 Thronverzichtserklärung Wilhelms II. vom 28.11.1918. Rep. 53, Nr. 203, Geheimes Staatsarchiv Preußischer Kulturbesitz, Brandenburg-Preußisches Hausarchiv, Berlin.

18 Sigurd von Ilsemann, Der Kaiser in Holland. Aufzeichnungen des letzten Flügeladjutanten Kaiser Wilhelms II. Hrsg. von Harald von Koenigswald. In: Monarchie und Nationalsozialismus 1924–1941 (Bd. 2), München 1968, S. 85 ff.

19 Reichsarchiv Utrecht, Wilhelm II. Nr. 437: Inventarien, Schätzungslisten. Verzeichnis der Transporte und Auszüge aus Bankkonten.

20 Reichsarchiv Utrecht, Die Aufzeichnungen Wilhelms II.: »Die Archäologie und die Kulturmorphologie als Wegweiser in die Zukunft«. Zitiert nach: Willibald Gutsche, Wilhelm II., der letzte Kaiser des Deutschen Reiches, Berlin 1991, S. 206.

21 Adolf Hitler, Mein Kampf, München 1938, S. 225.

22 Ilsemann, Der Kaiser, S. 40. Mit Volksentscheid vom 20.6.1926 votierten 14,4 Millionen Deutsche für eine bedingungslose Enteignung der Hohenzollern. Die dafür notwendige Mehrheit von über 50 % wurde jedoch nicht erreicht.

23 Unter anderem formuliert von Paul Bang, dem Führer des Alldeutschen Verbandes, im April 1930.

24 The Jew today; Rathenaubund an Wilhelm II. am 19.11.1928, Randbemerkung Wilhelms II. Zitiert nach: Gutsche, Wilhelm II., S. 207.

25 Sigurd von Ilsemann am 25. Dezember 1931.

26 Nach dem Tode der Kaiserin Viktoria heiratete Wilhelm II. am 5.11.1922 die um 28 Jahre jüngere Prinzessin Hermine von Schönaich-Carolath.

27 Reichsarchiv Utrecht, Wilhelm II., Nr. 47, Randbemerkung Wilhelms II. vom 10.2.1936.

28 Reichsarchiv Utrecht, Wilhelm II., Nr. 53, Wilhelm II. an Kurt Jagow am 5. Juli 1940.

29 Willibald Gutsche, Wilhelm II., S. 223.

30 Hitler am 1.9.1942, in: Adolf Hitler, Monologe im Führerhauptquartier 1941–1944. Die Aufzeichnungen Heinrich Heims hrsg. von Werner Jochmann, Hamburg 1980, S. 380.

31 Konrad Heiden (1901–1966) hatte eine jüdische Mutter; er war SPD-Mitglied und Mitarbeiter der ›Frankfurter Allgemeinen Zeitung‹.

32 Konrad Heiden, Adolf Hitler. Eine Biographie. Bd. 1: Das Zeitalter der Verantwortungslosigkeit. Bd. 2: Ein Mann gegen Europa, Zürich 1936.

33 Heiden, Hitler, Bd. 1, Das Zeitalter, S. 18 ff.

34 Anton Joachimsthaler, Korrektur einer Biographie. Adolf Hitler 1908–1920, München 1989, S. 51. Brigitte Hamann, Hitlers Wien. Lehrjahre eines Diktators, München 1996, S. 229 ff.

35 Vergleiche Kapitel »Lebte Hitler tatsächlich in einem Wiener Obdachlosenasyl?«, S. 133.

36 Friedelind Wagner, Heritage of Fire, New York 1944. Deutsch: Nacht über Bayreuth. Die Geschichte der Enkelin Richard Wagners, Berlin 1999.

37 F. Wagner, Nacht, S. 10.

38 Houston Stewart Chamberlain, Autor der »Grundlagen des 20. Jahrhunderts«, einer völkisch-mystischen Ideologie, die zum Wegbereiter des Nationalsozialismus wurde. Chamberlain war mit Eva, der Tochter Richard Wagners, verheiratet.

39 F. Wagner, Nacht, S. 139.

40 Simplicissimus Heft 16, 1922.

41 Heiden, Hitler, Bd. 1, S. 130, S. 349 ff.

42 F. Wagner, Nacht, S. 122.

43 Wolfgang Wagner, Lebensakte, München 1994, S. 74.

44 Die Schreibweise variiert zwischen Strasser und Straßer.

45 Patrick Moreau, Otto Strasser – Nationaler Sozialismus versus Nationalsozialismus. In: Die Braune Elite I, S. 286.

46 Otto Strasser, Hitler und ich, Konstanz 1948.

47 Strasser, Hitler, S. 94 ff.

48 Strasser, Hitler, S. 98.

49 Ein General im Zwielicht. Die Erinnerungen Edmund Glaises von Horstenau, Bd. 3. Veröffentlichungen der Kommission für Neuere Geschichte Österreichs. Bd. 76. Hrsg. von Peter Broucek, Wien, Köln, Graz 1988, S. 561.

50 Karl Jetzinger, Hitlers Jugend. Phantasien, Lügen – und die Wahrheit, Wien 1956.

51 Der spätere Abt Balduin von Stift Lambach. In: Jetzinger, Hitlers Jugend, S. 92.

52 Franz Winter aus Leonding.

53 Gesuch Adolf Hitlers vom 5.9.1904, Akte Hitler I, Oberösterreichisches Landesarchiv, Linz.

54 Stellungnahme Huemers vom 12.12.1923. Dr. Eduard Huemer war von der 2. bis zur 4. Klasse der Linzer Realschule Hitlers Klassenvorstand. Jetzinger, Hitlers Jugend, S. 107.

55 Hitler, Mein Kampf, S. 3.

56 Jetzinger, Hitlers Jugend, S. 82.

57 Jetzinger, Hitlers Jugend, S. 83.

58 August Kubizek, Adolf Hitler – Mein Jugendfreund, Graz 1953.

59 MS. Aktennotiz, NS 26/17a. Ehemaliges Hauptarchiv der NSDAP, Bundesarchiv Koblenz.

60 Werner Maser, Hitlers Briefe und Notizen. Sein Weltbild in handschriftlichen Dokumenten, Düsseldorf 1973.

61 Hitlerpersonalien. Nachlass Johanna Motloch, F 19/19. Institut für Zeitgeschichte, München.

62 Undatierte Postkarte Adolf Hitlers.

63 Kenneth Burke, Die Rhetorik in Hitlers »Mein Kampf« und andere Essays zur Strategie der Überredung, Frankfurt/Main 1967.

64 Vgl. Kapitel »Lebte Hitler tatsächlich in einem Wiener Obdachlosenasyl?«, S. 133.

65 Hitler, Mein Kampf, S. 235.

66 Ernst Deuerlein, Der Aufstieg der NSDAP 1919 – 1933 in Augenzeugenberichten, Düsseldorf 1968, S. 85.

67 Ernst Deuerlein, Hitlers Eintritt in die Politik. In: Vierteljahrshefte für Zeitgeschichte 7 (1959), S. 182.

68 Hitler, Mein Kampf, S. 235.

69 Werner Maser, Die Frühgeschichte der NSDAP. Hitlers Weg bis 1924, Frankfurt/Main 1965, S. 139.

70 Sebastian Haffner, Anmerkungen zu Hitler, München 1978, S. 22.

71 Ernst Hanfstaengl, Zwischen Weißem und Braunem Haus, München 1970, S. 36.

72 Hanfstaengl, Zwischen Weißem und Braunem Haus, S. 38 f.

73 Albert Speer, Erinnerungen, Frankfurt/Main, Berlin 1969, S. 20 ff.

74 Speer, Erinnerungen, S. 32.

75 Speer, Erinnerungen, S. 34.

76 Vgl. ›Berliner Illustrirte‹ vom 13.12.1931.

77 ›Völkischer Beobachter‹ vom 7.4.1932.

78 Dr. Dermitzel.

79 Mein Schüler Hitler. Das Tagebuch seines Lehrers Paul Devrient. Hrsg. von Werner Maser, Pfaffenhofen/Ilm 1975, S. 15 ff.

80 Vgl. Der Spiegel Nr. 7/1975, S. 118.

81 Mein Schüler Hitler, S. 41.

82 Mein Schüler Hitler, S. 45.

83 Mein Schüler Hitler, S. 280 f.

84 Otto Dietrich, Zwölf Jahre mit Hitler, München 1955, S. 30 ff.

85 Als Botschafter in Berlin, S. 115 f.

86 Denis de Rougemont, Der Traum von sechzig Millionen. In: Reisen ins Reich. Ausländische Autoren berichten aus Deutschland. Herausgegeben von Oliver Lubrich, Frankfurt am Main 2004, S. 101 ff.

87 de Rougemont, Der Traum, S. 101 ff.

88 Verfasst 1935. Winston Churchill, Great Contemporaries, London 1937,

S. 261 ff. In der 1955 erschienenen deutschen Übersetzung »Große Zeitgenossen« fehlt Hitler. Winston Churchill, Große Zeitgenossen, Frankfurt/Main 1959.

89 Am 21.12.1931. Ebenso am 13.5.1933 und am 14.4.1941.

90 ›Time-Magazine‹ vom 2.1.1939.

91 Ian Kershaw, Hitlers Freunde in England. Lord Londonderry und der Weg in den Krieg, München 2005, S. 165 ff.

92 Kershaw, Hitlers Freunde, S. 169.

93 Kershaw, Hitlers Freunde, S. 10.

94 Zu Lindberghs Weltanschauung: Charles A. Lindbergh, Kriegstagebuch 1938–1945, S. 10 ff.

95 Klemperer, Ich will, Tagebücher 1935–1936, S. 123.

96 Dr. Paul Schmidt, Statist auf diplomatischer Bühne 1923–45. Erlebnisse des Chefdolmetschers im Auswärtigen Amt mit den Staatsmännern Europas, Bonn 1949, S 342 ff.

97 Schmidt, Statist, S. 368.

98 Schmidt, Statist, S. 369.

99 Sir Robert Gilbert Vansittart (1881–1957) befand sich seit 1902 im diplomatischen Dienst, 1930–1938 wirkte der unerbittliche Kritiker und Warner vor der NS-Gefahr als Unterstaatssekretär im britischen Außenministerium.

100 Joachim von Ribbentrop, 1936–1938 deutscher Botschafter in Großbritannien, ab 1938 Reichsaußenminister.

101 Kershaw, Hitlers Freunde, S. 209 f.

102 Seine Ansichten über Hitler und Deutschland legte Vansittart in seinem Buch ›Black Record‹ nieder. Jörg Später, Vansittart. Britische Debatte über Deutsche und Nazis 1902–1945, Berlin 2003.

103 Akten zur Deutschen Auswärtigen Politik, Serie D, Band II, S. 533 ff.

104 Interview mit Freda Meissner-Blau im November 2005. Hitler traf am 12. März 1938, um 19.45 Uhr in Linz ein. Hitlers Fahrt nach Österreich in: Erwin A. Schmiedl, Der »Anschluss« Österreichs. Der deutsche Einmarsch im März 1938, S. 212 ff.

105 John Maynard-Smith (1920–2004), Professor für theoretische Biologie.

106 Interview mit Professor Maynard-Smith im Sommer 2000.

107 Kurt von Schuschnigg (1897–1977) hielt als Nachfolger des von den deutschen Nationalsozialisten ermordeten Bundeskanzlers Dollfuß an der Ständediktatur fest, verhinderte die Rückkehr zur Parteiendemokratie und verfolgte die verbotenen Sozialdemokraten. Sein Versuch, das von Deutschland aufgezwungene »Berchtesgadener Abkommen«, das eine Regierungsbeteiligung der illegalen Nationalsozialisten vorsah, durch eine Volksabstimmung über Österreichs Unabhängigkeit zu umgehen, scheiterte und wurde zum Anlass für Hitlers Einmarsch in Öster-

reich am 12. März 1938. Friedrich Weissensteiner, Der ungeliebte Staat. Österreich zwischen 1918 und 1938, Wien 1990, S. 279 ff.

108 Hitler, Monologe, S. 235.

109 Hitler, Monologe, S. 235.

110 Auskunft von Robert Brandner, Berchtesgaden.

111 Klemperer, Ich will, Tagebücher 1943, S. 128.

112 Schreiben Martin Bormanns vom 11.9.1943. F 189/1. Martin Bormann. Briefe an seine Frau. Bd. 1: 16.1.1943–31.7.1944. Institut für Zeitgeschichte, München.

113 Klemperer, Ich will, Tagebuch 1943, S. 166.

Wieso hat niemand Hitlers Machtergreifung verhindert?
1933 – Deutschlands Annus horribilis

1 Das von Hitler und den Spitzen der NSDAP als Stützpunkt genutzte vornehme Berliner Hotel »Kaiserhof«.

2 Dr. Wilhelm Frick (1877–1946).

3 Reichsmarschall Paul von Hindenburg (1847–1934).

4 Joseph Goebbels, Tagebücher 1924–1945. Hrsg. von Ralf Georg Reuth, Bd. 2, 1930–1934, München, Zürich (2. Auflage) 2000, S. 757. Hans Otto Meissner, 30. Januar 1933. Hitlers Machtergreifung, München 1979.

5 Adolf Hitler, Monologe im Führerhauptquartier 1941–1944. Die Aufzeichnungen Heinrich Heims hrsg. von Werner Jochmann, Hamburg 1980, S. 49.

6 Hitler, Monologe, S. 262.

7 Ausscheidung aus dem österreichischen Staatsverband am 30.4.1925. Bescheid der OÖ. Landesregierung vom 30.4.1925, Zl. A/2–2365/1, 2. Hitler blieb staatslos bis zum 26.2.1932.

8 Hitler, Monologe, S. 262. Die Wiedergabe eines Gesprächs, das Hitler 1924 mit seinem damaligen Sekretär Rudolf Heß führte.

9 Joseph Goebbels in der NS-Zeitschrift ›Der Angriff‹, 1928.

10 Horst Möller, Die nationalsozialistische Machtergreifung. Konterrevolution oder Revolution? In: VfZ 32, 1983, S. 25–51.

11 Nach den Reichstagswahlen vom 20.5.1928 verfügte die NSDAP über einen Stimmenanteil von 2,6 %. Von 30,7 Millionen Wahlberechtigten hatten 800 000 ihre Stimmen der NSDAP gegeben.

12 1930/31 verdiente ein Arbeiter 120–155 RM netto. Brot kostete 0,30–0,40 RM, 1 Kilogramm Kartoffeln 0,06 RM.

13 Kabinett Hermann Müller 20.5.1928–27.3.1930. Zur Koalition gehörten: die Sozialdemokratische Partei Deutschlands (SPD), die Deutsche Zentrumspartei (Zentrum), die Bayerische Volkspartei (BVP), die

Deutsche Demokratische Partei (DDP) und die Deutsche Volkspartei (DVP). In der Opposition: die Kommunistische Partei Deutschlands (KPD), die NSDAP und die Deutschnationale Volkspartei (DNVP).

14 Das erste und zweite Kabinett Brüning.

15 Artikel 48 der Reichsverfassung.

16 Hitler. Reden, Schriften, Anordnungen, Bd. III, Teil 3: Januar 1930 – September 1930. Hrsg. vom Institut für Zeitgeschichte, München 1995. Hrsg. und kommentiert von Christian Hartmann, S. 394.

17 Karl Dietrich Bracher, Die Auflösung der Republik von Weimar. Eine Studie zum Problem des Machtverfalls in der Demokratie, Düsseldorf 1978, S. 323 ff.

18 Programmerklärung des Zentralkomitees der KPD zur nationalen und sozialen Befreiung Deutschlands vom 23.4.1930.

19 Leitartikel der ›Frankfurter Zeitung‹ vom 15.9.1930.

20 Reichskanzler Heinrich Brüning (1885–1970) am 5.1.1931 vor dem Reichsausschuss der Deutschen Zentrumspartei.

21 Parteienspektrum der Weimarer Republik und die Entscheidung 1933. In: München – »Hauptstadt der Bewegung«. Ausstellungskatalog der gleichnamigen Ausstellung im Münchner Stadtmuseum, München 1994, S. 189 ff. Erst am 7.7.1931 trat ein allgemeines Moratorium in Kraft, das den Aufschub aller Reparationszahlungen für die Zeit vom 1.7.1931 bis zum 30.6.1932 vorsah.

22 Seit dem 16.2.1931 blieben die NS-Abgeordneten demonstrativ den Sitzungen des Reichsrats fern.

23 Eberhard Czichon, Wer verhalf Hitler zur Macht? Zum Anteil der deutschen Industrie an der Zerstörung der Weimarer Republik, Köln 1972.

24 Hitler. Reden, Schriften, Anordnungen. Bd. IV, Teil 3, Januar 1932–März 1932. Hrsg. vom Institut für Zeitgeschichte, München 1997. Hrsg. und kommentiert von Christian Hartmann, Dok. 15, S. 74.

25 Otto Dietrich, Zwölf Jahre mit Hitler, München 1955, S. 30 ff.

26 Emil Kirdorf (1847–1938).

27 Alfred Hugenberg (1865–1951), Chef der Deutschnationalen Volkspartei (DNVP). Als Besitzer von Nachrichtendiensten, Zeitungen und Werbeagenturen besaß er einen beherrschenden Einfluss auf die rechtsgerichtete Presse.

28 Wahlaufruf der SPD vom 27.2.1932. Angesichts der bedrohlichen Lage unterstützte die SPD widerwillig den konservativen Hindenburg.

29 Am 26.2.1932 legte Hitler den Eid auf die Weimarer Verfassung ab.

30 Erster Wahlgang 13.3.1932. Zweiter Wahlgang 10.4.1932.

31 Präsidiale Notverordnung vom 13.4.1932: § 1: Sämtliche militärähnlichen Organisationen der NSDAP, insbesondere die Sturmabteilungen (SA), die Schutzstaffeln (SS) … werden mit sofortiger Wirkung aufgelöst.

32 Laut Abmachung vom 8.5.1932: gegen Tolerierung einer neuen Regierung, dem »Kabinett der Barone« unter Franz von Papen und der Ausschreibung von Neuwahlen.

33 Akten der Reichskanzlei. Das Kabinett von Papen, hrsg. von Karl-Heinz Minuth, Boppard a. Rhein, 1989. Akten der Reichskanzlei. Das Kabinett von Schleicher, hrsg. von Anton Golecki, Boppard a. Rhein 1989. Brüning (präsidiales Fachkabinett) vom 9.10.1931. Franz von Papen (Präsidialkabinett) 1.6.1932. Kurt von Schleicher (parteilos) 3.12.1932.

34 Hitler forderte das Amt des Reichskanzlers und den Posten des preußischen Ministerpräsidenten und sieben Ministerposten.

35 Franz von Papen (1879–1869). Vertreter des rechten, monarchistischen Flügels der Zentrumspartei.

36 Nach dem Sturz der Regierung von Papen.

37 Die Zahl der Reichstagsmandate der NSDAP fiel auf 196. Die Kommunisten errangen 100 Sitze (davor 89). Die NSDAP blieb die stärkste Fraktion und hatte mit der KPD eine Sperrmehrheit von 50,7 %. »Wir haben eine Schlappe erlitten«, klagte Goebbels. Goebbels, Tagebücher 1930–1934, Tagebucheintragung vom 6.11.1932, S. 714.

38 Rücktritt von Hitlers Stellvertreter Gregor Strasser aus allen Parteiämtern am 8.12.1932.

39 Goebbels, Tagebucheintragung vom 23.12.1932.

40 Rudolf Kirchner in der ›Frankfurter Zeitung‹ vom 1.1.1933.

41 Nach der von NSDAP und KPD unter der Führung des Reichstagspräsidenten Hermann Göring eingeleiteten Misstrauens-Abstimmung (512 Stimmen gegen 42) am 12.9.1932.

42 Wegen der Verfolgung der Mörder in der Affäre Pietruch. Am 9./10. August 1932 hatten fünf SA-Männer einen kommunistischen Arbeiter vor den Augen seiner Mutter im oberschlesischen Potempa erschlagen.

43 Axel Kuhn, Die Unterredung zwischen Hitler und Papen im Haus des Barons von Schröder. In: Geschichte in Wissenschaft und Unterricht 24 (1973), S. 709–722.

44 Martin Broszat, Die Machtergreifung. Der Aufstieg der NSDAP und die Zerstörung der Weimarer Republik, München (5. Auflage) 1994.

45 ›Völkischer Beobachter‹ vom 5.1.1933: »Zum Zusammentreffen Adolf Hitlers mit Papen.«

46 Andreas Hillgruber, Die Auflösung der Weimarer Republik, Hannover 1960, S. 58.

47 Nur 5000 Stimmen mehr als bei der Reichstagswahl am 31.7.1932.

48 Laut Goebbels. Goebbels, Tagebücher 1930–1934, Tagebucheintragung vom 25.1.1933, S. 753.

49 Bei einem Empfang des Chefs der Heeresleitung, General Freiherr von Hammerstein. Hillgruber, Die Auflösung, S. 61.

50 Darunter Konstantin von Neurath als Außenminister, Freiherr Werner von Blomberg als Reichswehrminister, Alfred von Hugenberg als Wirtschaftsminister.

51 Reichskanzler Adolf Hitler, Hermann Göring preußischer Innenminister, Dr. Wilhelm Frick als Reichsinnenminister.

52 Klaus Kellmann, Stalin. Eine Biographie, Darmstadt 2005, S. 99.

53 Hillgruber, Die Auflösung, S. 63 f.

54 Franz von Papen am 30.1.1933 zu dem NS-Gegner Ewald von Kleist-Schmenzin. (Ewald von Kleist-Schmenzin arbeitete später im deutschen Widerstand. Am 23.2.1945 wurde er von einem Volksgerichtshof zum Tode verurteilt und hingerichtet.)

55 Laut Angabe von André François-Poncet, Als Botschafter in Berlin 1931–1938, Mainz 1947, S. 90.

56 Werner Best war Jurist und frühes NSDAP-Mitglied.1932 Leiter der Rechtsabteilung der hessischen NSDAP-Führung, später Stellvertreter Heydrichs.

57 Hillgruber, Die Auflösung, S. 28.

58 François-Poncet, Als Botschafter, S. 91.

59 Hitler, Monologe, S. 147.

60 Hitler, Monologe, S. 155.

61 Hitler, Monologe, S. 180.

62 Akten der Reichskanzlei. Das Kabinett Hitler. Teil I, 1933/34, hrsg. von Karl Heinz Minuth, 2 Bde, Boppard am Rhein 1983.

63 Erstmals im ersten Kabinett Brüning.

64 Am 10.5.1933.

65 Der VE 3001 kostete 70 RM.

66 Anna Maria Sigmund, »Von vornherein nichtig« – Die Steuerakte Adolf Hitler. In: ›Die Presse‹ vom 3.7.2004.

67 Karl Dietrich Bracher, Wolfgang Sauer, Gerhard Schulz, Die nationalsozialistische Machtergreifung: Studien zur Errichtung des totalitären Herrschaftssystems in Deutschland 1933/34, Köln 1962.

68 Van der Lubbes Weg in den Reichstag – der Ablauf der Ereignisse. In: Uwe Backes und andere, Reichstagsbrand. Aufklärung einer historischen Legende, München, Zürich, 1986, S. 33–57.

69 Laut Ernst Hanfstaengl, 15 Jahre mit Hitler. Zwischen Weißem und Braunen Haus, München 1980, S. 291 ff.

70 Hitler zu Franz von Papen. In: Mommsen, Der Reichstagsbrand. Vierteljahrshefte für Zeitgeschichte 12, 1964, S. 362 ff.

71 Bracher, Die nationalsozialistische Machtergreifung. Köln 1960, S. 864 ff.

72 NSDAP 43,9 %. 288 Sitze im Reichstag, davor 195; die Deutschnationalen 52, davor 51; die Sozialdemokraten 120, davor 121; die Kommunis-

ten 81, davor 100; das Zentrum 73, davor 70; die Bayerische Volkspartei 10, davor 20.

73 Der so genannte »Flaggenerlaß« des Reichspräsidenten vom 14.3.1933.

74 ›Völkischer Beobachter‹ vom 19.3.1933.

75 Wilhelm II. befand sich seit dem 10. November 1918 auf Schloss Doorn (Niederlande) im Exil.

76 Sohn Wilhelms II. und seiner Gattin Auguste Viktoria (1882–1951).

77 Augenzeugenbericht des französischen Botschafters André François-Poncet vom 21. März 1933. François-Poncet, Als Botschafter, S. 107.

78 Die Schlacht von Tannenberg am 23.8.1914 gegen die 2. russische Armee.

79 Rudolf Morsey, Das Ermächtigungsgesetz vom 24. März 1933, Düsseldorf 1992.

80 ›Völkischer Beobachter‹ vom 24.3.1933.

81 Die Kommunistische Internationale, das Koordinationsgremium für die Arbeit der nicht-russischen kommunistischen Parteien.

82 Siegfried Bahne, Die kommunistische Partei Deutschlands. In: Das Ende der Parteien 1933, hrsg. v. Erich Matthias und Rudolf Morsey, Königstein/Taunus 1979, S. 655–739.

83 Kellmann, Stalin, S. 11.

84 Jürgen Tietz, Verbaute Verantwortung. Hitlers Lieblingsarchitekt Albert Speer. In: NZZ vom 19./20.3.2005, S. 49.

85 Am 10.5.1933 fand der erste Kongress der Deutschen Arbeitsfront unter der Leitung von Robert Ley statt.

86 Josef Becker, Zentrum und Ermächtigungsgesetz. In: VfZ 9 (1961), S. 195–210.

87 Hitler, Monologe, S. 83.

88 Zitiert nach Ian Kershaw, Hitler 1889–1936, Stuttgart 1998, S. 545.

89 Karl Dieter Bracher, Wolfgang Sauer, Gerhard Schulz, Die nationalsozialistische Machtergreifung: Studien zur Errichtung des totalitären Herrschaftssystems in Deutschland 1933/34, Köln 1962.

90 Hitler, Monologe, S. 155.

91 Hitler, Monologe, S. 180.

92 Hitler, Monologe, S. 290.

93 Hitlers Rede im Reichstag vom 30.1.1939.

War der Jubel um Hitler nicht überwältigend?
Hoffmanns NS-Erzählungen. Ein Bild lügt mehr als 1000 Worte –
Die Propagandawelt von Hitlers Leibfotografen

1 Rudolf Herz, Hoffmann & Hitler. Fotografie als Medium des Führer-Mythos. Katalog der Ausstellung im Münchner Stadtmuseum, München 1994. Fritz Hansen, Neuzeitliche Photographie im Dienste der nationalsozialistischen Idee. Heinrich Hoffmann in seinem Wirken und Schaffen. In: Die Linse 1934, Nr. 4, S. 63–71.

2 Gerhard Hirschfeld, Lothar Kerttenacker (Hrsg.), Der Führerstaat. Mythos und Realität, Stuttgart 1981.

3 Martin Loiperdinger, Probleme des Quellenwertes von Bildmedien für die Geschichtsschreibung. Vortrag vom 24.9.1987, Hessischer Rundfunk, Frankfurt/Main.

4 Unter anderem Jochen von Lang, Hitler. Gesichter eines Diktators. Eine Bilddokumentation, München/Berlin 1984. Joachim C. Fest, Hitler: Eine Biographie, Frankfurt/Main, Berlin (3. Auflage) 1992.

5 Meldeunterlagen Robert und Maria Hoffmann. Stadtarchiv Regensburg und Stadtarchiv München.

6 Das Fotoatelier Elvira. Dazu: Rudolf Herz, Brigitte Bruns, Hofatelier Elvira 1887–1928. Ästheten, Emanzen, Aristokraten. In: Ausstellungskatalog Münchner Stadtmuseum, München 1985.

7 Herz, Hoffmann & Hitler, S. 26.

8 Verfassungskrise im Deutschen Reich im Jahre 1913, ausgelöst durch das gesetzwidrige Vorgehen des Militärs im elsässischen Zabern.

9 Konrad Heiden, Adolf Hitler. Eine Biographie. Bd. 1: Das Zeitalter der Verantwortungslosigkeit, Zürich 1936, S. 118.

10 Henriette von Schirach, Frauen um Hitler, München 1983, S. 240.

11 Der Photograph des Führers, In: ›Der Angriff‹ Nr. 257 vom 13.9.1940.

12 Georg Pahl, Inhaber der Berliner Presseillustrationsfirma »ABC«. Georg Pahl, Die Jagd nach dem ersten Hitlerbild. Ms. Bundesarchiv Koblenz.

13 Leni Riefenstahl, Memoiren, München 1987, S. 182.

14 Kurt Reinhold, Der Unwiderstehliche. In: Das Tage-Buch, Jg. 1932, Teil 1, S. 838 f.

15 Heinrich Hoffmann, Hitler wie ich ihn sah. Aufzeichnungen seines Leibfotografen. München-Berlin 1974, S. 42.

16 ›Münchner Post‹ Nr. 57 vom 10.3.1927.

17 ›Illustrierter Beobachter‹ Nr. 60, 30.8.1927, S. 219.

18 Lorenz Tiedemann in: Photographische Chronik 1937, Nr. 40, S. 299.

19 Reichspressechef Otto Dietrich, Leiter der »Pressestelle der Reichsleitung der NSDAP«.

20 Anna Maria Sigmund, Die Frauen der Nazis, München 2000, S. 234.

21 Hoffmann, Hitler, S. 135 f.

22 Max Schmeling, Erinnerungen, Berlin 1995, S. 277 f.

23 ›Völkischer Beobachter‹ Nr. 79–81, S. 4.

24 Hoffmann, Hitler, S. 79.

25 Kurt Reinhold, Der Unwiderstehliche. In: Das Tage-Buch vom 28.5. 1932.

26 ›Vorwärts‹ vom 19.3.1932.

27 Nerin E. Gun, Eva Braun-Hitler. Leben und Schicksal, Velbert und Kettwig 1968, nach S. 80.

28 Otto Dietrich am 10.10.1932: Anordnungen für … nationalsozialistische Presse, Bundesarchiv Koblenz, NS 22, Nr. 347.

29 1896–1941. Ab 1936 Chef des Technischen Amtes der Luftwaffe. Selbstmord nach Auseinandersetzung mit Göring, der ihn für die schlechte Ausrüstung der Luftwaffe verantwortlich machte.

30 Schmeling, Erinnerungen, S. 275 f.

31 Herz, Hoffman & Hitler, S. 204.

32 Gesamtumsätze der Firma Hoffmann 1933–1945. Steuerunterlagen, Spruchkammerakten Heinrich Hoffmann, Bayerisches Staatsarchiv, München.

33 Schmeling, Erinnerungen, S. 275 ff.

34 Hoffmann, Hitler, S. 83. ›Illustrierter Beobachter‹ Nr. 43 vom 28.10.1933.

35 Hoffmann, Hitler, S. 197 f.

36 Adolf Hitler, Monologe im Führerhauptquartier 1941–1944. Die Aufzeichnungen Heinrich Heims hrsg. von Werner Jochmann, Hamburg 1980, S. 218.

37 Hoffmann, Hitler, S. 93.

38 Hoffmann, Hitler, S. 151.

39 »Der Parteitag der Macht«, Nürnberg 1934.

40 Tiedemann, in: Photographische Chronik 1937, Nr. 40, S. 299.

41 Karl-Dietrich Abel, Presselenkung im NS-Staat. Eine Studie zur Geschichte der Publizistik in der nationalsozialistischen Zeit, Berlin 1968, S. 37 ff.

42 Hoffmann, Hitler, S. 201 f.

43 Herz, Hoffmann & Hitler, S. 128.

44 Reinhard Spitzy, So haben wir das Reich verspielt, Wien, München 1986, S. 211.

45 Reichsschatzmeister der NSDAP und früher Parteigenosse.

46 Schmeling, Erinnerungen, S. 275.

47 Hoffmann, Hitler, S. 103.

48 Hoffmann, Hitler, S. 111.

49 Jürgen Hagemann, Die Presselenkung im Dritten Reich, Bonn 1970, S. 95.

50 ›Illustrierter Beobachter‹ Nr. 4 vom 25.1.1940.

51 Hoffmann, Hitler, S. 219.
52 ›Arbeiter-Zeitung‹ vom 1.11.1945.
53 Spruchkammerakten Heinrich Hoffmann SpkA 741, Bayerisches Staatsarchiv, München.
54 Werner Friedmann in: ›Süddeutsche Zeitung‹ vom 1.1.1946, S. 1.
55 Historical Journal of Film, Radio and Television. Vo. 13, Nr. 4. 1993.
56 Herz, Hoffmann & Hitler, S. 18 ff.
57 Spruchkammerakten Heinrich Hoffmann, Schreiben von Fritz Kartini vom 13.12.1955. Bayerisches Staatsarchiv, München.

Kam Hitler nicht aus verworrenen, dubiosen und ärmlichen Verhältnissen?
Moral, Unmoral und Inzest in der Familie Hitler

1 Franz Jetzinger, Hitlers Jugend. Phantasie, Lügen – und die Wahrheit, Wien 1956, S. 17. Viele Historiker sind seiner Darstellung gefolgt.
2 Jetzinger, Hitlers Jugend, S. 20.
3 Patrick Hitler, der meist in England lebende Sohn von Alois Hitler (Halbbruder von Adolf Hitler).
4 Mein Onkel Adolf. Der Führer, intim gesehen von einem Angehörigen.
5 In Anwesenheit seiner Stiefgeschwister Alois und Angela sowie des Großneffen Patrick.
6 Internationaler Militärgerichtshof Nürnberg. Der Prozeß gegen die Hauptkriegsverbrecher, Bd. XXII, S. 438.
7 Hans Frank, Im Angesicht des Galgens, München 1953.
8 Frank, Im Angesicht, S. 330 f.
9 Die meisten Biografen verwechseln sie mit ihrer um ein Jahr älteren, am 15.4.1795 geborenen Schwester Anna Maria. Geburtsbuch der Pfarre Döllersheim, Nr. 6, 1785–1837, fol. 10.
10 Später Haus Strones Nr. 22.
11 Dietreichs.
12 Heiratsabsprache vom Januar 1793. Geschäfts-Prothocoll der Hgfl. Herrschaft Ottenstein 1793, fol. 23, Niederösterreichisches Landesarchiv, St. Pölten.
13 Geb. 15.4.1795, verh. Schneider. Geburtsbuch der Pfarre Döllersheim, Nr. 6, 1785–1837, fol. 10.
14 Kaufprotokoll der Herrschaft Waldreichs, fol. 720. Bez.-Gerichts-Archiv Allentsteig, Niederösterreichisches Landesarchiv, St. Pölten.
15 Handschriftliche Eintragungen der Waisenkasse, Bez.-Gerichts-Archiv Allentsteig 8/17, f. 48, Niederösterreichisches Landesarchiv, St. Pölten.
16 Laut Inventur dto. 28.10.1817.

17 Die alte Heimat. Beschreibung des Waldviertels um Döllersheim. Hrsg. Deutsche Ansiedlungsgesellschaft Berlin, Berlin 1942, S. 63.

18 Werner Maser, Adolf Hitler. Legende – Mythos – Wirklichkeit, München 1975, S. 25 ff.

19 Geburtenbuch der Pfarre Döllersheim, Tom VII.

20 Der Zusatztext in Spalte D lautete: Im Falle der Vater eines unehelichen Kindes sich als solcher erklärt, und eingeschrieben seyn will, hat dieß persönlich und in Gegenwart zweyer Zeugen zu geschehen, die dieß, und daß er der nähmliche sey, dessen Namen und Stand er angibt, zu bestättigen haben.

21 Heiratsabrede vom März 1811. Bez.-Gerichts-Archiv Allentsteig 8/7, fol. 283, Niederösterreichisches Landesarchiv, St. Pölten.

22 Im Jahr 2004 waren in Kärnten 50,4 % der Mütter ledig. Österreichweit wurden 37,9 % der Kinder unehelich geboren. ›Die Presse‹ vom 7.5. 2005, S. 13.

23 Anmerkung im Trauungsbuch der Pfarre Döllersheim vom 10.5.1842: »wohnhaft derzeit in Strones Nr. 22«.

24 Erbert Junker, Der »amtliche« Großvater Adolf Hitlers in Hoheneich (Bezirk Gmünd). In: Das Waldviertel. Zeitschrift für Heimat- und Regionalkunde des Waldviertels und der Wachau, 54. Jahrgang, 1/2005, Horn, S. 63.

25 Gebräuchlich war Hiedler, Hüttler, Hittler und Hietler. Noch 1933, als es nur mehr eine Schreibweise gab, richtet Hitlers Lehrer an der Linzer Realschule (Leopold Pötsch) sein Schreiben mit der Bitte um ein Exemplar von ›Mein Kampf‹ an »Hittler«.

26 Angabe im Trauungsbuch. Alter des Bräutigams: 36 Jahre.

27 Trauungsbuch Nr. 2 der Pfarre Hoheneich aus 1824. Diözesan-Archiv St. Pölten, Niederösterreich. Erstmals zitiert bei Junker, Der »amtliche« Großvater, S. 63.

28 Sterb-Buch Nr. 2 der Pfarre Hoheneich, 1825, Diözesan-Archiv St. Pölten, Niederösterreich.

29 Trauungsbuch Döllersheim, Eintragung vom 10.5.1842.

30 Zwei Kinder von Georg Hiedler verheirateten sich mit Angehörigen der Familie Prinz.

31 Trauungsbuch der Pfarre Döllersheim, 1834–1861, Tom 6, fol. 52. Angekreuzt ist die Spalte: ledig.

32 Anlässlich der Räumung von Döllersheim wurden die Eintragungen der Protokolle der Schule im Hinblick auf die Zeugnisse von Alois Schicklgruber gesichtet. Die alte Heimat, S. 268.

33 Bei Waldreichs. Die Mühle existiert seit 1938 nicht mehr.

34 Als Wohnort von Alois Schicklgruber wird in den Schulunterlagen Klein-Motten angegeben. Die alte Heimat, S. 268.

35 Bäuerlicher Alltag. In: Margot Schindler, Wegmüssen. Die Entsiedlung des Raumes Döllersheim, Niederösterreich 1938–1942. Volkskundliche Aspekte. Veröffentlichungen des Österreichischen Museums für Volkskunde 23, Wien 1988, 4.2.1.

36 Schindler, Wegmüssen, 4.1.4.

37 Die Eintragung in der Sterbematrikel von Döllersheim lautet: »Gestorben den 7. Jänner 1847, begraben den 9. Jänner: Hiedler Maria Anna, Eheweib des Hiedler Georg, Inwohners in Klein-Motten Nr. 4 … alt 50 Jahre, Auszehrung infolge Brustwassersucht.«

38 Johann Schicklgruber (1764–1847).

39 Schilderung der NS-Kreisparteileitung vom 21.5.1939. In: ›Die Donauwacht‹, Folge 22 vom 31.5.1939, S. 18.

40 Karl Merinsky, Das Ende des Zweiten Weltkrieges und die Besatzungszeit im Raum von Zwettl in Niederösterreich. Dissertation an der philosophischen Fakultät der Universität Wien, Wien 1966, S. 22 ff.

41 Merinsky, Das Ende, IV. Anhang, Dokument Nr. 21. Kopie des Legalisierungsprotokolls vom 6.6.1876 mit der G. Z. 3394, Notariat Weitra. Notariatsarchiv Krems, Sign. 2/41, Repertorium Notar Penker III. Niederösterreichisches Landesarchiv, Archivdepot Bad Pirawarth. Das Original ist verschollen. Die entsprechende Eintragung in der Registratur mit einer kurzen Inhaltsangabe ist noch vorhanden.

42 Erich Zöllner, Geschichte Österreichs, Wien 1974 (5. Auflage), S. 376 ff.

43 Mcrinsky, Das Ende, S. 31, ebenso Quellenanhang, Nr. 15, Punkt 3.

44 Schreiben der NÖ. Statthalterei vom 16.11.1876. Diözesan-Archiv, St. Pölten, Niederösterreich.

45 Johann Zahnschirm an das bischöfliche Ordinariat St. Pölten vom 23.11.1876. Abbildung bei Merinsky, Hitler-Ahnen, S. 149.

46 Hitlers Ahnentafel, in: Monatsblatt der Heraldisch-genealogischen Gesellschaft Adler, Heft 615/617, März 1932; Ahnentafel berühmter Deutscher, Neue Folge, Leipzig1935, S 295 ff. Rudolf Koppensteiner, Die Ahnentafel des Führers, in: Ahnentafeln berühmter Deutscher, Leipzig 1937.

47 Univ. Prof. Dr. Winfried Kralik, Gutachten vom 9.2.1966. Erstellt für das Österreichische Institut für Zeitgeschichte der Universität Wien.

48 Das Allgemeine Bürgerliche Gesetzbuch ist seit dem Jahr 1811 die Grundlage des österreichischen Zivilrechts.

49 Original im Archiv des Instituts für Zeitgeschichte der Universität Wien. Kopie bei Merinsky, Das Ende, IV. Anhang, Quellenanhang, Nr. 23.

50 Schilderung der NS-Kreisparteileitung vom 21.5.1939. In: ›Die Donauwacht‹, Folge 22 vom 31.5.1939, S. 18.

51 Werner Maser, Die Frühzeit der NSDAP. Hitlers Weg bis 1924, Frankfurt/Main und Bonn 1965, S. 156.

1 Laut Auskunft von Renate Domnanich, Kriegsarchiv – Österreichisches Staatsarchiv. Bis 1888 erfolgte die Stellungspflicht mit vollendetem 20. Lebensjahr, ab 1888 bis zum Ausbruch des Ersten Weltkriegs im Jahr der Vollendung des 21. Lebensjahres (Wehrgesetz vom 11.4.1889). Alphons Freiherr von Wrede, Die Geschichte der k. und k. Wehrmacht. Die Regimenter, Corps, Branchen und Anstalten von 1618 bis Ende des 19. Jahrhunderts, Wien 1898, Bd. 1, S. 109 ff.

2 Stellungslisten Oberösterreich Sign. 4694, Kriegsarchiv – Österreichisches Staatsarchiv, Wien.

3 Laut Gesetz vom 31.5.1888, Reichs-Gesetzblatt Nr. 77.

4 Die Einführung der Kronenwährung erfolgte in Österreich 1892. 1 Krone zu 100 Hellern entsprach 0,5 Gulden. 1 Krone entsprach dem Kaufwert von ca. 9 Euro.

5 Zitiert nach Wrede, Die Geschichte der k. und k. Wehrmacht, S. 110.

6 Männerheim, Wien XX, Meldemannstraße 27.

7 Stellungslisten Oberösterreich Sign. 4694 Adolf Hietler Los Nr. 163.

8 Diese Schreibweise findet sich noch in einem Bescheid des Magistrats Linz vom 12.1.1914.

9 Eigenhändiges Schreiben Hitlers vom 18.1.1914. Das bei Franz Jetzinger, Hitlers Jugend. Phantasien, Lügen – und die Wahrheit. Wien 1956, S. 262, zitierte Faksimile ist nicht mehr vorhanden. Seine Existenz wird jedoch erwähnt in: Militärakte Adolf Hitler I, Oberösterreichisches Landesarchiv, Linz.

10 Adolf Hitler, Gesuch um Bewilligung der Waisenrente für sich und seine Schwester Paula an die Finanz-Landesdirektion Linz vom 10.2. 1908.

11 Postkarte vom 11.2.1908, datiert als 1909. In: Hitler. Sämtliche Aufzeichnungen 1905–1924. Hrsg. von Eberhard Jäckel und Axel Kuhn, Stuttgart 1980.

12 Schreiben Adolf Hitlers an den Magistrat der Stadt Linz vom 7.4.1925. Akte Hitler, Oberösterreichisches Landesarchiv, Linz.

13 Laut Auskunft des Wiener Stadt- und Landesarchivs, Wien.

14 Amtliche Verlautbarung u. a. im ›Neuen Wiener Tagblatt‹ vom 5.8. 1910.

15 Schreiben des Amtes der oö. Landesregierung an das Landesgericht in Linz vom 21.3.1932. MS. Allg. 483, fol. 13. Kriegsarchiv – Österreichisches Staatsarchiv, Wien.

16 Schreiben des Amtes der oö. Landesregierung bez. Hitler Adolf: Militärdienstverhältnis, Linz, 20.8.1932. MS. Allg. 483. Kriegsarchiv – Österreichisches Staatsarchiv, Wien.

17 Laut Wehrgesetz vom 5.7.1912. Verlautbart im k. und k. Reichsgesetz-
    blatt Nr. 128.
18 Jetzinger, Hitlers Jugend, S. 255.
19 Hitlers Schwester Paula und Hitlers Halbschwester Angela Raubal waren
    auf Besuch bei Angelas Schwägerin Maria Raubal, die als Lehrerin an
    der Volksschule von Peilstein unterrichtete. Anna Maria Sigmund, Die
    Frauen der Nazis, München 2005, S. 196.
20 Militärakt Hitler, Oberösterreichisches Landesarchiv, Linz.
21 Anfrage des Konskriptionsamtes, Abteilung für den 20. Bezirk vom
    19.12.1913. Militärakt Hitler, Oberösterreichisches Landesarchiv, Linz.
22 Adolf Hitler. Schreiben vom 18.1.1914. In: Jetzinger, Hitlers Jugend,
    S. 262.
23 Schreiben des k. und k. Österreichisch-Ungarischen Konsulats in Mün-
    chen vom 23.1.1914. Militärakt Hitler, Oberösterreichisches Landes-
    archiv, Linz.
24 Bescheinigung: Amt der oberösterreichischen Landesregierung. Lan-
    desevidenzreferat. MS. Allg. 483. fol. 17. Kriegsarchiv – Österreichisches
    Staatsarchiv, Wien.
25 Adolf Hitler, ›Mein Kampf‹. München 1938, S. 179.
26 Hitler kandidierte am 13.3.1932 bei der Wahl zum Reichspräsidenten
    des Deutschen Reichs.
27 MS. Allg. 483, fol. 33. Kriegsarchiv – Österreichisches Staatsarchiv, Wien.
28 Strafakt Adolf Hietler vom 7.3.1917. Militärakt Hitler, Oberösterrei-
    chisches Landesarchiv, Linz.
29 Schreiben mit 16 Beilagen und Gerichtsakt der oö. Landesregierung
    vom 6.9.1932. Akt MS. Allg. 483. Kriegsarchiv – Österreichisches Staats-
    archiv, Wien.
30 Adolf Hietler, geb. 27.5.1855 in Langschlag. Der Ort ist in der Nähe von
    Spital bei Weitra, dem Wohnort der Familie Hitler.
31 Amtsbestätigung des Amts der oö. Landesregierung, Landesevidenz-
    referat Zl. 786 vom 8.7.1932. MS. Allg. 483, fol. 29. Kriegsarchiv – Öster-
    reichisches Staatsarchiv, Wien.
32 Schreiben der Generalstaatsanwaltschaft vom 8.7.1932. MS. Allg. 483,
    fol. 27. Kriegsarchiv – Österreichisches Staatsarchiv, Wien.
33 Hitler war seit 25.2.1932 als Regierungsrat beim Landeskultur- und Ver-
    messungsamt des Landes Braunschweig angestellt.
34 Verbalnote des Bundeskanzleramtes, Abteilung für Auswärtige Ange-
    legenheiten vom 19.12.1932. MS. Allg. 483, f. 19, Kriegsarchiv – Österrei-
    chisches Staatsarchiv, Wien.
35 Anton Joachimsthaler, Korrektur einer Biographie. Adolf Hitler 1908–
    1920, München 1989, S. 28–31.
36 Walter Schuster, Deutschnational-Nationalsozialistisch – Entnazifiziert.

Franz Langroth. Eine NS-Laufbahn, Linz 1999, S. 112. Die Akte tauchte schließlich bei Landesrat Dr. Franz Jetzinger auf, der ihn – eigenen Angaben zufolge – für Recherchen entliehen hatte.

37 Vermutung von Hitlers Großneffen Ernst Schmidt im Laufe eines Gesprächs mit Werner Maser. In: Werner Maser, Die Frühgeschichte der NSDAP, Frankfurt/Main 1963, S. 77.

38 Aus der zweiten Ehe seines Vaters Alois Hitler mit Franziska Matzelsberger.

39 Gerhart Marckhgott, »Von der Hohlheit des gemächlichen Lebens«. Neues Material über die Familie Hitler in Linz. In: Jahrbuch des Oberösterreichischen Musealvereins, Bd. 138 / 1, Linz 1993, S. 267 ff.

40 Die Geschichte und genaueste Auswertung dieser Quelle erfolgte von Gerhart Marckhgott.

41 Johanna Pölzl ist am 29.3.1911 in ihrem Heimatort Spital bei Weitra gestorben.

42 Johanna Pölzl zog dann im Frühjahr 1908 nach Auflösung der Hitler-Wohnung zu ihrer Schwester nach Spital bei Weitra. Das Haushaltsbüchlein blieb im Besitz von Angela Raubal, die es bis 1917 führte.

43 Schreiben der k. und k. Finanzdirektion Linz vom 9.1.1903. Akt Hitler, Oberösterreichisches Landesarchiv, Linz.

44 Marckhgott, »Von der Hohlheit«, S. 277.

45 600 Kronen Waisenrente, 924 Kronen Darlehen, 60 Kronen Zuwendung oder Darlehen.

46 Abdruck des Bescheids bei: Jetzinger, Hitlers Jugend, S. 226 ff.

47 K. K. Bezirksgericht Linz, Abt. V vom 4.5.1911.

48 Belegbar sind 924 Kronen »Darlehen« sowie weitere 60 Kronen. Laut Vormundschaftsgericht waren die ausbezahlten Beträge höher, denn es werden »größere Beträge« erwähnt. Die Waisenrente wurde ab 1.1.1908 bewilligt und im März 1908 im Nachhinein bezahlt, anschließend regelmäßig 25 Kronen pro Monat.

49 Schreiben Hitlers. In: Jetzinger, Hitlers Jugend, S. 262.

50 ›Neues Wiener Tagblatt‹ Nr. 271 vom 1.10.1909.

51 Sechshauserstraße 58, damals der 14. Wiener Bezirk, derzeit der 15.

52 Wien 3, Löwengasse 28. Laut Auskunft des Meldeamts der Stadt Wien (MA 8), Stadt- und Landesarchiv, Wien.

53 Wien 6, Dreihufengasse 1/4/8.

54 »Meine Begegnung mit Hitler«. Akten des Hauptarchivs der NSDAP. Bestand NS 26/64, Bundesarchiv Koblenz.

55 Die Lebensgeschichte von Reinhold Hanisch erstmals vollständig bei: Brigitte Hamann, Hitlers Wien. Lehrjahre eines Diktators, München–Zürich 1996, S. 222 ff.

56 Joachimsthaler, Korrektur einer Biographie, S. 12.

57 Jetzinger, Hitlers Jugend, S. 224.
58 Jetzinger, Hitlers Jugend, S. 224.
59 Herbert Blank alias Weigand von Miltenberg, Adolf Hitler, Wilhelm III., Berlin 1931, S. 12, S. 27 ff.
60 Angaben von Wilhelm Schneider, Hitlers langjährigem Diener im Sommer 2000.
61 Hamann, Hitlers Wien, S. 222.
62 ›Wiener Sonntags- und Morgenzeitung‹ vom 21.8.1933.
63 ›Die Reichspost‹ vom 6.7.1933.
64 Die NSDAP errang im April 1933 im Innsbrucker Gemeinderat 43 % der Stimmen.
65 Eine Zusammenfassung der Ereignisse bei: Friedrich Weissensteiner, Der ungeliebte Staat, Wien 1990, S. 242.
66 Hamann, Hitlers Wien, S. 270.
67 Bestand Hitler. NS 19/51/11, Bundesarchiv Koblenz.
68 Bestand Hitler. NS 26/64. Bundesarchiv Koblenz.
69 ›The New Republic‹ vom 5.12.1938 und 19.4.1939.
70 Werner Maser, Die Frühgeschichte der NSDAP. Hitlers Weg bis 1924, Frankfurt/Main–Bonn, 1965.
71 Alan Bullock, Hitler. A Study in Tyranny, London 1965, S. 32.
72 Jetzinger, Hitlers Jugend, S. 219.
73 Konrad Heiden, Adolf Hitler. Eine Biographie. Bd. 1: Das Zeitalter der Verantwortungslosigkeit. Zürich 1936. Bd. 2: Ein Mann gegen Europa. Zürich 1936.
74 William Shirer, Aufstieg und Fall des Dritten Reichs, Bd. 1, München und Zürich 1963, S. 33.
75 PK 3002/2506, PK 3002/ 2506a, PK 3002/2507. Bildarchiv der österreichischen Nationalbibliothek, Wien.
76 PK 140.200 A (B) Bildarchiv der österreichischen Nationalbibliothek, Wien.
77 Unter anderem Titelseite von ›Welt-Blatt‹ am 20.3.1938.
78 Hamann, Hitlers Wien, S. 207.
79 Heinrich Hoffmann, Wie die Ostmark ihre Befreiung erlebte, o. O. 1940, S. 15.
80 Auskunft von Christian Patry. Österreichische Nationalbibliothek, Wien.
81 Das Sammelalbum war in jeder Trafik für 1 RM erhältlich.
82 Hitler, Mein Kampf, S. 18 ff.
83 Schreiben des Bezirksgerichts vom 16.5.1913 über die »Ausfolgung des in der gemeinschaftlichen Waisenkasse erliegenden Vermögens«. Diese Mitteilung befand sich im Nachlass von Hitlers Münchner Haushälterin Anni Winter. Sie wurde 1971 unter »Nachlaß Winter« bei Hermann Historica, München versteigert.

84 Adolf Hitler, Monologe im Führerhauptquartier 1941–1944. Die Aufzeichnungen Heinrich Heims herausgegeben von Werner Jochmann,
    Hamburg 1980, S. 115.
85 Hitler, Monologe, S. 72.

Warum löschte Hitler die Spuren seiner Herkunft?
Der Truppenübungsplatz im Ahnengau

1   Die alte Heimat. Beschreibung des Waldviertels um Döllersheim. Hrsg.
    Deutsche Ansiedlungsgesellschaft Berlin, Berlin 1942, S. 62.
2   Franz Jetzinger, Hitlers Jugend. Phantasien, Lügen – und die Wahrheit,
    Wien 1956.
3   Jetzinger, Hitlers Jugend, S. 34 f.
4   Unter anderem Joachim C. Fest, Hitler. Der Aufstieg, Frankfurt/Main–
    Berlin–Wien 1976, S. 17 ff.
5   Josef Gattringer, Die Entstehung des Truppenübungsplatzes Döllersheim im Jahre 1938. Diplomarbeit an der geisteswissenschaftlichen
    Fakultät Wien, Wien 1985, Anhang nach S. 334.
6   Bescheid der NÖ. Landesregierung vom 14.10.1932. Gemäß § 8, Abs. 2
    der NÖ. Gemeindeordnung.
7   24.4.1932.
8   Die alte Heimat, S. 78.
9   Reinhard Johler, Politisches Brauchtum vor und nach 1938. In: 1938.
    Davor – Danach. Beiträge zur Zeitgeschichte des Waldviertels. Hrsg. von
    Friedrich Polleroß, Horn–Krems 1989, S. 33.
10 Am 23.5.1938 kaufte Reichsleiter Martin Bormann Hitlers Geburtshaus
    im Namen der NSDAP und stellte es unter Denkmalschutz. Hitlerakte I,
    Oberösterreichisches Landesarchiv, Linz.
11 Im April 1938. Victor Klemperer, Ich will Zeugnis ablegen bis zum letzten. Tagebücher 1933–1945. Hrsg. von Walter Nowojski unter Mitarbeit
    von Hadwig Klemperer, Berlin 1999, Tagebücher 1937–1939, S. 77.
12 ›Das Gedenkbuch von Leonding‹. Einzige Kopie des vernichteten Originals im Besitz der Autorin.
13 Polleroß, 1938, S. 33.
14 ›NÖ. Landzeitung‹ vom 27.4.1938.
15 Zitiert nach Polleroß, 1938, S. 35. Laut ›NÖ. Landzeitung‹ vom 19.10.
    1938.
16 Man verwechselte die Geburtsdaten von Hitlers Großmutter mit jenen
    ihrer Schwester Anna Maria.
17 Polleroß, 1938, S. 113.
18 Bericht der ›NÖ. Landzeitung‹ vom 27.4.1938. Der 1. Mai und die Son-

nenwende standen bereits im Zeichen des neuen nationalsozialistischen Brauchtums. Viele »Hitler-Häuser« prangten im Festschmuck.

19 Angabe von Paula Hitlers Hausarzt Dr. Gert Bratke.

20 Nähere und engere Verwandte gab es in den Orten Arbesbach, Döllersheim, Franzen, Groß-Gerungs, Langenschlag, Bruderndorf, Flachau, Klein-Motten, Strones, Dietreichs, Mannshalm, Kühbach, Niederplöttbach, Groß-Schönau, Walterschlag, Siebenlinden, Spital bei Weitra, Unserfrau und Weitra. Die Herkunftsorte der Vorfahren Adolf Hitlers im Aussiedlergebiet. In: Margot Schindler, Wegmüssen. Die Entsiedlung des Raumes Döllersheim, Niederösterreich 1938–1942. Volkskundliche Aspekte. Veröffentlichungen des Österreichischen Museums für Volkskunde 23, Wien 1988, Abbildung 189.

21 Adolf Hitler, Mein Kampf, München 1938, S. 16.

22 Theresia Schmidt, geb. Pölzl (1868–1938). Das jüngste und letzte Kind des Ehepaares Pölzl.

23 Laut Interview von Werner Maser mit der Familie Schmidt. Werner Maser, Adolf Hitler. Legende – Mythos – Wahrheit, München 1975, S. 72.

24 Anton, Johann und Eduard.

25 Adolf Hitler an Gustav Kubizek im Juli 1908. Zitiert nach: Franz Jetzinger, Hitlers Jugend, S. 202.

26 Adolf Hitler, Monologe im Führerhauptquartier. Die Aufzeichnungen Heinrich Heims hrsg. von Werner Jochmann, Hamburg 1980, S. 100.

27 Bericht von Ing. Breitenthaller: »Das war vor 18 Jahren im Waldviertel« in: ›Völkischer Beobachter‹ vom 24.3.1938, S. 8 (Die Österreich-Ausgabe).

28 Kirchberg/Walde, Litschau, Schrems, Weitra, Groß-Gerungs, Waidhofen/Thaya, Zwettl, Litschau und Raabs.

29 Oliver Rathkolb, Politische Entwicklung des Waldviertels von 1918 bis 1938. Eine Forschungsskizze. In: 1938. Davor – Danach. Beiträge zur Zeitgeschichte des Waldviertels. Hrsg. von Friedrich Polleroß, Horn–Krems 1989, S. 11 ff.

30 Die ›NÖ. Landzeitung‹ Nr. 13 vom 29.3.1939, S. 17.

31 Zitiert nach Friedrich Polleroß. Friedrich Polleroß, 100 Jahre Antisemitismus im Waldviertel. Schriftenreihe des Waldviertler Heimatbundes, Bd. 25, Krems 1983, S. 42.

32 Josef Pfandler, Der Kampf um Gmünd. Zum 50. Jahrestag der ersten teilweisen Besetzung der Stadt durch die Tschechen am 31. Juli 1920. In: Das Waldviertel 19 (1970), S. 274–277.

33 Die »NÖ. Landzeitung« vom Nr. 13 vom 29.3.1939, S. 17.

34 Georg Ritter von Schönerer 1842–1921. 1873–1888, 1897–1907 Mitglied des Reichsrats. Gründer und Obmann des deutschnationalen Vereins.

35 Diese Auskunft stammt von Erwin Hirnschall, dessen Mutter von derartigen Vorfällen berichtete.

36 Walter Kleindel, Daten zur Geschichte und Kultur, Wien 1995, S. 276.

37 Die alte Heimat, S. 62.

38 Hans Plöckinger, Krems, die Donaustadt. In: Die Städte des Reichsgaus Niederdonau Nr. 5, St. Pölten 1940, S. 40.

39 ›NÖ. Landzeitung‹ Nr. 43 vom 21.10.1920.

40 Die alte Heimat, S. 74.

41 Nationalratswahl vom 9.11.1930.

42 Drei Goldkronen von Adolf. In: Profil Nr. 31, 27.7.1998, S. 62 f.

43 Heinrich Hoffmann, Hitler in seiner Heimat, Berlin 1938, o. S.

44 Polleroß, 1938, S. 35.

45 Interview mit Maria Koppensteiner, geb. Schmidt. Profil Nr. 32, 27. Juli 1998.

46 Die alte Heimat, S. 81.

47 Polleroß, 1938, S. 36.

48 Die Wehrkreisverwaltung XVII umfasste die Gaue Oberdonau, Niederdonau und Wien.

49 Polleroß, 1938, S. 118.

50 Edelbach, Groß-Poppen, Kleinhaselbach, Schlagles, Rausmanns, Kleinkainraths, Dietreichs, Söllitz und der Haidhof.

51 Zwischen Juli 1938 und Oktober 1941.

52 Topographie des Entsiedlungsgebietes. In: Schindler, Wegmüssen, S. 66.

53 ›NÖ. Landzeitung‹ Nr. 17 vom 27.4.1938, S. 13.

54 Sie zogen dann nach Weißengut bei Krenglbach in Oberösterreich.

55 Laut Schreiben der Kommandatur des TÜPL an die DAG vom 13.5. 1941. Zitiert nach Polleroß, 1938, S. 274.

56 Gattringer, Die Entstehung, V.

57 Später waren sie im 3. Wiener Gemeindebezirk ansässig.

58 Schindler, Wegmüssen, S. 16 ff.

59 Schindler, Wegmüssen, S. 17.

60 Die alte Heimat. Beschreibung des Waldviertels um Döllersheim. Hrsg. Deutsche Ansiedlungsgesellschaft Berlin, Berlin 1942.

61 Die alte Heimat, S. 61.

62 Die Ermordung des österreichischen Bundeskanzlers Engelbert Dollfuß durch die Nazis am 25. Juli 1934.

63 Arbeitsgemeinschaft Waldviertel. Masch. Manuskript, Archiv des Österreichischen Museums für Volkskunde, Wien 1938.

64 Hans Friedrich Karl Günther, Rassenkunde des deutschen Volkes, München 1928 und 1942.

65 Günther, Rassenkunde.

66 Hellmut Auerbach, Ahnenerbe. In: Enzyklopädie Nationalsozialismus,

München 1997, S. 353. Michael Kater, Das »Ahnenerbe« der SS. Ein Beitrag zur Kulturpolitik des Dritten Reichs, München 2001.

67 Horst Seidler, Andreas Rett, Das Reichssippenamt entscheidet. Rassenbiologie im Nationalsozialismus, Wien 1982, S. 198.

68 Es gab auch andere DAGs, z. B. für die Aussiedlung der Südtiroler oder der Gottscheer Deutschen.

69 Polleroß, 1938, S. 293.

70 Höbarthmuseum, Horn.

71 Albert Reich, Aus Adolf Hitlers Heimat, München 1933, S. 26.

72 Wilhelm Romeder, Das »Glück«, ein Verwandter des »Führers« zu sein. In: Das Jahr 1945 in Weitra und Umgebung. Schriftenreihe des Waldviertler Heimatbundes, Bd. 39, 1996, S. 61.

73 Zusammenfassung in: Drei Goldkronen von Adolf.« In: Profil Nr. 31, 27.7.1998, S. 62 f. Romeder, Das „Glück«, S. 61 f.

Warum hat niemand Hitler umgebracht?
Die Sicherheit des »Führers« – unbekannte Attentate auf Hitler

1 Peter Hoffmann, Claus Schenk Graf von Stauffenberg und seine Brüder. Stuttgart (2. Auflage) 1992. P. Hoffmann, Widerstand gegen Hitler und das Attentat vom 20. Juli 1944. Probleme des Umsturzes. München–Zürich (2. Auflage) 1984.

2 Peter Hoffmann, Professor für Geschichte an der McGill-Universität in Montreal. P. Hoffmann, Widerstand – Staatsstreich – Attentat. Der Kampf der Opposition gegen Hitler, Frankfurt/Main–Berlin–Wien (2. Auflage) 1970. Die aktualisierte Version: Hitler's personal security. Protecting the Führer 1921–1945, Da Capo Press, USA 2000.

3 Eine Übersicht aller deutschen Widerstandsgruppen in: Die tödliche Utopie. Bilder, Texte, Dokumente, Daten zum Dritten Reich. Hrsg. von Horst Möller u. a., München 1999.

4 Anna Maria Sigmund, Des Führers bester Freund. München 2003, S. 28.

5 Sigmund, Des Führers, S. 143.

6 Am 10.2.1942 im Führerhauptquartier. Adolf Hitler, Monologe im Führerhauptquartier 1941–1944. Die Aufzeichnungen Heinrich Heims hrsg. von Werner Jochmann, Hamburg 1980, S. 278.

7 SS-Begleitkommando »Der Führer«.

8 P. Hoffmann, Hitler's personal security, S. 24.

9 Sammlung Schumacher. R43 II/990, Bundesarchiv Berlin.

10 Geheimer Bericht des Oberreichsanwaltes an den Reichsminister der Justiz vom 1.6.1933. R 43 II/1519, Bundesarchiv Berlin.

11 P. Hoffmann, Hitler's personal security, S. 25.

12 Sammlung Schumacher R43 II/990. Bundesarchiv Berlin.

13 NS-Propagandaminister Goebbels bezeichnete die Opposition als »hauchdünne Schicht«.

14 Paul Schmidt, Statist auf diplomatischer Bühne 1923–45. Erlebnisse des Chefdolmetschers im Auswärtigen Amt mit den Staatsmännern Europas, Bonn 1949, S. 368.

15 Der Wortlaut des Eides bei: Walter Hofer, Der Nationalsozialismus: Dokumente 1933–1945, Fischer-Bücherei, Frankfurt/Main–Hamburg 1957, S. 71.

16 Trial of the Major War Criminals before the International Military Tribunal, Bd. XVIII, Nürnberg 1947, S. 339.

17 Schriften des Bundes deutscher Jungenschaften 31, Bad Godesberg 1967, S. 3 ff.

18 Stapo Oppeln an Gestapa Berlin. 5.3.1937. RG 1010/3183, Bundesarchiv Berlin.

19 Stapo-Leitstelle Koblenz an die Landräte. Bundesarchiv Koblenz NS 29/ 435.

20 P. Hoffmann, Widerstand – Staatsstreich – Attentat, S. 299.

21 Emil Ludwig, Der Mord in Davos, Amsterdam 1936.

22 Hagana (hebräisch Schutz) war eine zionistische militärische Untergrundorganisation in Palästina, die Juden Schutz vor arabischen Übergriffen gewährte.

23 Victor Klemperer, Ich will Zeugnis ablegen bis zum letzten. Tagebücher 1933–1945. Hrsg. von Walter Nowojski unter Mitarbeit von Hadwig Klemperer, Berlin 1999, Tagebücher 1935–1936, S. 154 ff.

24 Klemperer, Ich will, Tagebücher 1937–1939, S. 12.

25 Alexander Foote, Handbuch für Spione, Darmstadt 1954, S. 29 ff.

26 Jessica Mitford, Hons and Rebels, London 1996, S. 81 f.

27 ›The Times‹ vom 6.8.1969, S. 1; ebenso ›Der Spiegel‹, Nr. 32 vom 4.8. 1969, S. 18.

28 Henry Picker, Hitlers Tischgespräche im Führerhauptquartier 1941– 1942. Hrsg. von Percy Ernst Schramm, Stuttgart 1963, S. 386 f.

29 P. Hoffmann, Widerstand, S. 301 ff.

30 Joseph Goebbels Tagebücher. Band 3: 1935–1939. Hrsg. von Ralf Georg Reuth, München 2000, S. 1346 f.

31 Titelgeschichte des ›Völkischen Beobachters‹ vom 10.11.1939.

32 Klemperer, Ich will, Tagebücher 1940–1941, S. 9.

33 Erich Kordt, Nicht aus den Akten: Die Wilhelmsstraße in Frieden und Krieg, Stuttgart 1950, S. 371.

34 Picker, Hitlers Tischgespräche, S. 308.

35 Hans Baur, Ich flog Mächtige der Erde, Kempten 1956, S. 183 ff.

36 Zitiert nach Florian M. Beierl, Hitlers Berg. Licht ins Dunkel der Geschichte, Berchtesgaden 2004, S. 99.

37 Fabian von Schlabrendorff (Hrsg.), Eugen Gerstenmaier im Dritten Reich: Eine Dokumentation, Stuttgart 1965, S. 27. Albert Krebs, Fritz-Dietlof Graf von der Schulenburg: Zwischen Staatsraison und Hochverrat, Hamburg 1964, S. 191 ff.

38 Das Kriegstagebuch des Oberkommandos der Wehrmacht erwähnt im III. Band einen Besuch Hitlers in Paris mit Stadtrundfahrt am 23.6.1940: 3.30 Uhr Abflug von Gros Caillon nach Paris; 10 Uhr Eintreffen im Hauptquartier »Wolfsschlucht«.

39 Sein Fotograf Heinrich Hoffmann schreibt diese Äußerung dem Portier der Pariser Oper zu.

40 Hitler, Monologe, S. 116.

41 Kriegstagebuch des Oberkommandos der Wehrmacht, Bd. IV, Frankfurt/Main 1961, S. 1869. Baur, Ich flog, S. 192.

42 Ulrich von Hassel, Vom anderen Deutschland: Aus den nachgelassenen Tagebüchern 1938–1944, Frankfurt/Main 1964, S. 150 ff.

43 Picker, Hitlers Tischgespräche, S. 386 f.

44 Mark Seaman, Operation Foxley. The British plan to kill Hitler, PRO Publications, Richmond–Surrey 1998, S. 38.

45 Max Domarus, Reden und Proklamationen 1932–1945, 2 Bde, München 1965, S. 1886–1888.

46 Im Gespräch mit der Autorin im Sommer 2002.

47 P. Hoffmann, Widerstand, S. 122.

48 Ju 52, Focke Wulf FW 200, Ju 290 A-6, Condor.

49 Anlässlich der Saarfeier »Heimkehr« am 1.3.1935 – die Rückgabe des Saarlandes an Deutschland war im Januar 1935 erfolgt. Klemperer, Ich will, Tagebücher 1935–1936, S. 18.

50 Fabian von Schlabrendorff, Offiziere gegen Hitler, Frankfurt/Main–Hamburg 1959.

51 Der Attentäter war Axel Freiherr von dem Bussche-Streithorst. Er wurde an der Ostfront verwundet. Nach dem Krieg wurde der Widerstandskämpfer in der DDR als Nationalsozialist eingestuft und enteignet.

52 Hermann Giesler, Ein anderer Hitler – Bericht seines Architekten, Leoni 1977, S. 457.

53 Baur, Ich flog, S. 231.

54 Hitler, Monologe, S. 87.

55 P. Hoffmann, Widerstand, S. 335 ff.

56 Zitiert nach Beierl, Hitlers Berg, S. 99.

57 Diese Angaben beruhen auf den Recherchen von Florian Beierl im Public Record Office in Kew, Bestand UK PRO HS6/623. Beierl, Hitlers Berg, S. 99 ff.

58 Mediterranean Allied Tactical Air Force.

59 Zitiert nach Nerin E. Gun, Eva Braun-Hitler. Leben und Schicksal, Velbert und Kettwig 1968.

60 Victor Klemperer, Tagebücher 1944, S. 103, S. 135.

61 Klemperer, Ich will, Tagebücher 1944, S. 103.

62 Klemperer, Ich will, Tagebücher 1944, S. 51.

63 Klemperer, Ich will, Tagebücher 1943, S. 159.

Bildnachweis

S. 117, 121, 167, 168, 170, 176, 180, 181, 185, aus: Die alte Heimat. Beschreibung des Waldviertels um Döllersheim, Berlin 1942, Nachdruck 1981.

S. 118, 119, aus: Das Waldviertel. Zeitschrift für Heimat- und Regionalkunde des Waldviertels und der Wachau, 54. Jahrgang, Heft 1/2005.

S. Frontispiz, 16, 32, 37, 39, 48, 67, 68, 80, 82, 85, 86, 88, 93, 97, 104, 108, 209, aus: Rudolf Herz, Hoffmann & Hitler. Fotografie als Medium des Führer-Mythos. Katalog der gleichnamigen Ausstellung im Stadtmuseum München. © Bayerische Staatsbibliothek, Fotoarchiv Hoffmann.

S. 37, aus: Die tödliche Utopie. Bilder, Texte, Dokumente, Daten zum Dritten Reich. Institut für Zeitgeschichte, München, 2001. © Bayerische Staatsbibliothek München.

S. 61, aus: München – »Hauptstadt der Bewegung«. Katalog der Ausstellung im Stadtmuseum München. © Bundesarchiv Koblenz, Sig. 152/67/5.

S. 124, 128, 129, 130, 131 Bilder aus Privatbesitz der Autorin.

S. 225 © Stadtarchiv München

S. 135, 137, 143, 179 © Österreichisches Staatsarchiv, Kriegsarchiv, Wien

S. 156, 157, 159 © Österreichische Nationalbibliothek, Wien

S. 34, aus: Werner Maser, Mein Schüler Hitler, Pfaffenhofen 1975. © Bundesarchiv Koblenz

S. 56 © Stadtarchiv Nürnberg

S. 74 © Bayerisches Staatsarchiv München

S. 112 © Museen der Stadt Horn, Höbarth- und Madermuseum, Horn

Personenregister

⟨